思想會

MIND TALK

Originally published as:

The Greedy Queen: Eating with Victoria

by Annie Gray

THE GREEDY QUEEN

Eating with Victoria

〔英〕安妮·格雷（Annie Gray）著

贪吃女王

维多利亚的饮食与王室秘辛

祁怡玮 译

社会科学文献出版社
SOCIAL SCIENCES ACADEMIC PRESS (CHINA)

//萨克森-科堡的维多利亚公主，资料来源：1919年出版的 *The Girlhood of Queen Victoria 1832-1840 Vol. II*。//

//1837 年，在伦敦市政厅为维多利亚女王举行宴会。//

// 女王委托画家制作这幅画并把它当作阿尔伯特的生日礼物。历史上有几幅画作呈现了王室打猎的场景，这是其中一幅。奥斯本宫和巴尔莫勒尔堡都有野味储藏室。野味也经常出现在菜单上。//

//温莎堡的大厨房像教堂一样，天花板挑高，光线透过天窗洒下。正中央的保温柜有食物保温罩，八角形的小桌子由仓管员使用，仓管员负责记录用作食材的农产品。先前的旧式开放炉现在有了煤炭灶，两座烤肉炉中的一座藏在屏障后面。//

// 这张照片呈现出身材还不错的维多利亚和越来越圆润的阿尔伯特。维多利亚穿了紧身马甲，外面套了条大蓬裙，裙上还有一层层她喜欢的荷叶边。//

//1853 年，作为维多利亚和阿尔伯特的孩子们的游戏间的瑞士屋动工。屋前是孩子们照料的菜园，后来瑞士屋包含瞪羚栏舍、小型堡垒和博物馆等。它是女王、亲王和他们的访客固定造访的地方。维多利亚的孩子们长大后常常充满感情地回忆在瑞士屋的美好时光。//

// 瑞士屋里有一间小厨房，其中小厨师们所需的工具一应俱全。从小厨房望出去就是王子公主们各自负责照料的菜园。他们在菜园种植蔬菜和水果，在小厨房烹饪简单的菜肴，并为父母奉上茶和蛋糕。//

//英国《笨拙》周刊拿阿尔伯特为推动英国农业所做的工作开玩笑。这幅漫画让人联想到阿尔伯特和维多利亚在奥斯本宫和巴尔莫勒尔堡呈现的居家生活形象。//

// 厨师们在温莎堡制作烤牛肉。//

// 从这张照片可以看出，高地侍从为马车上的维多利亚奉茶，印度仆人蹲在一旁煮茶。到了 19 世纪 90 年代，喝下午茶成为英国人生活中必不可少的一部分。//

//1839 年底大婚前，维多利亚意志坚定地减重到约 45 公斤。婚纱展现了她娇小的身材。后来她的孩子们相继受洗，她都穿这件婚纱出席受洗典礼。直到阿尔伯特亲王于 1861 年辞世前，她似乎都相当苗条。//

// 人生的最后四十年中，她总穿着一身暗淡的丧服。图中这件礼服正面有两片黑纱，这与维多利亚服丧初期有关，还有一个方便口袋。晚年，她的礼服只有寥寥几根鱼骨，但她还是会穿某种形式的塑身衣，不穿一整副的紧身马甲，却还是有显出腰身的效果。//

// 1910年1月22日，维多利亚逝于奥斯本宫，十天后举行葬礼。这十天中，她的遗体在奥斯本宫的餐厅供人瞻仰。餐厅挂上帷幔和国旗，仓促布置成礼拜堂。棺木后方的旁桌上摆着鲜花和十字架。从棺木和棺木底座可以看出，葬礼的色调以紫色和白色为主。四十多年来，这是她首度不以黑色的装束示人。//

OSBORNE JAN 30.19
R.T. PRITCHETT.

// 维多利亚终其一生拥抱这世界为她奉上的美食。她很贪吃，这反映出她对生活的“好胃口”，也反映出她对突破限制、拥有不同经历的渴望。//

以我的爱献给马特（Matt）

谨以此书纪念我的祖母布兰达·格雷（Brenda Gray）

致　谢

若是没有我的经纪人蒂姆·贝茨（Tim Bates）和我的编辑丽贝卡·格雷（Rebecca Gray），本书不会有问世的一天。蒂姆一直坚定地支持我，还给我提供啤酒，丽贝卡从编辑角度给出的建议令人赞赏，她面对大量与盥洗室相关的资料时所表现出的耐心也令人叹为观止。同时，也感谢他们在 Peters Fraser and Dunlop（PFD）文学经纪公司和 Profile Books 出版社的同人。

在撰写《贪吃女王》这本书的过程中，许多人给我提供思路或帮我搜集资料，让我获得了很多不可或缺的文献。若是没有这些文献，我一个字都写不出来。其中对我帮助最大的是皇家档案馆（Royal Archive）杰出的职员们：帕姆·克拉克（Pam Clark）、艾莉森·德雷特（Allison Derrett）和莱内特·比奇（Lynnette Beech），此外还有馆内影印室的卡莉·科利尔（Carly Collier）。我很感激伊丽莎白二世女王陛下允准在线出版维多利亚女王的日记。 8
我也要谢谢多位肯花时间回复电子邮件的档案管理员，尤其是斯坦福德郡档案局（Staffordshire Record Office）、查茨沃斯庄园（Chatsworth）、班戈大学（Bangor University）、黑斯廷斯博物馆（Hastings Museum）和布莱尔城堡（Blair Castle）的档案管理员。在某些地方，我受到人们的鼓励，例如在英国历史皇家宫殿组织（Historic Royal Palaces），我受到露西·沃斯利（Lucy Worsley）的鼓励；在邱宫（Kew Palace），我受到乔纳森·斯科特（Jonathan Scott）、李·普罗瑟（Lee Prosser）和奈杰尔·阿奇（Nigel Arch）

的鼓励与协助。在肯辛顿宫（Kensington Palace），德尔德·墨菲（Deirdre Murphy）和我聊维多利亚女王的服饰、体态和身高，古装专家伊恩·奇波菲尔（Ian Chipperfield）在服饰方面给予我帮助。英格兰遗产委员会（English Heritage）的迈克尔·亨特（Michael Hunter）和安德鲁·汉恩（Andrew Hann）是我长久以来的支持者，我为他们做的奥斯本宫（Osborne House）研究构成了本书几个章节的撰写基础。同一时间，在英格兰历史资产委员会（Historic England），史蒂文·布林德尔（Steven Brindle）带我参观修复过的温莎厨房。他和温莎堡（Windsor Castle）的理查德·威廉姆斯（Richard Williams）一同带给我一段非常难忘的上午时光。约克市长官邸（Mansion House in York）的理查德·波利特（Richard Pollitt）帮助我了解女王在前往巴尔莫勒尔堡（Balmoral Castle）途中的用餐细节，并和我一同赞叹一百基尼大餐[①]。我的同侪历史学家理查德·菲奇（Richard Fitch）、马克·霍特瑞（Marc Hawtree）、伊凡·戴（Ivan Day）和萨拉·彭内尔（Sara Pennell）为我指引了没发现的研究方向。我也很感谢我在推特（Twitter）上持续关注的美食家社团、史学家社团，以及各种令人目眩神迷的社团。约克大学（University of York）的凯特·吉尔斯（Kate Giles）为我提供了研究资金，我很感谢她和整个考古系，她和考古系让我得以延续和约克大学的缘分。2016 年 3 月，《贪吃女王》入围珍妮·葛里森信托新锐美食作家奖（Jane Grigson for New Food Writers）决赛名单，特此感谢评审委员们。

9 就比较私人的层面而言，不管是在做节目时，还是下了节目以后，我都欠《厨房橱柜》（*The Kitchen Cabinet*）制作团队一个很大

---

① 详见第十章。——译者注

的人情，特别是杰伊·雷纳（Jay Rayner）、蒂姆·海沃德（Tim Hayward）、雷切尔·麦科马克（Rachel McCormack）、薇姬·谢泼德（Vicky Shepherd）和达比·多拉丝（Darby Dorras）。非常感谢他们，因为他们在我陷入困境时支持和鼓励我。我也想感谢《维多利亚烘焙师》（*Victorian Bakers*）的拍摄团队，尤其是皮特·思威赛（Peter Sweasey）、艾米莉·汤普森（Emily Thompson）和约翰·斯威夫特（John Swift），除了鼓励我，他们也在细节方面给了我具体的建议。德尔·斯奈登（Del Sneddon）送我一瓶皇家蓝牌威士忌，让我进行非常重要的皇家饮品实验。伊莱镇（Ely）Toppings书店的职员为我供应茶饮。特别感谢丽贝卡·哈里斯·克雷格（Rebecca Harris Quigg）的那一堆琴酒。我的朋友凯瑟琳·博德曼（Katharine Boardman）、丽贝卡·莱恩（Rebecca Lane）、凯西·希珀森（Kathy Hipperson）和劳拉·盖尔（Laura Gale）都很棒，我要向他们致敬。迈克·格伦迪（Mike Grundy）和克里斯·格伦迪（Chris Grundy）在我一次次造访温莎时收留并包容我。我感谢阅读书稿并给予建议的亲朋好友们，包括上述许多人，也包括杰斯·史密斯（Jess Smith）和我的家人：麦克·格雷（Mike Gray）、安吉拉·格雷（Angela Gray）、柯斯蒂·诺布尔（Kirsty Noble）、肖恩·格里芬（Sean Griffin）、马里恩·豪林（Marion Howling），以及“不要再寄东西给我”的理查德·格雷（Richard Gray），此人也帮我管理网站，而且完全看得懂我的涂鸦。最后，我要感谢我最珍爱的伴侣马特·豪林（Matt Howling），如果没有他的支持，我可能还没提笔完成我的构想。 10

目　录

第一章

引言

2015年7月，一条大得离奇的老奶奶灯笼裤在威尔特郡（Wiltshire）进行拍卖，并拍出12900英镑（约合113872元）的高价，打破了前一件相似拍品的纪录。前一件大尺寸灯笼裤在2014年卖出了6200英镑（约合54729元）的高价，拍卖的新闻被各大媒体广泛报道。裤头绣有“VR”① 字样，并经拍卖行验证为真品，这两件灯笼裤显示出我们对一位离世百年的女性依旧十分着迷。在英国历史皇家宫殿组织于2016年开设的在线历史课程中，类似尺寸和来源的灯笼裤成了课程内容的一部分。大众对女王的灯笼裤做出两极化的反应。有人怀着满腔好奇，如饥似渴地把它们看个仔细，认为难得有机会一窥这位遥不可及的人物私密的一面。有人认为这整件事卑劣至极，并呼吁世人放过那个可怜的女人。她的体重是她的问题，我们不该这么没格调地挖人家的私人物品来看，即使她将这些物品当成贵重的礼物送人，知道它们会被珍惜并传给后代，而且八成也料到它们终究会被拿出来卖，尽管最初是不准这么做的。

当然，这两件灯笼裤原来的主人是维多利亚女王。身为一个复

① 即 Victoria Regina（维多利亚女王）的缩写，Regina 为拉丁文“女王”的意思。——译者注

杂、迷人的人物，截至 2015 年，她都是英国在位最久的君王。在英国历史上某些最关键的时期，她贵为一国之君。富有影响力的长寿人生让她成为最著名的古人之一，关于她的书籍超过 500 本，还有无数关于她的孩子、王宫、影响力，以及她的流风遗迹的书籍。而本书讲述她的饮食。

1837 年登上王位时，维多利亚是个身形娇小、气质高雅的小姑娘。评论家说她气色很好，虽然放松时微微张嘴的习惯使她在仪态方面有点小瑕疵。很少有人了解她的个性。18 岁时，她的个性才形成，她的阅历还很有限，她对政治世界、生活圈以外的人或高级料理都没什么经验，就被丢进宫廷生活的旋涡中。她爱玩、爱热闹，就像她说的：渴望“尽情放纵一下”，但她同样也奋发图强。近年来，通过《维多利亚女王：风华绝代》（*Young Victoria*）和 2016 年的《维多利亚》（*Victoria*）等影视作品，她惨淡的童年岁月和她成为女王的喜悦被人们所熟知。然而，流行文化似乎更专注于她的私生活，对她和阿尔伯特亲王（Prince Albert）的婚姻多有
2 着墨，却忽略了她在政治上的重要性。虽然是立宪制①君主，但她（和阿尔伯特亲王在世时）借由大量的书信来往，以及他们和外国元首的私交，在正式和非正式场合都有很大的影响力。阿尔伯特于 1861 年与世长辞，年届四旬的女王变得很忧郁，余生都对他念念不忘。传记作家们总爱把“老”字冠于 19 世纪 60 年代以后的女王头上，那时她无疑还不老，把她的人生断然分成阿尔伯特生前和死后看似容易，但就像任何人的人生一样，事情没有那么简单。然而，寡妇是她最为人熟知的身份，一身黑衣是她的招牌装扮。转向食物寻求慰藉的她越来越胖，又因为膝盖受伤而行动不便，久坐不

① 相对于专制集权，立宪制的君主为虚位元首。——译者注

动的情况越来越严重。对许多人而言，有很长一段时间，她最深入人心的形象就是独坐在一辆驴车上的一个遥不可及、难以亲近的人物。

关于维多利亚女王的传闻多如牛毛，其中多数未经证实或只是断章取义，从“不好笑”① 这句评语，到她和约翰·布朗（John Brown）的亲密关系甚至结婚的传闻，以及除非想被开除，否则别在上班时搜寻“阿尔伯特亲王”② 的图片等，应有尽有。关于维多利亚女王与食物的传闻虽然不是那么广为人知，但也一样深入人心：她早餐喜欢吃一个白水煮鸡蛋、她是小鸟胃、她每一餐都要喝褐色温莎汤（Brown Windsor Soup），还有她喜欢淡而无味的食物。这些传闻大多经不起验证，事情的真相和传闻大相径庭，唯一一个稍微站得住脚的说法就是她喜欢清淡的食物，但也要考虑她的饮食习惯，毕竟她可是一个吃惯了松露和鲜奶油的人！本书不涉及她人生中的所有方面。我无意探究女王的幽默感，她和家人或大臣的关 3
系，她的宗教信仰、政治观点、社会正义感，或其他任何构成一部正规传记的要素。在本书中，你不太会看到我提及某位首相或欧洲的某个危机（除非和食物有关）。我也不想写一本关于女人和体重的书，或针对营养与健康发表任何意见，这么做只会把现代的思想和心理投射到一个观念不同的时代，并且投射到一个我们没有人能真正了解的人身上。不可否认，维多利亚和食物之间有着错综复杂

---

① 这个说法出自当时的一位贵族卡罗琳·霍兰（Caroline Holland）在日记中的记述，旨在叙述维多利亚女王冷淡的应对态度，但卡罗琳所记述的内容有可能只是道听途说。——译者注

② “阿尔伯特亲王”（Prince Albert）也是一种阳具环的名称，有传闻说这种阳具环为阿尔伯特亲王所发明，他为了在穿紧身裤时不要显得下体太凸出而戴这种阳具环。阳具环画面不雅观，故作者打趣说上班时不宜上网搜寻“阿尔伯特亲王”的图片。——译者注

的关系。17 岁时，争取个体独立的她用食物来宣示她的主权。阿尔伯特亲王去世后，她突然成为寡妇，极度悲伤的她向食物寻求慰藉。但她究竟有什么感受，以及她内心的感受如何通过“吃”表现出来，我们永远只能猜测。

维多利亚时代是烹饪发生巨变的时期之一。许多在此时引进或蔚然成风的元素源自乔治时代，还有其他元素要到 20 世纪中期才真正普及。很多我们认为与维多利亚时代有关的东西都在维多利亚于 1837 年即位之前就已存在，例如煤气炉、罐头食品、膨松剂、烹饪模具，以及将煤炭用于烹饪炉具的做法。还有其他一些东西既是维多利亚于 1901 年去世前数十年的烹饪元素，也是爱德华时代（及更早之前）的烹饪特色，例如食用色素、机械化生产设备、煤气炉、冷冻食品、冷藏保存法，以及什么菜肴都加肉冻进去的做法。然而，恰当地说，食物制作、烹饪和食用的方式确实在她在位
4 的 64 年间有了很大的改变，1901 年的人和 1837 年的人饮食习惯截然不同。就许多方面而言，我们在维多利亚时代看到了现代饮食文化的诞生、饮食风潮、人们对工业化量产食品的担忧、美食评论家以及讲究摆盘的最后成品。每次在为盘子两侧依序排列的餐具头痛时，我们是活在维多利亚时代晚期的影响之下。当我们一面迫切寻求食物的创新，一面又暗自渴望吃到一块像样的猪肉派时，我们的心情与 19 世纪祖先们的心情遥相呼应。

维多利亚显然是按照当时的标准吃东西的。她的食物以及食用方式大多固定不变，这没什么好惊讶的，因为她有权吃她想吃的菜，而她的口味不太可能和最新的美食发展同步改变。但任何一道菜都不只是它最后呈现的样子，本书要探讨的是食物从哪里来、由谁制作、在什么样的厨房里烹调，以及饮食发挥的实际作用——这些元素往往不受个人的控制。借此，本书展现了维多利亚时代的饮

食状况。虽然王室的食物只能代表维多利亚时代饮食的一小部分，但食物制作所涉及的元素能展现一个更大的背景。维多利亚受到这个大背景的影响，终究还是采纳了那个时代的新式饮食风格，吃起新的菜肴。她也反过来对宫廷之外的世界有所影响。她的子民多数生活在贫困线以下，所以她的直接影响必然有限，但她为烹饪提供了一个榜样。她的菜肴必须豪华奢侈，而且她要用黄金打造的器皿来吃饭。贵为女王，她的一个主要任务就是为英国人提供仰慕的焦
点。报纸上都是有关她的旅行、餐会、筵席的报道，当她于 19 世 5
纪 60 年代从大众眼前消失时，批评的声浪来得又快又猛，其中包括要求她退位的呼声。她之所以是女王，只因人民要她当女王。人民以符合女王身份的方式对待她，为了回报人民，她也要表现得像个女王。

所以，本书通过食物来描述维多利亚的一生及其时代。某些食物维多利亚女王吃得很多，某些食物被她定义。这是一部饮食传记，围绕着象征一个时代的人物展开。过去和现在，维多利亚都是充满矛盾的人。对许多人而言，她代表了很多东西，这些东西常常相互矛盾。在某些人心中，她是一个恶魔，但认识她的人一般都很敬爱她。在某些人心中，她的情绪起伏不定，但她也是一个固执、倔强、果断的人。没有一个强大的男人在身边支持她，她就什么事都不会处理，但又不愿放弃任何权力，时刻不忘自己身为女王。她是一个糟糕的母亲，但又很疼爱孩子，她竭尽所能给孩子自己不曾拥有的童年。她既黏人又独立。她为女性做了很多事，却痛恨女权主义。她温柔甜美、有女人味。她没有幽默感，很可怕，还欺负自己的儿子。人总会随着时间改变，以上说的都是她。她的特质还不只这些，然而，本书将让你看到——撇开她是什么样的人，以及在
何时展现出这些特质不谈——她始终都是一位贪吃的女王。 6

第二章

童年

1819 年 5 月 24 日，维多利亚在肯辛顿宫出生了。她的父亲肯特公爵（Duke of Kent）形容她“像鹧鸪一样圆嘟嘟”①。早先他曾宣称不在乎这孩子是男孩还是女孩，因为在为英国王位生出一位继承人的竞赛中，能有个健康的宝宝就已足够。公爵有一大群兄弟，长兄在当时是摄政王，很快成为乔治四世（George Ⅳ）。乔治四世没有活着的子嗣，他的独生女夏洛特（Charlotte）1817 年因难产而死。虽然乔治四世年轻时风流倜傥，拥有值得编成肥皂剧的婚姻史，到了 1819 年，他却是孤家寡人、臃肿肥胖，而且没兴趣再生一个孩子。他的继承人是除肯特公爵外的另一个弟弟弗雷德里克（Frederick），他跟随长兄的脚步，与他的太太疏远。再下一位继承
7 人则是克莱伦斯公爵威廉（William, Duke of Clarence），他的 10 个孩子没有一个是合法婚生子。所以，1819 年，肯特公爵 51 岁，有 2 个没有子嗣的哥哥。他登上王位的概率很低，相反的，他的孩子登上王位的概率极高。

---

① Duke of Kent to Baron de Mallet, 26 May 1819，引自 Christopher Hibbert, *Queen Victoria, a Personal History*, London: HarperCollins, 2001，12。

布鲁塞尔面包脆片（Brussels Biscuits or Rusks）[1]　> > >

需要的材料有：1 磅面粉、10 盎司奶油、半盎司德国酵母、4 盎司糖、4 个全蛋、4 个蛋黄、1 茶匙盐、1 基尔鲜奶油。混合面糊……揉打面团使其富有弹性，此时应加入老面，再次揉打整个面团后，将其置于狭长的锡盒中……放在温暖的地方等待发酵……面团充分发酵之后，把它轻轻倒出来……接着涂上蛋液……烘烤……切片……平放于烤盘上，放入烤箱接着烤，直到两面皆烤出淡黄色泽。[2] 8

乔治时代充满竞争。乔治三世（George Ⅲ）有 13 个孩子[3]，但在 1817 年，他当时唯一的孙女撒手人寰，落得没有隔代王位继承人的下场。结果演变成众兄弟（总共 9 个）抢着结婚生子的大混战，这场“仗”不只打得辛苦，而且使他们斯文扫地。情妇被甩掉，陈年丑闻被挖出来四处散播，形形色色讲德语的公主们像珍贵的育种母马般被争抢。他们几乎个个声名狼藉。墨尔本子爵（Lord Melbourne）道出了世人对他们的普遍看法，他形容他们是“畜生……走到哪里就交配到哪里，然后说很抱歉他们不能结婚……事实上也没人能拿他们怎么办”[4]。他们不能结婚的借口是《王室婚姻法案》（*Royal Marriage Act*），乔治三世为了控制子女制定了这个法案，但对他的许多子女以及那些不幸与他们有情感纠葛的人来说，该法案却给他们带来了痛苦。当时的一位政治人物托马

---

① 详见附录。——译者注

② Charles Francatelli, *The Cook's Guide*, London: Richard Bentley, 1861, 309.

③ 乔治三世有 15 个孩子，其中的两位王子分别于 2 岁及 4 岁夭折。——译者注

④ Cecil Woodham - Smith, *Queen Victoria: Her Life and Times: 1819 - 1861*, London: Hamilton, 1972, 15.

斯·克里维（Thomas Creevey）更不客气，他说他们道德败坏、不得民心，还说他们是“政府最沉重的累赘”[1]。维多利亚的父亲爱德华（Edward）格外穷困潦倒，他负债累累又没有工作。在他的部队叛变预谋杀他之后，他就失去了在军中的实权，从他的位子上
9 退了下来。他以铁的纪律要求部下，也相信自律的重要性，并以他的清廉正直与强壮体格自豪。

然而，他在私生活上却不自律。他于 1818 年娶了萨克森 - 科堡 - 萨尔费尔德公主维多利亚（Princess Victoria of Saxe-Coburg-Saalfeld）。这位公主是个寡妇，和前夫生了两个孩子，这证明她能生养。当她怀上爱德华的孩子时，他宣布从德国搬回英格兰。本来他为躲避毒舌的英国媒体而定居德国，但现在他要确保他的孩子诞生在英国的土地上。摄政王拒绝为此行出钱，公爵连忙东借西借，到处游说，终于凑足了回国的盘缠。从德国莱宁根到英国伦敦的路上，一群马戏团般的人马跟着他缓慢前进。总共 7 辆车载着公爵、公爵夫人、公爵夫人和前夫生的女儿、女仆、侍从、一位女教师、两位医生、几只狗和几个鸟笼。此外还有两个厨子和一个名叫托马斯·金松（Thomas Kingsthorn）的人随行，托马斯负责看守公爵的银器，这些银器独占一辆马车。[2]

他们在维多利亚出生前一个月抵达肯辛顿宫。现存文献中，没有资料说明这队舟车劳顿的人马对他们的新家做何感想。那里蟑螂

---

① Cecil Woodham - Smith, *Queen Victoria: Her Life and Times: 1819 - 1861*, London: Hamish Hamilton, 1972, 14. 这些男孩全部受到国家的支持，他们长期交往的女性多半是不能结婚的对象，因此一旦恋情结束，他们不必对私生子女负任何经济上的责任。女方会按照她们父亲的意愿嫁人，或者终身不嫁，偶尔暗结珠胎。

② Cecil Woodham - Smith, *Queen Victoria: Her Life and Times: 1819 - 1861*, London: Hamish Hamilton, 1972, 40; Royal Archive (henceforth RA) Geo/add/7/1393, Duke of Kent to General Weatherall, 19 April 1819.

肆虐，实在不是他们在德国住惯了的那种王宫。肯辛顿宫是在 17 世纪晚期为威廉三世（William Ⅲ）和玛丽二世（Mary Ⅱ）建造的，这对低调、务实的夫妻在这里吃了许多以鱼肉为主的简单晚餐。到了 1810 年前后，这里慢慢变成王室的“冷宫”，不受重视的王室成员住在紧邻彼此的宫室中；这些宫室仿照以前的国事厅和大臣宅第建造。 10
维多利亚回忆：住在那里总听得见其他房间里时钟的嘀嗒声。在她的印象中，整个肯辛顿宫依稀被一种荒凉的气氛笼罩。全盛时期，它曾是富丽堂皇的度假别宫，如今却被忽视。这对夫妻没有在那里待很久。尽管花了一大笔钱去整修，但宫室的情况很糟，他决定回乡下。在乡下的生活比较省钱，而且他可以避开其他家人。

小宝宝维多利亚深受媒体关注。虽然她的父亲和父亲的兄弟们普遍被认为浪费版面，但她是个天真无邪的婴儿，而且有可能是个像样的王位继承人。除了已故的夏洛特公主以外，维多利亚是新一代王室成员的第一个孩子，这个孩子有可能将英国从一帮“畜生”手中拯救出来。在这些“畜生”当中，有的甚至比已经登上王位的“畜生”更糟。当然，世事难料。紧排在肯特公爵前面的继承人是克莱伦斯公爵。克莱伦斯公爵急忙娶了他正值生育年龄的德国太太——萨克斯-梅宁根公主阿德莱德（Princess Adelaide of Saxe-Meiningen）。阿德莱德有可能生育，但媒体还是为维多利亚疯狂。从她出生起，媒体就对她的人生怀着前所未有的兴趣，这也将是她整个在位期间的一大特点。

维多利亚出生两天后，《泰晤士报》（*The Times*）的每日快讯写道：“我们很高兴在此报道，肯特公爵夫人在各方面力求尽善尽美……夫人打算亲自喂养小公主。”[1] 19 世纪初期，母乳喂养（尤

---

[1] *The Times* (London, England), Wednesday, 26 May 1819.

11 其是给自己的小孩喂母乳）还是一件引人注目的稀罕事。肯特公爵夫人是个有经验的妈妈，而且显然熟知亲喂母乳的最新思潮。18世纪，母乳的价值已获认同。虽然直到维多利亚诞生时，婴幼儿还是一直被喂食动物奶或17世纪的主食——流质食品配面包汤（将面包屑泡在浓汤、牛奶或酒里，常以糖或香料调味），但多数宝宝喝的是母乳。只不过如果宝宝的妈妈出自上流阶层，她们大可雇用奶妈，没有必要亲喂母乳。在接下来的半个世纪里，受到有关奶妈的一些疑虑影响（坊间认为奶妈的坏习惯会随着母乳传给宝宝），人们对亲喂母乳的态度有了改变。但在1819年，豪门贵妇一般不亲喂母乳，公爵夫人的选择震惊了她所在的上流社交圈。[①] 她在给她母亲的信中写道："我真的很高兴自己喂母乳喂得这么好，除非万不得已，否则我才不想看到我的小心肝在别人的怀里……每个人都对我亲喂母乳大惊小怪，名流圈的人很不以为然，她们都不知道自己错过了一件多么幸福的事情。"[②] 公主也接种了预防疾病的疫苗。在当时，接种疫苗的做法刚刚起步。但早期为女王写传记的作家们以赞许的口吻提起此事。

乔治时代晚期，婴幼儿在6~8个月时断奶，具体时间依家庭的财力而定。对劳动阶层的家庭而言，孩子越快开始和其他家人吃类似的东西越好，但断奶可能导致一些问题。一般的做法是让宝宝
12 开始食用牛肉茶[③]、动物奶、清高汤、鸡绞肉、面包布丁，以及面包脆片和其他饼干。穷人多半负担不起这些食物，他们买得起的往

① Ian Wickes, "A History of Infant Feeding, Part Ⅲ: Eighteenth and Nineteenth Century Writers", *Archives of Diseases in Children*, 1953, 28.

② RA VIC/M3/6，引自 Lynne Vallone, *Becoming Victoria*, New Haven: Yale, 2001, 4。

③ 牛肉茶（beef tea）是牛肉放进水里加盐煮成，滤除牛肉只取汤汁精华，它的味道跟鸡汤类似。牛肉汤为英国19世纪普遍的滋补饮品。——译者注

往是成分不纯的劣质品，所以婴幼儿死亡率一直很高。即使是在上流阶层，婴幼儿夭折的现象也相对普遍。例如克莱伦斯公爵威廉的夫人阿德莱德，除了流产和死胎之外，她幸存的两个孩子都在刚出生几个月内夭折。维多利亚的情况不一样。她母亲说过襁褓中的她食量有多大，当维多利亚在 6 个月断奶时，肯特公爵说她“没有要吃少一点的迹象”[1]。

然而，对整个肯特家族来说，他们的生活即将发生重大变化。举家乔迁的日子是1819 年的圣诞节。刚搬家没几天，公主在当月 28 日差点被小型铅弹射伤，因为一个小伙子外出打猎没射准猎物。到了 1820 年 1 月中旬，地方习俗完全不是他们要操心的事情。向来对自己的强健体魄感到自豪的公爵感冒了，他没有把区区感冒当回事。不料他的病情急剧恶化，医生按照乔治时代一贯的处理方式，轮番为这位病人放血、拔罐、施以水蛭，结果只是白折腾一场。1 月 19 日晚间，公爵想到还要再放更多血，不禁悲从中来，有人看到他流下了男儿泪。到了23 日，他去世。乔治三世在29 日那天去世，于是乔治四世登上王位，不再只是摄政王。维多利亚和她母亲被困在西德茅斯（Sidmouth），什么都没有，只有肯特公爵留下的一屁股债。

幸好二度守寡的肯特公爵夫人有个弟弟在英格兰，而且他享有一大笔政府退休金。这位弟弟是个鳏夫，很符合 18 世纪欧洲宫廷 13
的乱伦作风，他的亡妻是乔治四世的女儿夏洛特公主，也就是难产而死之后引发兄弟结婚生子大混战的那位公主。在维多利亚一堆平庸的亲戚当中，利奥波德王子（Prince Leopold）算是比较优秀的一位（他也辉煌过）。尽管在维多利亚当上女王、决定自己做主之

① Cecil Woodham - Smith, *Queen Victoria: Her Life and Times: 1819 - 1861*, London: Hamish Hamilton, 1972, 55.

后，她与利奥波德舅舅就疏远了，但在成长过程中，她和这位舅舅很亲近。童年的一些艰难时期，她也靠舅舅的支持渡过难关。利奥波德把维多利亚和她母亲一家接回荒凉的肯辛顿宫，并在经济上资助她们。她们的家庭规模小了很多，尽管公爵夫人似乎保留了厨师查尔斯·乐格林纳（Charles Legleitner），这显示出她所渴望的地位，因为聘请男性厨师很贵，而且男性厨师往往要求有现代化厨房和琳琅满目的设备。[1]

在肯辛顿宫，母女俩住的是 1798 年分配给肯特公爵的宫室，这些宫室占据东南角的两层楼。在公爵迁居德国结婚之前，他装修了这些宫室，但以贵族的标准而言，这些只能说是一些基本的装修。这座宫殿“整体而言是破败的”[2]，鼓起来的墙壁用支架和铁条固定住，到处腐烂发霉，多数房间潮湿得没办法住人。厨房工作区是在把宫殿改建成一间间宫室时硬塞进去的，而且侍者往往必须在户外建筑和主要宫殿之间往来穿梭，他们自己或他们端着的菜肴都没有额外的卫生防护措施。这些宫室毗邻其他被忽视的王室成
14 员，包括肯特公爵那有点丢人的妹妹苏菲亚公主（Princess Sophia）。公爵夫人会说的英文有限，她又被孤立，苏菲亚公主很快就成为她的知己。在维多利亚的整个童年，苏菲亚公主是一个固定出现的老面孔，常和公爵夫人一同用餐，或在晚餐后过来串门。小时候，和维多利亚最亲近的人是她的女家教路易丝·蕾森［Louise Lehzen，即后来的蕾森女爵（Baroness Lehzen）］，尤其是在她亲爱的同母异父的姐姐费奥多拉（Feodora）离家结婚之后（这是维多

① Anon., *The Royal Kalendar and Court and City Register*, 1819; *The Royal Kalendar and Court and City Register*, London, 1825.

② The National Archives (henceforth TNA) WORK 19/16/1 关于肯辛顿宫的记录。公爵的宫室做过排水处理，缓解了潮湿的状况，比某些宫室的状况好。

利亚9岁时的事情）。这位女家教①只喜欢吃马铃薯，并且靠着咀嚼葛缕子籽去除口臭。口臭不是什么罕见的毛病，因此葛缕子糖也普遍在坊间买得到。就许多方面而言，维多利亚的童年与许多贵族孩子的童年没有太大区别。她和家庭教师比和母亲更亲近。她和别人分开吃饭，吃的是婴幼儿食品。她主要的玩伴是地位和她相当的亲戚（费奥多拉）。尽管未来有可能成为全英国最有权力的人，她玩的仍是用来培养女性行为标准的玩具。她有一个娃娃屋，可以让她练习贵族女孩需要掌握的礼仪。娃娃屋在当时被认为是适合上流阶层小女孩的典型玩具，维多利亚的娃娃屋至今依旧收藏于肯辛顿宫。这个娃娃屋里有一间用来喝茶的客厅、一间厨房，外加一套迷你炉灶，以及一个装满餐盘的橱柜。克莱伦斯公爵夫人阿德莱德送给她一套儿童茶具，这也是女孩的典型玩具。本质上，喝茶和女性特质密不可分。在19世纪的许多作家笔下，摆弄茶具的女性是温柔婉约形象的化身。维多利亚或许被设定要当女王，但她还是得遵守女性的行为规范，而熟练的倒茶技巧是女性化的行为最有力的表现。② 15

当然，在别人眼中，事情不见得是表面上那样。这些对小女孩来说很正常的游戏，背后都隐藏着关于她未来的紧张局面。而维多利亚虽然好像还不清楚自己的地位，但即使年纪很小，她也习惯受

---

① 虽然路易丝出身低微，但她在1827年被封为汉诺威女爵（Baroness of Hanover），此时约克公爵（The Duke of York）辞世，使维多利亚成为仅次于克莱伦斯公爵的王位继承人。比起被未婚平民女性包围，维多利亚身边多一些贵族比较好听。——译者注

② 更多有关喝茶与女性主义的资料，参见 Annie Gray, "The Proud Air of an Unwilling Slave: Tea, Women and Domesticity, c. 1700 – 1900", in *Historical and Archaeological Perspectives on Gender Transformations: From Private to Public*, Suzanne Spencer – Wood, ed., New York: Springer, 2013, 23 – 44。

到奉承，也很习惯使唤别人。这时她是排在第三顺位的王位继承人，而且没有身为乔治时代成年男性的污点。大众对她兴趣未减，刻意安排的露脸机会则有煽风点火之效，瞥见她的人对她更有兴趣了。维多利亚在位期间，传记作家们无不关注她童年浪漫的一面。隔着一道铁门，生活在破败宫殿里的她，被认为是一个和母亲一起在肯辛顿宫草地上吃早餐的小女孩，有一名童仆服侍她。她骑着驴子在内苑跑来跑去。她浇花时把自己的小脚丫都浇湿了。她被困在苹果树上。她从碎石坡上滚下来。这些精心编织的逸事和维多利亚后来亲笔写下的事实都不相符。她身边的人也证实了真相没有那么美好。在她十几岁时，一套绝不容许她无忧无虑、天真无邪的系统启动了。

这套系统后来被称为肯辛顿系统（Kensington System），旨在孤立公主，限制她只和一小群人来往。这些人经过她母亲和母亲的密友约翰·康罗伊（John Conroy）的严格筛选。[①] 就像肯特公爵一样，康罗伊是个失败的军人。他在公爵死前就服务于肯特公爵一家，到了19世纪20年代中期，守寡的公爵夫人已经变得完全依赖这个男人。倚重一个比较强（但不见得别无居心）的男人是她的
16 老习惯了。第一任丈夫死后，她在德国也和一位男性有类似的密切关系。这两人基于自己的利益成为同伙，他们很清楚维多利亚是一张王牌，只要这张牌打得漂亮，他们可以在宫廷和政治斗争的黑暗世界中杀出一条血路。他们失败了，但他们把维多利亚栽培成傀儡的行为给她带来了莫大的痛苦，而且有时残忍至极。

---

① Christopher Hibbert, *Queen Victoria, A Personal History*, London: HarperCollins, 2001; Lynne Vallone, *Becoming Victoria*, New Haven: Yale, 2001; Cecil Woodham - Smith, *Queen Victoria: Her Life and Times: 1819 - 1861*, London: Hamish Hamilton, 1972; Gillian Gill, *We Two: Victoria and Albert: Rulers, Partners, Rivals*, New York: Ballantine Books, 2010; Monica Charlot, *Victoria, the Young Queen*, London: Blackwell, 1991.

费奥多拉离开之后，肯辛顿系统的紧箍咒越缩越紧。受到青春期这段经历的影响，维多利亚晚年对儿时的回忆蒙上了一层暗淡的色彩。她回忆道："我们过着相当简单乏味的生活，8 点半吃早餐，1 点半吃午餐，7 点吃晚餐。没有定期举行的大型晚宴时，我就吃装在一个小银盆里的面包和牛奶。到了后来几年，喝茶是很难得的犒赏。"[1] 她的整个青春期大致都谨守这套用餐的模式和时间。她吃的也一直都是粗茶淡饭。这有一部分是由文化决定的，当时的论调是重口味的食物会对孩子的行为带来不好的影响，尤其是对女孩子而言。这种论调一直延续到 19 世纪。食品科学刚萌芽，但整体而言，食物可以分成几大类，并且按照性别、活动量、年龄、阶级来分配的概念已经确立（包括所谓"能让人长肉"的那一类）。同样的，特定食物会引起某些生理反应的现象也受到研究。胀气当然是出自上流阶层的人尤其不希望孩子有的毛病。然而，当时就跟现在一样，关于"好"的饮食的定义很大程度上取决于有关食物的文化观点。肉类被视为健康养生的主要食品，尤其是羊肉，此外蛋 17
类和蔬菜也很有营养。甜食专供奖励和贿赂之用。[2] 然而，公爵夫人和康罗伊似乎把这一套发挥到极致。维多利亚吃得像个小孩，待在她的育儿室，吃最基本的食物。这种情形比多数她那个阶层的孩子持续的时间更长。到了 13 岁之后，孩子一般会走出育儿室并和父母一起用餐，但维多利亚很多时候还是在她的房间用餐。维多利亚 11 岁时，利奥波德舅舅担心她的情绪受到影响。"听说你不爱

---

① Arthur Benson and Viscount Esher, *A Selection from Her Majesty's Correspondence between the Years Of 1837 and 1861*, Vol. 1, 1837 – 1843, London: John Murray, 1908.

② Andrea Broomfield, *Food and Cooking in Victorian England*, Westport: Praeger, 2007, 46 – 48; Mrs. Frederick Pedley, *Nursing and the Management of Young Children*, London: Routledge, 1866.

运动。亲爱的，听我的劝告，逼自己动一动。虽然可能有点累，但你的健康和好心情都需要大量的空气和运动。万一疏忽了，你会生病的。”① 而且，她很显然养成了只要有机会就狼吞虎咽的习惯。“如果让我给你一点意见，我会说某位小公主……常常吃得太多，而且几乎总是有点太快。狼吞虎咽尤其不健康，所以应该尽可能避免，因为它会为许多疾病埋下病灶。”②

维多利亚常说的定期大型晚宴是在肯辛顿宫那段岁月的另一个特色。至少从 1828 年起，公爵夫人就开始举办晚宴，目的是吸引及笼络宫廷权贵。就金钱、头衔、地位及其他公爵夫人和康罗伊认为他们应得的东西而言，事实已经证明乔治四世不会善待他们。着眼于一个不再有乔治四世的未来，建立起一套人脉是很重要的。在
18 未来的日子里，如果国王与他最终的继承人起冲突，公爵夫人希望尽可能拉更多人站到她这一边。毕竟，乔治时代的君王和他们的继承人之间素来有家里人斗来斗去的历史，所以她做的也不是什么很激进或有争议的事。

公爵夫人主办的晚宴盛大而华丽。厨房虽然盖得不好，但设备完善，而且公爵夫人多次申请专款整修厨房。到了 19 世纪 30 年代，她终于成功得到一间时尚新颖的厨房，有铸铁炉、热乎乎的水，还有为食物保温用的保温柜。但在此之前，她的烹饪团队工作的空间都和威廉三世与玛丽二世当家时相去不远，以 19 世纪初期的标准而言非常落伍。如今新增了一间甜点房和一间蒸馏室（厨师长的地盘，用来做果酱和蜜饯，也用来做酒类和药品的蒸馏之用），在这里可以烹饪任何菜肴。在肯特家的宫室，厨房装备还包

---

① RA VIC/MAIN/Y/61/12, Leopold to Victoria, 13 December 1831.

② RA VIC/MAIN/Y/61/14, Leopold to Victoria, 23 January 1832.

括制作冰激凌的设备、蛋糕模具、果冻模具和点心模具。[①] 公爵夫人持续雇用男性厨师当主厨，男性主厨背负着必胜的期望，他做出的菜肴要胜过公爵夫人的贵族宾客带来的食物。厨房出品的菜式深受法国影响，口味繁复，食材包罗万象。然而，此时的维多利亚无福享受。她不会受邀一起用餐，只会在晚宴开始前和结束后到场露面。公爵夫人要提醒宾客，他们应该支持她，但这不代表维多利亚有必要实际参加晚宴。 19

他们也让维多利亚尽可能远离宫廷。乔治四世似乎不以为意，但当克莱伦斯公爵威廉于 1830 年即位成为威廉四世（William Ⅳ）时，他对这整件事颇为不悦。威廉四世责怪公爵夫人让他的侄女远离宫廷，她应该在宫里得到女王这个角色必备的训练，并帮助扭转宫廷的恶劣形象，发挥一点正面的公关作用。年幼的公主偶尔也获准出门去见她位高权重的亲戚，她回忆自己和“高大、患痛风”的乔治四世乘坐马车，绕行弗吉尼亚湖[②]。至少和这段回忆一样重要的记录紧接在后:“后来我去……佩吉·惠廷（Page Whiting）的家……在这里吃了一些水果。我一直让惠廷的一个孩子——是个小女孩——吃桃子，我感觉很好玩。”[③] 她对新鲜水果的喜爱始终如一。早年用食物来宣示主权的做法也显示出后来她彰显权力的方式。身为女王，谁来吃晚餐、菜肴的风格、用餐的节奏以及谁坐在哪里等都由她做主，而且她很享受这种支配权。

在肯辛顿宫的居家环境中，年幼的公主在美食方面的经验很有

---

① TNA WORK 19/16/1.

② Virginia Water Lake 是位于英国温莎镇温莎大公园（Windsor Great Park）中的人造湖，该公园在当时为皇家私人猎场。——译者注

③ Benson and Esher, *A Selection from Her Majesty's Correspondence between the Years Of 1837 and 1861*, Vol. 1, 1837 - 1843.

限。尽管如此，她依旧展现出自己对食物的兴趣，以及她大胆尝鲜的精神。终其一生，这都是她的一大特色。1825 年，这家人到拉姆斯盖特（Ramsgate）度假，她在乳品坊吃到新鲜的牛奶和鲜奶油，而且她知道她的食物在变成餐桌上的最后成品前是从哪里来的。御菜园离肯辛顿宫不远，园子里种了成排的菠萝和瓜类，还有
20 蜜桃温室、蘑菇温室和小黄瓜藤架，此外还有一个冰窖。[①] 随着维多利亚慢慢长大，公爵夫人承认就算不在宫里，公主也要模仿大人的言行举止，以符合当时的规范。维多利亚有时获准和母亲共进晚餐。虽然直到十五六岁才开始参加晚宴，但她无疑会出席家庭晚餐。参加家庭晚餐的有公爵夫人、康罗伊和他的家人，以及少数几个筛选过的人。食物比晚宴上的华丽食物寒酸许多，因为肯特公爵一家还是长期缺钱。然而，餐桌礼仪绝对是她不可或缺的训练内容。一国之君的主要职能之一就是促进各国政治家之间的社交往来，以及英国内部统治阶层的关系。这说明她要能当一个高贵优雅的晚宴主人。晚餐礼仪是至关重要的礼仪测验，她要是“没考好”就什么都做不好。

尽管肯特公爵夫人和康罗伊对维多利亚的管教日益严苛，而且极力限制她被外界影响，但他们不可能完全把她隔离起来。随着她逐渐成长，国王和大臣对肯特公爵家施压，要他们带维多利亚进宫。温莎堡和白金汉宫没完没了的名流宴（国王在场的正式社交场合，初入社交界的名媛会在名流宴上“初登场”，被第一次引荐
21 给国王）、宴会和舞会意味着她会不断被邀请。但公爵夫人比较希望维多利亚参加安全且妥当的活动，例如去剧院，她在那里可以受到保护和控制。尽管如此，维多利亚还是在 1831 年出席了她的第

① TNA WORK 19/16/2，有关肯辛顿宫御菜园的整修工程。

一场名流宴。在那之前，她也曾在乔治四世主办的儿童舞会上跳过舞。除了跳舞，她应该也在那里吃喝了一番。这些舞会是“少年贵族”① 固定的社交场合，这一场舞会则是特别为 10 岁的葡萄牙女王玛丽亚二世（Donna Maria Ⅱ）举办的。宫廷官员查尔斯·格莱威（Charles Greville）尖酸刻薄的日记记录了那个时期的逸事，他评论道：“我们的小公主是个矮小、相貌平平的孩子，没有那位葡萄牙女王漂亮。然而，如果自然之母为她做的不多，命运女神倒是有可能多眷顾她。”② 与这几次顺利的公开露面相比，在为优先顺位争执了一番之后，公爵夫人禁止维多利亚出席 1831 年威廉四世的加冕典礼。维多利亚对这背后的钩心斗角心知肚明，她的心情久久不能平复。

1830 年，公爵夫人和康罗伊决定加紧训练家里的女王候选人。国王老了，他的 3 个兄弟都死了。在维多利亚满 18 岁之前，他很有可能会加入他们的行列。若是如此，公爵夫人很确定自己会被立为摄政王。［另一位显见的候选人是可憎的王室手足——坎伯兰公爵（Duke of Cumberland），他甚至比其他兄弟更难对付，但政府不可能接受他。］公爵夫人以前就为她儿子莱宁根王子（Prince of Leiningen）当过摄政王。现在她和康罗伊全力将维多利亚打造成美德典范，并将自己塑造成维多利亚最亲密的伙伴，意图让外界觉得要是没有公爵夫人，维多利亚自己一个人是不行的。 22
如果他们美梦成真，维多利亚会登上王位，但她会被公爵夫人和康罗伊控制。这个新计划的第一步是让公主曝光。他们得精心安排一番，才能让她既出现在世人面前，却又不会和他们有太多互

① Gervas Huxley, *Lady Elizabeth and the Grosvenors: Life in a Whig Family, 1822 – 1839*, London: OUP, 1965, 64.

② Monica Charlot, *Victoria, the Young Queen*, London: Blackwell, 1991, 51.

动。同时，他们也要确保她和公爵夫人在外人眼中是一体的。如果有可能，最好康罗伊跟她们也是一体的。是时候到处“巡回表演”了。

这场“巡回表演”后来被称为 1830 ~ 1835 年的御游（The Royal Progresses of 1830 – 1835）。对奠定维多利亚早期的名声（以及让她接触各种前所未见的美食）而言，这段经历举足轻重。第一次御游维多利亚去了巨石阵（Stonehenge）、布伦海姆宫（Blenheim）和凯尼尔沃思（Kenilworth），公爵夫人和康罗伊对外宣称只是带维多利亚看风景。1832 年、1833 年、1835 年的御游，连同 1834 年在坦布里奇韦尔斯（Tunbridge Wells）“度假”则严肃得多。从 1832 年到维多利亚去世，维多利亚都保持写日记的习惯。当然，在她还是个公主时，这些日记要给她母亲过目，所以日记内容很难完全坦诚。但随着她的年龄渐长和自信心越来越强，日记变成她消极抵抗公爵夫人的某种沟通形式。而且，撇开省略和后来编修的部分不谈，这些日记始终是一份独一无二的文献。[①] 从一开始，在公共场合用餐的重要性就很清楚，肯特公爵一家的御游也很显然围绕着这件事展开。御游团队中有各式各样的门客、仆从。他们有时在客栈或旅社过夜，但更多时候是借宿在贵族成员家里。就算是在客栈，他们也会摆出一桌子山珍海味。他们住在很不错的地方：巴恩比穆尔村（Barnby Moor）的蓝钟客栈（Blue Bell）有足以容纳

① 可至 http://www.queenvictoriasjournals.org/home.do. 线上查阅。皇家史料参考资料全名为 RA VIC/MAIN/QVJ（W）后接日期。在本书脚注中，笔者使用 QVJ（日期）的写法。直到 1837 年 1 月 1 日之前的日记内容摘自维多利亚的亲笔记录，其后则摘自伊瑟勋爵（Lord Esher）的打字本或比阿特丽斯公主（Princess Beatrice）的重编本。* RA 为 Royal Archives 的简称，QVJ 为 Queen Victoria Journal（维多利亚女王的日记）的简称。——译者注

120 匹马和 60 个马车夫的马厩，[①] 而梅里登村（Meriden）的牛头客栈（Bull's Head）后来则成为贵族的庄园。我们几乎可以确定他们雇用了能够做出高级料理的男性主厨，同时另有一份给群众（和仆役）的菜单。主教门[②]伦敦客栈（London Tavern）的所有人约翰·法利（John Farley）于 18 世纪末出版了《伦敦料理艺术》（*London Art of Cookery*）一书，他靠着这间客栈的名声卖书赚钱，并标榜本书是饭店和酒馆的圣经。书中食谱反映了他的王族贵客在家庭宴会中享用的中高级菜肴的烹饪方法（实际上大多是抄袭御厨的食谱）。在客栈里用餐也不尽然就很低调隐秘，这支御游团有几次把窗帘拉开用餐，让平民百姓一饱眼福。[③] 23

在他们所在的各个豪宅里，晚餐作秀的味道甚至更浓。康罗伊负责安排晚餐，一套例行模式很快就建立起来，用餐时间尽可能固定，食物则力求简单："公爵夫人一家想在晚上 7 点用餐……第一天，公主可能想在自己的房间和蕾森女爵一起用餐。公主只吃原味的烤羊排，但这要由公爵夫人觉得公主殿下累不累而定。"[④] 多数日子里，不管在哪儿落脚，他们谨守跟家里一样的作息时间：8 点半到 9 点吃早餐，下午 1 点吃午餐，晚上 7 点吃晚餐。然而，在肯辛顿宫，维多利亚只在没有正式晚宴时和她母亲一起用餐，御游时的情况则不同。在他们落脚的每个地方，她至少有一顿晚餐要出席。这时的她应该已经很习惯偶尔为之的隆重晚餐了。她不时会去

---

① 他们在 1835 年 9 月 4 日留宿该处，相关资料参见 http：//www. yeoldebell - hotel. co. uk/theres - more/ hotel - history。

② 主教门（Bishopsgate）为伦敦城门之一，亦为街道名称，笔者所指的伦敦客栈现址位于主教门一至三号。——译者注

③ " Lady", *Anecdotes*, *Personal Traits and Characteristic Sketches of Victoria*, London, 1840.

④ Staffordshire Record Office, D615/PS/6/5/4, Sir John Conroy to Lady Lichfield, Sat evening, the 20th.

24 克莱尔蒙特庄园（Claremont House）用餐，利奥波德舅舅在那里雇了男厨师修伊特先生（Mr. Hewitt）、有德国背景的甜点师克里斯蒂安·斯坦哈特（Christian Steinhardt）、咖啡室的女侍者汉娜·帕森斯（Hannah Parsons）等人。[1] 不过，御游时的晚餐完全是另一回事。维多利亚不再被当成孩子对待，她现在是背负着莫大作秀压力的座上宾。所以，公爵夫人功不可没，目睹公主用餐的人几乎无不称赞她的表现。从游艇上到帐篷下，从市长官邸到主教宅第，她在各种不同的场所用餐，中午没完没了地吃凉掉的饭菜，被男性的地方权贵包围。地方报纸通常对菜肴极尽溢美之词，公主有限的餐饮选择无疑也旋即传开。但这些菜肴一定很快就变得像她在育儿室的婴幼儿食品一样食之无味，尤其是在她用餐时她母亲、康罗伊和全镇人盯着她看。当她不必作秀，可以吃到当地餐馆的上等佳肴时，她如释重负的心情在日记里表露无遗："我们在马车上吃了一顿很棒的午餐，有三明治、酒和水。"[2] 她也获赠一些食品，包括舒兹伯利饼干[3]在内，显然她很感激地收下，而且立刻就和母亲一起吃掉了。[4]

在她早年的日记里，"吃"这件事明显付之阙如。每日三餐不仅是稀松平常的例行公事，而且食物本身很少有什么值得书写的。但当她确实写到吃，从她笔下的热情看得出来，饮食上的限制对她来说是一件苦差事。羊肉尤其是她的心头好，只要有机会大快朵颐，

---

① Anon., *The Royal Kalendar and Court and City Register*, London, 1825.

② QVJ 6 November 1833.

③ 舒兹伯利饼干（Shrewsbury Cake 或 Shrewsbury Biscuit）因源自英国什罗普郡（Shropshire）的城镇舒兹伯利而得名。——译者注

④ "A Lady", *Anecdotes, Personal Traits and Characteristic Sketches of Victoria*, London, 1840.

她都不会放过。记录索伦特海峡（The Solent）之旅的苦乐参半的 25
游记就很有代表性：“可怜的母亲很快就开始晕船，而且很严重，真的很可惜也很扫兴。下午 1 点，我吃了一些热乎乎的羊排，好吃极了。航程有时很颠簸，可怜的妈妈真的很难受。”[1] 其他以食物为主的日记内容详细记录了不同于平常的美味飨宴，而每当有机会的时候，她显然富有冒险精神。她最爱一般的普通佳肴，最好与她的婴幼儿食品和高级法式料理毫无关系。1833 年，她在绿宝石号（*The Emerald*）军舰上享用了海军的伙食，喝掺水烈酒，用海军的餐具吃装在木盆里的马铃薯牛肉（“人间美味!”）。[2] 利物浦伯爵（Lord Liverpool）的女儿凯瑟琳（Catherine）既是侍女（lady - in - waiting），也是维多利亚少数的朋友之一。住在伯爵家时，女孩们参观了乳品坊，看奶油如何定型，接着品尝了白脱奶。[3] 维多利亚也很爱参观菜园。许多庄园的菜园有所谓的“公共区”，远离粪堆，特别规划给人参观之用，所以她不难靠近这些地方。她对新鲜水果的喜爱可能是一个诱因：她爱沃柯特庄园（Walcot Hall）[4] 的杧果，并数次评论正式晚宴上惯常被当成甜点的水果质量。只要有机会，她就会吃很多新鲜水果。1833 年，她从梅柏瑞庄园（Melbury Hall）的植株上直接摘鹅莓、葡萄和樱桃来吃。[5] 她也至少参观过一间厨房，那次是在查茨沃斯庄园，她对厨房赞赏有加。[6]

---

① QVJ 29 July 1833.

② QVJ 18 July 1832 and 5 August 1832; “A Lady”, *Anecdotes, Personal Traits and Characteristic Sketches of Victoria*, London, 1840, 262.

③ QVJ 28 October 1832.

④ QVJ 3 November 1832; “A Lady”, *Anecdotes, Personal Traits and Characteristic Sketches of Victoria*, London, 1840, 217.

⑤ QVJ 31 July 1833.

⑥ QVJ 20 October 1832.

宴会本身质量不一。虽然她还是没有写下个人感受，但某些贵
26 族宅第的宴会水平偶尔会经由别人笔下透露出来。例如她在1832年待过的温斯泰庄园（Wynnstay）就有“贫乏的菜色和拙劣的晚餐”①。维多利亚对于用餐经验的评价之所以通常很正面，建立人脉的需求可能是另一个原因。她往往会对琳琅满目的黄金餐盘、雕像和彩绘玻璃窗赞赏一番。再不然，她可能就是真的食不知味。饮食突然改变无疑让她很不适应，她的食物从选择有限的轻食变为大鱼大肉，中间没有任何适应期。隔着时代的距离，我们很难诊断维多利亚过去的健康问题，但她在日记中抱怨头痛、反胃、倦怠、没有食欲，而且几乎每个月的16日到20日都会固定出现这些毛病，所以几乎可以肯定这和生理期有关。② 有些健康问题可能是消化方面的。1832年，在帕拉斯·纽德庄园（Plâs Newydd）为她诊治的梅森医生（Dr. Mason）写了一本笔记，记下他诊断和治疗的细节，结果留下了一份超级私人的记录，详细记载了维多利亚肠胃不适的情形：在某些日子里，她一天只排一次大便，所以服用大黄药丸通便。但在某些日子里，她又变成一天排5次大便，有时候“粪量很大”。他指出“我有理由怀疑她的饮食状况有异”，并开了一些肉桂和小苏打给维多利亚。③

随着维多利亚曝光率的提高，亲戚们的善意忠告纷纷涌来。他们分析她的缺点并提出改进的对策。她的身高是5英尺1英寸（只比155.5厘米高一点，1英尺≈30厘米）④，而且似乎继承了父亲的体型，没有遗传母亲的身材。现在当上比利时国王、结了第二次

① Gervas Huxley, *Lady Elizabeth and the Grosvenors: Life in a Whig Family, 1822–1839*, London: OUP, 1965, 44.

② Lynne Vallone, *Becoming Victoria*, New Haven: Yale, 2001, 157. 很少有传记作家做出这种推论（多数传记作家是男性）。

③ Bangor Archives, Plâs Bodafon Papers, Bangor 4661：笔记属于梅森医生。

④ 详见第三章。——译者注

婚的利奥波德舅舅日益积极（但有点烦人）地苦劝维多利亚，让她在面对美食的诱惑时务必保持理性，让她多运动，甚至还提出让 27
她努力长高这种没有帮助的建议。他担心她的肠胃问题："很遗憾得知你有肠胃方面的毛病……容我恳求你午餐不要吃得太多，如果你吃得太多或胃口大开，那在餐后就不要立即做剧烈运动，没什么比这更伤胃的了。晚餐也是，如果午餐吃多了，晚餐就要节制……谈这种事很让人厌烦，但在这个年纪你的健康状况往往就决定了日后长久的健康状况。"最后他还补上一个有点奇怪的附注："可怜的人类啊，肠胃往往是我们的万病之宗。从这个角度来看，海鸥的命还比较好。它们的肠胃似铜墙铁壁，从来不会消化不良。"① 维多利亚的回答很有技巧，纵然有点失礼："我但愿您能来这里，原因有很多，但也因为这样您就能亲眼看看我的饮食有多节制，节制到令人瞠目结舌。而可怜的海鸥不像您想象得那么命好，因为在乡下，它们有很可怕的敌人，有些人以射杀它们为乐。"② 同时，费奥多拉在来信中提到她的盐摄入量："我确定盐吃多了对你很不好。当你看着盐罐，想用你的餐刀多拌一些盐到酱汁里时，求你想想你的姐姐。你是这方面的专家，加盐的动作特别快，有时趁旁人不在时偷加。"③ 维多利亚无法忽视旁人的批评，即使这些人是出于好意。维多利亚就算在最好的情况下也没有隐私，她母亲说过她身边不能没人，甚至直到当上女王为止，她都睡在她母亲的房间。家人和英国 28
媒体的监督与批评给她带来了难以承受的压力。她变得对别人的身材与外貌很敏感，也对自己的体重、身高和肤质很在意，总爱拿自

① RA VIC/MAIN/Y/61/38 Leopold to Victoria, 22 December 1834.

② RA VIC/MAIN/Z/493/30, Victoria to Leopold, 28 December 1834.

③ Cecil Woodham - Smith, *Queen Victoria: Her Life and Times: 1819 - 1861*, London: Hamish Hamilton, 1972, 116 - 118.

己和别人比较，并在日记中评论那些她觉得很美、很瘦的人。

到了 1835 年，这种饮食开始让她付出代价。整体而言，肯辛顿宫和这一家人的气氛越来越不平静。据称甚至早在 1832 年，肯特公爵夫人就因对未来的焦虑而夜不能寐，因为情况在她看来并不乐观。[①] 维多利亚拒绝服从肯特公爵夫人和康罗伊的管教，并在可能的范围内尽其所能捍卫自己的权利。她不如他们所期望的孤立。更有甚者，在康罗伊设法要她承诺当上女王后会给他一个名位时，她持续听取助她坚守个人立场的外部意见（主要是来自利奥波德的意见，但蕾森也很坚定地站在她这边）。在私下，维多利亚和她母亲绝非亲密的伙伴，而且她很厌恶康罗伊和他的家人。他们提出到约克郡（Yorkshire）御游的计划时，她说她不会去，他们软硬兼施，才终于使她答应去约克郡。在此行的日记中可以看出，她始终闷闷不乐，并强调自己有多不舒服。在约克（York），她觉得“很累”。在温特沃斯（Wentworth），她“几乎食不下咽，觉得难受极了”。当马车被从马身上卸下以便让鼓噪的群众亲自拉着穿过金斯林（King's Lynn）时，她非常恼怒。然而，她在公众面前的正面形象并未受到影响。在伯利庄园（Burghley）一场多达
29 300 人参与的舞会中，她表现得“兴致高昂”，而且“很满意她在金斯林受到欢迎”。与此同时，她又服用了大黄药丸（“讨厌的东西”），而且几乎没有进食——这一切，她都故意写在日记里给母亲看。[②]

1835 年 10 月，拉姆斯盖特正面临危急时刻。维多利亚病得很重，但人们不知道她得了什么病。伤寒、扁桃体炎和神经衰弱等诊

---

① Gervas Huxley, *Lady Elizabeth and the Grosvenors: Life in a Whig Family, 1822 - 1839*, London: OUP, 1965, 38.

② QVJ 7 September 1832, 18 September 1832, 21 September 1832 and 22 September 1832; "A Lady", *Anecdotes, Personal Traits and Characteristic Sketches of Victoria*, London, 1840, 368 - 373.

断不一而足。康罗伊和她母亲利用她身体虚弱的机会，意图逼迫她签下一份指派康罗伊为私人秘书的文件。然而，她的意志力出乎他们所料。这次事件摧毁了她们母女之间仅存的感情或敬意，而且改变了家里表面上的平衡状态，因为谁支持维多利亚、谁想打击她已经很清楚了。维多利亚成长得很快。面对脱胎换骨、意志坚定的公主，康罗伊毫无胜算。维多利亚日后说他是“妖魔鬼怪的化身”[①]。

她的日记停了几周，生病的时间则更久。痊愈后的最初几周，对从“吃”获得的享受的记录多于她在日记中一贯的关于节制饮食的记录，她对自己吃的东西如数家珍：“12 点吃午餐，还喝了一些马铃薯汤……下午 5 点吃晚餐，有汤（法式牛奶甜米粥）和一些美味的碎羊肉配米饭，我吃得津津有味……晚上 7 点，吃了一杯柳橙果冻，配一片我非常喜欢的布鲁塞尔面包脆片。”[②] 她吃的是病人吃的典型食物：清淡的汤品、面包抹奶油、热可可、鸡肉、米饭和果冻。布鲁塞尔面包脆片成为她一直爱吃的食物，利奥波德派人在比利时的宫廷厨房做好送过去。她形容这些面包脆片是“一 30
种清爽的干面包片……好吃极了，唯有在比利时才做得出来”。她在位期间的一名御厨把食谱公开，说那是“面包脆片中的极品……很适合当晚宴上的点心，也很适合当早餐”。这表示她在当上女王之后依旧保有这个饮食爱好。[③]

病愈之后，维多利亚对自己的身材很满意。她画了素描，把自己勾勒得苍白又虚弱，并得意地写信给利奥波德舅舅：“我变得很

① Gillian Gill, *We Two: Victoria and Albert: Rulers, Partners, Rivals*, New York: Ballantine Books, 2010, 72.

② QVJ 31 October 1835.

③ QVJ 25 January 1836; Charles Francatelli, *The Cook's Guide*, London: Richard Bentley, 1862, 309.

瘦，也长高了一点。克拉克医生（Dr. Clark）说我之后应该会长很高。若是如此就太好了，您一定会很欣慰，亲爱的舅舅。”[①]“吃”是少数她能控制的事情之一，尽管她之前吃得太多、太快，而且很在意自己的身材却又不积极管理，但现在她拿出了相当的意志力拒绝进食，包括和她母亲起争执时要脾气不吃晚餐。1836 年 1 月，她宣称：“我昨天没吃午餐，今天也没吃午餐，因为我发现自己不吃午餐身体好多了。未来短时间内我都打算不吃午餐，顶多只吃一点面包抹奶油。”[②] 1836 年 1 月到 1837 年 3 月，除非有正式的场合来搅局，否则她都继续以这种吃法为主，时而换换口味吃肉汁拌饭。

受到她身体不适的惊吓，她的家人开始专心筹划起来。维多利亚身边围绕着各式各样心怀鬼胎的人。而在欢庆 17 岁生日时，她发现自己要考虑一连串的黄金单身汉。这些人是她可能的结婚对象，或者受到邀请而来，或者是被硬塞给她。她可是令人兴奋的引
31 “猎物”，又处于心性未定的年纪。德国和英国形形色色的王子纷纷给自己找了支持者。跟着维多利亚鸡犬升天是很合理的期望，届时她有可能徒有女王的虚名，她的夫婿才手握实权。优胜者务必精挑细选。晚餐是每一位候选人必经的考验之一，维多利亚的三亲六戚围绕肯辛顿宫的餐桌一字排开。这时的维多利亚已有情绪上过度反应的问题。在她成年后的岁月里，过激的情绪是她的一大特点。只要有访客登门，在他们离开之后，她总会失落到无法自拔。她得到的支持并不多。她写信向利奥波德舅舅倾诉，其中一封回信展现出她敏感的一面：“很不幸，这就是人生。除了对幸福快乐的渴求之外，一切都是短暂的。这似乎表示唯有在未来某年某月的某一

① Cecil Woodham - Smith, *Queen Victoria: Her Life and Times: 1819 - 1861*, London: Hamish Hamilton, 1972, 133.

② QVJ 19 January 1836.

天，这份渴求才能得到满足。”[1] 维多利亚或许反应过度了，但她很希望终生的伴侣至少是她有点爱慕的人。当未来的亲王萨克森－科堡－哥达王子阿尔伯特（Albert of Saxe－Coburg Gotha）在她生日当天来访时，她很清楚他是舅舅利奥波德和母亲心目中维多利亚的理想丈夫。尽管似乎与期待中的人有很大的落差，但她有意努力喜欢上他。她是一个断然表态说“等不及要尽情放纵一下，我很不幸还没放纵过”[2] 的小姑娘。只要可以，她恨不能通宵达旦地跳舞。当时的阿尔伯特过胖，又老犯胃病，几乎在她的生日舞会上昏过去，还误了几顿饭，而且必须早退就寝。[3] 离开后，他受到在这场婚姻赌局中拥护他的人的关照，被送去欧洲各地旅行，关照他的人一方面是为了让他振作一点，另一方面是为了让他积累阅历，以提高他对受保护（但富有冒险精神）的公主的吸引力。 32

在用餐时打瞌睡和没能表现出自信、稳重的态度都是严重的失礼行为，当然还有更糟糕的行为。维多利亚现在经常出席肯辛顿宫内外正式的大型晚宴，包括和国王、王后一同用餐。什么场面她都见识过，不只是用餐的场面，还有饮酒的场面——毕竟英国人以爱喝酒著称。在肯特公爵夫人和威廉四世一连串的恶斗当中，最难看的一次发生在1836年8月威廉四世的寿宴上。寿宴之前就风波不断。两人之间鸡毛蒜皮的争吵持续数周之久，最后演变成肯特公爵夫人只顾庆祝自己的生日，无视阿德莱德王后的邀请，没有出席她的庆

① Cecil Woodham－Smith, *Queen Victoria: Her Life and Times: 1819－1861*, London: Hamish Hamilton, 1972, 142.

② Cecil Woodham－Smith, *Queen Victoria: Her Life and Times: 1819－1861*, London: Hamish Hamilton, 1972, 142.

③ Helen Rappaport, *Magnificent Obsession: Victoria, Albert, and the Death That Changed the Monarchy*, London: Windmill, 2012. 书中指出他的胃病是克罗恩病（Crohn's Disease）所致，因压力大而雪上加霜，这是他丧命的部分原因。

生宴。[①] 在威廉四世寿宴的前一天，时隔多年首度造访肯辛顿宫的国王，发现肯特公爵夫人将一些国有宫室据为己有。这件事可能取得了某个部门、某个人的许可，但国王表示闻所未闻，从来没有经过他的同意。他拂袖而去，怒气冲冲地回到温莎堡，冲进会客厅斥责公爵夫人。翌日寿宴上，可能是在酒精的催化之下（国王是出了名的不喜欢用餐时只喝水的人），在上百个目瞪口呆的大臣面前，国王的生日感言不可避免地变成滔滔不绝的咆哮。查尔斯·格莱威记录了他从一个在场人士那里听来的国王的生日感言。国王慷慨激昂地说：

> 愿上帝让我再活9个月，在那之后，就算我死了也不会有摄政王这个职位。届时，我将心满意足地将王权交由那位小姑
> 33 娘（伸手指向维多利亚）本人行使，也就是交到王位的假定女性继承人手中，而不是落入现在某个就在我身旁的人手中。此人被满口谗言的小人包围，言行举止有失自己的身份和地位……我受到此人侮辱——持续不断的严重侮辱，但我决心不再忍受此等对我不敬的行为。

这番话把肯特公爵夫人骂得狗血淋头。其中一位宾客讽刺地形容国王“骂功纯熟”。就国王表达的立场而言，大家是站在他这一边的。但正如查尔斯·格莱威所指出的：“在他自己的餐桌前，她就坐在他旁边，而且还是当着她女儿的面，这么粗暴地公然给她难看，这种做法本身就很失礼。”[②] 维多利亚倒是表现得更为成熟，

---

① 阿德莱德王后、肯特公爵夫人、威廉四世的生日分别为8月13日、8月17日和8月21日。——译者注

② Gervas Huxley, *Lady Elizabeth and the Grosvenors*: *Life in a Whig Family*, *1822 – 1839*, London: OUP, 1965; Christopher Hibbert, *Greville's England*: *Selections from the Diaries of Charles Greville*, *1818 – 1860*, London: The Folio Society, 1981, 134.

她在日记中对这起事件只字未提。

1837 年 6 月，维多利亚年满 18 岁，肯辛顿宫挂起庆祝横幅，并为她举办了一场国宴。国王的心愿实现了，尽管这时他已经病得很重。当饥饿的公主蓄势待发之时，国王的病况每天都会传到肯辛顿宫。1837 年 6 月的宫廷御膳记录通过国王吃的食物忠实反映出他病情恶化的情况。6 月 4 日，他出席了“国王和王后陛下的晚宴”，席间有阿德莱德王后和约 30 位常客。他们吃了杂烩锅（一种肉汤）、红鲻鱼、炖火腿肉、鸡肉酥皮盒子、牛腱肉、野兔肉、羊肉薄片、芦笋、鸻鸟蛋、奶酪等食物。然而有几道菜肴泄露了国王的病情，那是病人吃的典型食物：大麦汤、蛋奶酥和柳橙果冻。 34
6 月 5 日，他独自用餐，吃了牛肉茶、羊肋排、鹿肉、炖鸡和烤鸡。他的食物变成重病或刚断奶的人吃的食物，就跟维多利亚 1835 年 11 月在拉姆斯盖特吃的一样，或者像更早之前她还是个蹒跚学步的孩子时，吃的是没完没了的牛肉茶、鸡汤、鸡肉泥，间或吃点牛肉泥。6 月 16 日，坎特伯雷大主教（Archbishop of Canterbury）来留宿，在威廉国王临终时给予他慰藉并为维多利亚女王登基做准备，他列席“王后陛下的晚宴”。17 日，维多利亚在日记中写道：“国王今天的状况更不好了。”18 日，她则写道：“他们说可怜的国王顶多再活几小时。”① 19 日，他喝了牛肉茶和鸡汤，吃了鸡肉泥。到那天结束，他的一生也结束了。6 月 20 日的御膳记录没有“国王和王后陛下的晚餐”，甚至也没有“王后陛下的晚餐”。阿德莱德王后成了寡妇，御膳记录只列了“温莎堡晚餐”②的菜单，而且内容精简许多。 35

① QVJ 17 June 1837; QVJ 18 June 1837.

② RA MRH/MRHF/MENUS/MAIN/WC/1837：温莎堡的餐饮账簿。

第三章

用餐风格

1837 年 6 月登上王位时，维多利亚最关心的不是吃什么和怎么吃。记载宫廷菜式的御膳记录以及罗列食材的厨房进货明细都与之前别无二致。厨房进货明细就记录到国王驾崩当日，然后记录到当月月底，从月底开始重新记录。按照惯例，每个月底都是如此。御膳记录只涵盖君王的宫殿，所以肯辛顿宫不在此列。当维多利亚终于在 1837 年 7 月首度以女王身份现身白金汉宫时，她的晚餐和两个月前国王威廉四世最后一顿留下记录的全套晚餐差别不大。新任女王有其他要务。尽管年纪轻轻且缺乏从政经验，但据她的一位侍女日后所述，她“非凡的性格里有着钢铁般的意志”[①]。而且在做其他事情之前，她决心要抓住属于自己的控制权。在当上女王的第一天结束前，她已经“独自一人”[②] 见过主要的大臣，并主持了她的第一场枢密院会议。她把她的床从母亲房间撤走，18 年来第一次一个人睡在自己的房间。她也坚持独自用餐。她更表明她和肯特公爵夫人的关系今后由她做主，再也不会受母亲支配。肯特公爵夫人并未就此罢手，但维多利亚拒绝私下见她，无视一连串尖锐、

① Cecil Woodham - Smith, *Queen Victoria : Her Life and Times : 1819 -1861*, London: Hamilton, 1972, 240.

② QVJ, 20 June 1837.

毒辣的言语，并表明拒绝让康罗伊和他的同党染指她的新生活。她也宣布要搬离肯辛顿宫，尽快搬进还没完工的白金汉宫。

几乎人人都对维多利亚的所作所为拍手叫好，而且很多人等不及要大发议论。她这么做在一定程度上是好奇的天性使然：她是新即位的君主，之前很少在大众面前曝光。然而，身为一位女性，她也是一个被密切关注的对象。英国的女王们并未留下光荣的记录。玛蒂尔达[1]陷英国于内战；在英国新教流变史上，玛丽一世是被妖魔化的一号人物[2]；伊丽莎白一世[3]搞得民不聊生；有夫婿和共同治理者威廉三世当家做主，玛丽二世大可去坐冷板凳；安妮女王[4]在位时间虽久，而且她的统治时期举足轻重，但她广受徇私用人、闺蜜干政的恶评。到了维多利亚时代，英国是一个根深蒂固的父权社会。其他许多国家采用《萨利克法》（*Salic Law*），意味着女性 37
不能治理国家。而英国的贵族阶层自有一套长子继承制，确保头衔和土地都只传给男性后代。[5] 女性的权利少之又少，社会的眼光乃至于法律的规范只是更加限制她们的机会。更有甚者，此时对男女两性的角色预期变得前所未有的僵化。女性首先是妻子与母亲，想

---

① 玛蒂尔达（Matilda，1102—1167），英国国王亨利一世之女，亨利一世死后，玛蒂尔达因与表兄弟间的王位争夺陷英国于内战。——译者注

② 玛丽一世（Mary Ⅰ，1516—1558），因下令烧死数百名宗教异端分子得来“血腥玛丽”的绰号。她苦心维护的罗马天主教在她死后被新教取而代之。——译者注

③ 伊丽莎白一世（Elizabeth Ⅰ，1533—1603），伊丽莎白一世即位时继承了大笔债务，英国已濒临破产，16 世纪 90 年代持续的歉收更打击了英国的整体经济。——译者注

④ 安妮女王（Anne，1665—1714），其执政时深受与她交好的人左右，尤其是她的闺蜜马尔堡公爵夫人莎拉·丘吉尔（Sarah Churchill）。——译者注

⑤ 这个制度延续至今，截至 2015 年还没有人挑战这套制度，女儿依旧不能继承自家的贵族头衔。唯一的例外是 2014 年时，王室继承制度改为只要是头胎的孩子就能继承王位，不分男女，此前男性始终凌驾于女性之上。

当政治家、宗教领袖、战略家和外交官是不可能的，或至少不是公开的。女性继任宗教领袖或国君是令人紧张的。不论是在私人日记还是在报纸上，很多关于新任女王的评论强调她的女性特质，巧妙避开她的性别激起的议题。这些评论也涉及她的外貌，由于她目前还没怎么表现出自己的个性，人们有这种反应也不为过。霍兰勋爵（Lord Holland）的评语很典型："虽然称不上美女，身材也不是很好，但她本人是个好看的小姑娘，尤其是她的眼睛和肤质。"① 1840年的一份长篇评述这样写道："她的身高确切地说是5英尺2英寸，'但以女王的身份来说我很娇小'——据知女王陛下如此评论自己。她的身材纤细、比例很好，从以前到现在没有多大改变，但也丰满得足以显示出她身体健康、心情愉快，上围尤其傲人，头部位置端正，手臂、双手和双脚的比例无可挑剔。"②

烤西冷牛排（Sirloin of Beef）③ >>>

约15磅（约7千克）的西冷牛腰肉（noble sirloin）需烤约4小时：插上烤肉叉，注意烤肉叉穿过的位置必须在肉中间，以免两侧重量不等；放少许干净的牛脂④到滴油盘内（以烘焙纸包裹牛肉，用绳子绑好，以锁住油脂），一开始烤就立刻用牛脂滋润烤肉，整个火烤过程

① Cecil Woodham - Smith, *Queen Victoria: Her Life and Times: 1819 - 1861*, London: Hamish Hamilton, 1972, 171.

② "A Lady", *Anecdotes, Personal Traits and Characteristic Sketches of Victoria*, London, 1840, 472.

③ 详见附录。

④ 以前的人们会收集烤牛肉时滴下的油，冷却后形成固体的牛脂（beef dripping），可以像奶油那样用来抹在面包上吃，或像本食谱中用来烤牛肉。一边烤一边以滴油盘接滴落的牛脂，所谓润油（baste）即以滴落的牛脂滋润烤肉。——译者注

中，每15分钟润油一次；取下烘焙纸，调制肉汁……撒少许盐、润以奶油、撒上面粉，烤到上色、起泡；续烤几分钟，直到泡泡膨胀，取
下烤肉，装盘上菜。[①] 38

维多利亚虽然不像现今传闻中的那么矮，但还是出了名的娇
小。包括她自己在内，当时的人普遍说她身高5英尺2英寸，但现 39
存唯一的实证来自1837年她的一位肖像画家，那位画家测量的结果清楚显示她的身高是5英尺1英寸[②]。当时的潮流是穿平底鞋——要是有鞋跟，她就可以多个一两英寸。而且，上了年纪以后，她的身高可能又矮了一点。身高是一个性别议题。高大的女人显得阳刚，一般多以俊俏形容，很少被视为美女。相反，男人长得高是个优点，身材高大的仆人通常薪水也较高。请得起高大的男侍显示出雇主是一个有钱、有势、有品位的人——维多利亚的男侍各个人高马大。身高也是一个阶级议题。当时就和现在一样，身高和财力成正比。在维多利亚统治期间，这两者的关系甚至更密切，当穷人的生活水平降低，国人的平均身高就跟着降低。到她任期的最后几年，军队中非长官一级的军人身高限制下调了，因为贫困的年轻人是主要的招募对象，但他们由于吃得不好矮了几英寸。在某些地区，中产阶级出身的13岁青少年和劳动阶级出身的13岁青少年

① William Kitchener, *The Cook's Oracle*, London, 1818, 160 - 161.

② Carrie Barratt, *Queen Victoria and Thomas Sully*, New York: Princeton University Press/The Metropolitan Museum of Art, 2000, 45. 似乎是基于5英尺1英寸不算太矮的奇怪想法，后来的作家减了几寸，把她的身高估算到4英尺11英寸。因为5英尺1英寸不算太矮，所以如果人人都说她很矮，那她一定比她宣称的更矮（也比当时的人留下的记录和那位画家测量的要矮）。

的身高差为4英寸（约10厘米）。① 长得矮带有贫穷的色彩。但在1837年，对维多利亚来说，长得矮不全是坏事。就她而言，长得矮意味着女性化，也意味着不具威胁性。然而，长得矮再加上年纪轻，这就意味着大家很容易把她当成孩子。毕竟她才18岁，而且周遭多半是比较年长（也比较高大）的大臣和政治人物。

40 新任女王在1837年的7月中旬迁居白金汉宫。7月13日，维多利亚在位期间的第一顿正式宫廷晚餐按时写进御膳记录当中。女王的晚餐有19人出席，包括她敬爱的女家教兼现在的密友蕾森女爵，也包括她的母亲肯特公爵夫人。菜单上，从菜名到每一轮上菜流程的名称都以法文书写。他们有不同的汤品可以选择：鸡肉粥浓汤与比较稀的春季蔬菜汤。接着是鱼鲜：鲑鱼、多利鱼、鳕鱼、比目鱼。再来是替换菜（relevé）：牛排、炖阉鸡、烤羊、春鸡配牛舌。之后是首副菜（entrée）②：小羊排、比目鱼柳条③、四道不同的鸡肉料理、小牛胸肉，还有一道可能是迷你酥皮派（pâtes à la reine）。菜单上还有两道烤肉料理，分别是烤鹌鹑和烤阉鸡。接着是另一组替换菜：德国香肠和蛋奶酥煎蛋卷。最后是次副菜（entremet）：龙虾沙拉、油焖肉丁配肉冻、豌豆和洋蓟，同时一起上甜食类的次副菜：马其顿水果沙拉、酒冻、覆盆子奶酪、香草奶酪、饼干、樱桃酥盒、香缇帽（Chantilly turban，一种帽子形状的甜点）、德国蛋糕、糖丝篮和牛轧糖④。虽然因为被视为理所当然

① John Burnett, *Plenty and Want: A Social History of Food in England from 1815 to the Present Day*, London: Routledge, 1989, 187.

② entrée在法式料理的菜单中也作副菜。——译者注

③ “柳条”（fillet，或音译为“菲力”）指里脊肉的部位，例如鸡的该部位是鸡胸内侧不带皮的部分，每只鸡只有两条鸡柳；鱼的该部位在脊椎两侧靠近鱼肚处，每条鱼也只有两条鱼柳。——译者注

④ RA MRH/MRHF/MENUS/MAIN/BP/1837, dining ledger entry for 13 July 1837.

而没有特别提到，但接下来势必也有新鲜水果当餐后甜点。此外还会有一张旁桌，摆放西冷牛排和羊脊肉。

乍看之下，这似乎是数量巨大的食物，对厨师来说是很庞大的工作量。但以那个年代的用餐风格而言，照惯例是要有大量的食物，以千变万化的方式烹调而成。上菜的方式按照法式用餐的风格，食物是餐桌上的焦点。菜肴摆在餐桌上，让所有人一览无遗，41
额外的装饰很有限。上流阶层的正式用餐风格历经数百年的发展，到了 18 世纪中后期已经相对固定。尽管乍看之下有一轮又一轮的上菜流程，但这些名称很容易让人产生错觉：它们基本上是菜肴的一种分类方式，而不是界线分明的一道道程序。根据这种用餐风格，每餐只上两轮菜，外加甜点。用餐者聚集在餐厅外，依指示入内就座，就座时第一轮菜肴已经摆放好。在这一轮菜肴中，第一道是汤品，而且通常是放在餐桌两端。汤品会先被打开喝掉。在一般情况下东道主直接为宾客盛汤，但在贵族举办的宴会有侍者待命，如果侍者不负责盛汤，他们会将一碗碗装好汤的碗分给宾客。接下来要吃的鱼鲜已经备妥，放在热过的盘子上，盖上盖子。如果人们喝汤喝得慢，鱼肉就有可能放凉。鱼肉一凉就似乎少了什么。19 世纪早期，用另一道或更多道新的菜肴代替鱼肉的做法越来越普遍。这在当时被称为替换菜，法文为 relevé。汤喝完了，鱼肉收拾妥当，第一轮其余的菜肴就可以和替换菜同时上桌。宫廷储物间的餐盘取之不尽、用之不竭，其余的菜肴也备妥放在餐桌上，装在热过的餐盘里。这些副菜在英文和法文中也有不同的名称，英文称之为 made dish，食谱中常有以此为名的篇章，法文则叫作 entrée。18 世纪，法式料理和英式料理之争如火如荼。这两种料理中的经典菜有许多是在那个时期发展起来的，但在上流阶层人们眼中，法式料 42
理才是上乘的料理。他们聘请法国厨师，并以法文称呼他们的菜肴和上菜流程。在王室的餐桌上，法文以及法式料理早在维多利亚即位前就已很流行。不只因为法国菜是公认的高级料理，也因为法文在欧洲比英文或德文普及得多。所以，在一桌子宾客有可能来自各地的情况下，法文也比较实用。

副菜吃完，第一轮就结束了。男侍会整理餐桌，收拾空餐盘，将易碎的餐具和银器装进有内衬的盒子里送洗。同时，第二轮菜肴被送到备餐间，备餐间往往配有保温台或保温柜。在某些情况下，例如在萨福克（Suffolk）的艾克沃斯庄园（Ickworth House），招待宾客所需的物品应有尽有，但主要的厨房离宴会厅非常远，庄园里就会另有一间独立的备餐间，用于为精致的菜肴做最后的摆盘。第二轮菜肴被送上餐桌时，会跟第一轮摆得一模一样。“对称”是法式用餐风格的关键，在铺餐桌时就要用尺和三角板丈量。通常有一道菜（大型宴会中则有多道菜）在正中央，餐盘围绕这道菜以固定的间隔排开。一般而言，法式料理所用的餐盘有椭圆形、正方形
43 以及特殊设计的圆角形。日常的晚餐中，每个餐盘装一种不同的食物，但它们在餐桌上要互补或形成对比，从上往下看呈水平状或对角状，让每位用餐者都有相似（但又不同）的用餐体验。当时的食谱有时会针对理想的餐品搭配提供建议，餐品搭配显示出菜单设计的复杂性。举例而言，龙虾可搭配餐桌另一头的牛舌（因为两者都是红色、微弯、长条状）。一盘小蛋挞可与正对面的一大颗果冻遥相呼应，但斜对角是一大块水果派，剩下的角落则有一组小型的牛奶冻。在比较盛大的宴会上，菜肴较常沿着餐桌以固定的间隔重复放置，一般位于排在中间的一组花瓶（或某种明显以黄金打造的器具）两侧。宴会马不停蹄地进行，第二轮菜肴可能很难摆出去，但没有做不到的借口。为了确保一切就位，男侍的指导手册满是警告与诀窍。王室的男侍没有餐具掉漆的借口，因为有一个叫

作“餐桌装饰者”（table-decker）的团队，专门被雇来做餐桌的规划与餐品搭配。他们不负责上菜，只负责标出每一种食物的摆放位置。第二轮菜肴一样要按部就班摆上桌。整顿饭最大的亮点就是烤肉，这一道（或几道）烤肉会先端上餐桌被宾客食用。跟第一轮的汤品一样，到了第二轮的烤肉，宴会主人往往会负责侍肉，侍肉被视为对技巧和气质的一大考验。然而，在最高规格的社交场合中，男管家会负责在旁桌上切肉，现场一样有男侍待命，负责送上切好的烤肉。和第一轮菜肴一样，在享用第二轮菜肴中的副菜之前，烤肉可用另一道或多道菜肴替换，而第二轮的副菜则称为次副菜。所谓的次副菜包含小份的咸食、蔬菜和甜品。蔬菜类菜肴类似 44
现在所谓的 side dish[①]，在当时亦可称为 side dish，但只有当这些菜肴摆在餐桌两侧、有一道菜肴点缀其间，它们才会被称为 side dish。这类菜肴可以展示料理团队的技艺，通常涉及佐料、装饰菜、模型、酱汁、果菜冻、酥皮或糖艺，堪称一场视觉盛宴。

在这之后，奶酪可能被当成独立的一道餐品端上桌，又或者把第二轮餐盘收拾干净后，直接送上甜点。甜点的作用是去除口中的余味，而不是填饱肚子。甜点包括新鲜水果、坚果和冰品（有冰激凌，也有现在所谓的冰沙），有时还有糖艺甜点。18 世纪初，餐桌上有时会铺两层桌布，客人食用完第一轮和第二轮菜肴之后男侍分别收走一条桌布，接下来的甜点就直接放在亮晶晶的桌面上。闪烁的烛光照在杯盘上与用餐者的丝绸与珠宝交相辉映，交错的光影营造出一种类似烟火秀的氛围。到了 1837 年已不再采取这种做法，但还是可以达到类似的视觉效果。在 19 世纪 30 年代的御游中，维

① “side dish” 一般译为 “配菜”，但 “side” 一词有 “旁边” “侧边” 之意，故笔者强调在维多利亚时代，只有真正放在旁边的菜肴才能称为 side dish。——译者注

多利亚频频提及没完没了的黄金餐盘。中世纪时，橱柜被用来展示主人引以为豪的金器与银器。追随前人的脚步，有些宅第在特别的场合还是会拿出他们的奢华餐具。这种情形越来越少见：在 19 世纪早期，约克市长官邸（Mansion House in York）的嵌入式橱柜用画像盖住（这些橱柜位于壁炉两侧，壁龛与橱柜都嵌入墙壁之
45 中），但白金汉宫和温莎堡依旧保有展示餐具的传统。描绘国宴的画上也特别突出黄金餐盘，而且这些餐盘看起来金光闪闪。

当时的餐具一般很朴素，虽然橱柜上展示的金器也包括实用的餐具，但它们只被当成展示品，展示品也包括烛台、花瓶和一些弃之不用的物件。国宴上有专属的金器（或者应该说是镀金的银器），是从乔治四世传下来的，被维多利亚充分用来款待宾客。[①]她平常用的餐具低调得多：她从乔治四世或威廉四世委托他人制作的陶瓷器皿中挑选餐具来用，除了法式用餐风格所需的各种形状的餐盘以外，这些器皿也包括大量圆形的餐盘。甜点的种类不多，点心盘则极尽装饰之能事。在维多利亚为王室收藏增添的少数瓷器中，有一批是她购自明顿陶瓷[②]的 116 件甜点餐具。她在 1851 年万国博览会正式开幕前买下这批展示品。整个博览会期间，这套餐具持续展出。为了向它的第一位买家致敬，托马斯·明顿（Thomas Minton）将之命名为“维多利亚系列”（她随即拿出其中的 61 件向奥地利国王换了一个大型木雕书柜，该木雕书柜也是博览会上的展示品）。如同多数甜点餐具一般，这套餐具色彩缤纷，整体是鲜艳的蓝绿色，边缘镀金，绘有细腻的水果图案、刻有立体的花朵，在空间较大的大件器皿上还有田园主题的陶瓷人偶。

---

① Kathryn Jones, *For the Royal Table: Dining at the Palace*, London: Royal Collection Enterprises, 2008.

② 明顿陶瓷是创建于 1793 年的英国瓷器品牌。——译者注

维多利亚时代的王室宴会还有一些方面特别守旧，不追求创新。直到 19 世纪 70 年代前，席间似乎都不会提供纸质菜单，这是 46
法式用餐风格的一个特点。1839 年，侍女丽陶顿夫人（Lady Lyttleton）写道：“昨天晚餐，分送菜肴的英国侍者用法文报菜名，给了我一道‘油焖近侍肉丁’［此处近侍肉（valet）为禽肉（volaille）之误］，我还以为里尔福德勋爵（Lord Lilford）被他们给煮了……”① 她算幸运的了，在这种风格的某些版本中，现场没有侍者，用餐者在一团混乱中自己动手，并互相帮忙把东西递来递去。在宫里用餐则有男侍负责上菜以及传递拿不到的东西。他们一般都在一旁待命，随时服务并协助用餐者。法式用餐风格表面上显得非常单一，但其实比其他用餐风格都更允许用餐者有个人化的选择。每位用餐者可从各式各样的菜肴中选出自己最想吃的。即使是在一些相当正式的宴会上，宾客也会自己动手。有一幅来自这一时期的罕见画作，画的是人们在伦敦市长官邸庆祝维多利亚加冕的场景，画中呈现用餐者津津有味地舀果冻吃。女王在场，但她在画中的位置离中心很远，她在那次宴会上的表现没有留下记录。然而，表面上的和谐与友好掩饰了本质。法式用餐风格不容易掌握。用餐者要知道怎么处理每一种送上来的菜品。他们要彼此注意、懂得分享，并且不能显得太贪吃。没学过法式用餐礼仪、不熟悉其中技巧的人在餐桌前失态的憾事比比皆是。其中一件憾事发生在约克，一名年轻的神职人员把放在他面前的那道菜吃光了，却浑然不知那是全部人要一起享用的佳肴。他是贵宾，“他的”那道烤鹂鸟是 47
高级料理，特地放在他面前以示尊敬，但不代表他可以一人独享。

---

① Maud Wyndham, *The Correspondence of Sarah Spencer, Lady Lyttelton, 1787 – 1870*, London: John Murray, 1912, 287.

他的过失显然引起一阵骚动[1]（烤鹳鸟和烤百灵鸟都是高级的小型鸟烧烤料理，常出现在王室的菜单上）。从其他的逸事可以看出，美食令人不能自制也是个问题。据说约翰逊博士[2]用餐时常面红耳赤，有时还会对着他的晚餐啜泣，这实在有失绅士的体面。

维多利亚深受法式用餐风格的影响。早年很少有人对她的餐桌礼仪有任何负面评价。但到了 1837 年，用餐风格已经开始改变。有画作显示，在乔治四世和维多利亚在场的大型宴会中，宾客人数若是超过 50 人，餐桌中间就会有不能吃的装饰品，菜肴则沿着装饰品两侧摆放。摄政王乔治四世很有名的是他在卡尔顿宫（Carlton House）放置了一个水族箱，里面养着鱼。而在维多利亚于 1843 年造访查茨沃斯庄园时，餐桌上则装饰了糖霜城堡。这种装饰品最早从 18 世纪 60 年代流行起来，采用法式用餐风格期间也继续沿用下去。到了 19 世纪 50 年代，装饰品开始悄悄出现在比较家常的用餐场合中，维多利亚尝试在用餐者入座前就将甜点中的水果摆放在餐桌上。这种做法与习俗背道而驰，维多利亚的一位侍女埃莉诺·斯坦利（Eleanor Stanley）评论道：“我们用餐时……甜点就放在桌
48 上，其实也没那么糟，或者不如说是我越来越习惯了吧。”[3] 这是一种过渡风格，现今被称为“半俄国式”（demi - Russe），介于法式及后来发展成熟的高级料理用餐风格之间，每一轮菜肴品类较少，所以摆在餐桌上的食物也较少，因为不能吃的装饰品或甜点占

---

① Peter Brown, *Pyramids of Pleasure: Eating and Dining in the Eighteenth Century*, York: York Civic Trust, 1990, 14.

② 约翰逊博士（Dr. Johnson）为家喻户晓的英文字典编撰者塞缪尔·约翰逊（Samuel Johnson, 1709—1787）。——译者注

③ Beatrice Erskine (writing as Mrs, Steuart Erskine), *Twenty Years at Court, 1842 - 1862: From the Correspondence of the Hon. Eleanor Stanley. Maid - of - Honour to Her Late Majesty Queen Victoria*, London: Nisbet & Co., 1916, 228.

了桌面的空间。维多利亚在奥斯本宫试过这种做法，几乎可以确定是因为那里的工作人员比温莎堡或白金汉宫少，如此一来厨师才应付得过来。在法式用餐风格的巅峰时期，用餐不只是感官的盛宴，也是一场益智游戏。包括用杏仁膏做的火腿和用肉做的瓜果在内，仿制食品用来娱乐用餐者。在次副菜当中如果出现火腿，用餐者会知道那不是真的火腿，因为那不是它该出现的时候，但他们不见得知道这道火腿是用杏仁做的。在乔治时代，用餐是令人叹为观止的神奇体验。即使在 1837 年，维多利亚时代的菜肴也没那么奢华。

对维多利亚而言，新的用餐体验很愉快。厨房有约 45 名厨师，她想吃什么厨师都做得出来。在位第一年，她度过了美妙的时光。她投身工作之中，努力学习如何治理国家的热忱广受赞扬。她和她的第一位首相墨尔本子爵建立起紧密的关系，她只要有他作陪就很开心，尤其是在用餐时。查尔斯·格莱威对此事的评论是：“她对他有异性间的感情，尽管她自己不知道。”[1] 青春期折磨她的各种不适烟消云散。日记里，她不再按月抱怨泄露了其生理周期的头痛和经痛。她也似乎悄悄挥别了只吃面包抹奶油的午餐习惯，尽管御膳记录列的午餐显示她常和大臣们分开吃饭，而且吃得比晚餐简单 49
许多。1837 年 10 月，她写信给同母异父的姐姐费奥多拉：“大家都说我即位后像变了一个人。我看起来气色很好。我也真的精神很好。我过得很愉快，这就是我想要的生活。我有很多事要忙，做这些事对我来说很不错。”[2] 她非常热情地投入各种社交活动中，在脑力刺激和她一直渴望的“尽情放纵一下”之间找平衡，不偏废任何一方。“她被最刺激、最有趣的人和事包围。她的消遣活动、

---

① Cecil Woodham - Smith, *Queen Victoria: Her Life and Times: 1819 - 1861*, London: Hamish Hamilton, 1972, 210.

② Monica Charlot, *Victoria, the Young Queen*, London: Blackwell, 1991, 101.

爱好、职责和宫廷事务源源不断地为她带来满足感。除了精明干练与谨慎周密，她还有一股强大的冲劲。她怀着热忱与孩子般的好奇心，坐上女王这个辉煌的位置，迎接所有随之而来的新鲜事。”①

然而，不管她自己心里多么笃定，在她生活圈之外的人很快就对她所执掌的宫廷灰心、失望。之所以有这么多人乐见她即位，原因在于她不是个荒淫无度的老头。但她的宫廷之所以黯然失色，也是基于同一个原因。她母亲和康罗伊将她暴露在大众面前，但他们是按照自己的意思行事，而且向来极力凸显她的笨拙稚嫩，看起来她没有他们的支持就成不了事。她养成了对自己的想法守口如瓶的习惯，而她现在又背负着让年纪更长、经验更多的人刮目相看的莫大压力，难怪她当上女王之后，在社交场合坚持只聊“最日常琐碎的话题”②。这和她孩提时期的表现完全不同，小时候的她是个
50 好奇而体贴的用餐同伴。1834 年 9 月在坦布里奇韦尔斯，有几个星期，某位固定与肯特公爵一家用餐的宾客是聋哑人士，并用手语沟通。维多利亚为之着迷，她在日记中写道：

> 可怜的伊斯泰德先生（Mr. Isted）不幸又聋又哑，但他是个非常讨人喜欢的人，既亲切随和又很有头脑。晚餐时，他就坐在我正对面。他用手语问了我什么，我几乎猜得到意思，只不过我不好意思开口。他用手语和坐在他旁边的霍布豪斯太太（Mrs. Hobhouse）聊了很多。他也会说一点点话，但他说话的方式非常怪异，让人听不懂。他的声音听起来不像人类的声

---

① Christopher Hibbert, *Greville's England: Selections from the Diaries of Charles Greville, 1818 – 1860*, London: The Folio Society, 1981, 147.

② Christopher Hibbert, *Greville's England: Selections from the Diaries of Charles Greville, 1818 – 1860*, London: The Folio Society, 1981, 147.

> 音。他的表情和外貌非常有趣。伊斯泰德太太和他结婚两年，是一个让人很愉快的人……她比手语比得飞快。

到他离开坦布里奇韦尔斯时，她显然已经找人指点过。她自豪地写道："他送了我美丽的素描，为了表达谢意，我鼓起勇气用手语说'谢谢你'，他完全明白我的意思。"[①] 然而，到了 1837 年，她以小心谨慎为上策，被形容为"害羞、拘谨、放不开，除了寒暄以外什么也不聊"[②]。

如前所述的宫廷晚餐"就像其他盛大的宴会"[③]，但用餐礼仪稍有不同。在多数宅第，以地位最高的男性为首，地位最高的女性挽着他的手入内用餐，地位次高的男性再领着地位次高的女性入内，以此类推。维多利亚的地位比谁都高，而且宾客不见得彼此认识，所以，在大家聚集起来之后，有一名侍爵（lord-in-waiting） 51
会在场指示谁要和谁一起。女王通常会迟到，以 1837 年为例，名义上是晚上 7 点半用餐，但实际上往往是晚上 8 点她出现之后开饭。用餐者会先在会客厅聚集，聊天但不喝酒——鸡尾酒和餐前酒到爱德华时代[④]才传入英国，而且就算在爱德华时代也多半被视为一种粗俗的美式习俗，专门破坏胃口。女王会由宫务大臣（Lord Chamberlain）和内廷侍绅（gentlemen of the Household）领着入内。她会和女士们握手，对男士们行礼，众人会设法理出一个流畅的次

---

① QVJ 25 September 1834; QVJ 23 September 1834.

② Christopher Hibbert, *Greville's England: Selections from the Diaries of Charles Greville, 1818–1860*, London: The Folio Society, 1981, 145.

③ Christopher Hibbert, *Greville's England: Selections from the Diaries of Charles Greville, 1818–1860*, London: The Folio Society, 1981, 156.

④ 爱德华时代（1901～1910 年）紧接着维多利亚时代（1837～1901 年），详见本书"结语"部分。——译者注

序，接着全体进入餐厅就座。到了18世纪晚期，男女穿插而坐或一男一女交错的坐法，已经取代之前男女分开各坐一排的习惯。查尔斯·格莱威等不及要出席宫里的晚宴，除了一窥新任女王，他也想看看她和墨尔本子爵之间的互动情况。格莱威记录了用过甜点之后的事："女王在餐桌前坐了一会儿，愉快地和邻座的人交谈。女士们离开之后，男士们还逗留了约15分钟。我们退到会客厅，害羞、尴尬地挤在门口，女王上前来和每个人一一说话。"他也记录了女王和他的对话，并说这种对话"堪称王室餐后会话的范例"。

女王：格莱威先生，您今天骑马了吗？

格莱威：没有，陛下，我今天没骑马。

52 女王：今天天气很好。

格莱威：是的，陛下，天气非常好。

女王：只不过有点凉。

格莱威（像波洛涅斯①似的）：是很凉，陛下。

女王：据我所知，您的妹妹弗朗西斯·艾格顿夫人（Lady Francis Egerton）会骑马，是吗？

格莱威：她有时确实会骑，陛下。

（一阵停顿，换我引起话题，不过我还是顺着一样的话题聊下去。）

格莱威：女王陛下今天骑马了吗？

女王（热情地说）：哦，骑了，骑了很久呢！

格莱威：陛下今天骑到一匹好马了吗？

---

① 波洛涅斯（Polonius），莎士比亚笔下的人物，哈姆雷特说他是个"沉闷无趣的傻瓜"。——译者注

女王：哦，非常好的一匹马。

——女王优雅地微笑点头，我则深深鞠了一躬。

在宫里用餐很沉闷，宫廷里的名流宴也很沉闷。尽管“迷人、愉快、亲切、不做作”[1]，但维多利亚女王很清楚自己的地位，而且时刻保持警觉。她面对墨尔本子爵时最放松，晚餐时墨尔本子爵几乎总在场，而且坐在她旁边。晚餐结束，一一与宾客打过招呼之后，维多利亚就和墨尔本子爵独处。宫里的消遣靠的是没完没了的扑克牌游戏，1837 年和 1838 年的报账单显示白金汉宫购入了数十副纸牌。唯有听力受损的惠灵顿公爵（Duke of Wellington）在场时，气氛才比较轻松。他会扯开嗓门谈国事，说其他宾客闲话时的音量也大得清晰可闻。女王老是得“放声嘶喊别的话题”[2] 来制止他。

然而，在矫揉造作的谈话与对礼仪的坚持背后，形势越来越紧 53
张。加冕一年过后，新鲜感没了，事情不像维多利亚期望的那样：“这一年我过得没那么愉快……和去年的我不太一样。”[3] 不管再怎么设法疏远母亲，肯特公爵夫人还是留在宫里，而且维多利亚一再被告诫：要是采取激烈的手段把母亲赶走，外界恐怕会觉得她心狠手辣、冷酷无情。公爵夫人就是不明白她对待女儿的方式引起了多深的反感。她一直把维多利亚当成一个任性的小孩，并表示除非维多利亚结婚，否则自己哪儿也不去。一旦结婚，有夫婿照顾维多利

① Christopher Hibbert, *Greville's England: Selections from the Diaries of Charles Greville, 1818 - 1860*, London: The Folio Society, 1981, 159.

② Christopher Hibbert, *The Court at Windsor: A Domestic History*, London: Penguin, 1982, 172.

③ Cecil Woodham - Smith, *Queen Victoria: Her Life and Times: 1819 - 1861*, London: Hamish Hamilton, 1972, 96.

亚，帮她做决定，公爵夫人才肯罢休。康罗伊也阴魂不散，一会儿要俸禄，一会儿要头衔。同时，他把公爵夫人的财务搞得一团乱的事情暴露了，那些御游和豪华大餐害得她负债 5.5 万英镑。（后来的情况更糟。康罗伊和他的密友遗失或销毁了账本，少数仅存的记录终于在 1850 年曝光，事实证明他有计划地诈取了公爵夫人和苏菲亚公主数万英镑。在黑暗的宫廷政治世界中，他似乎确实是个不折不扣的混蛋。）除了这些挥之不去的困扰，有两件知名的丑闻破坏了媒体一直以来对维多利亚的好感。第一件是弗洛拉·黑斯廷（Flora Hasting）事件，涉及她母亲的侍女。弗洛拉·黑斯廷在宫里被看到腹部明显隆起，据说她怀孕了，而且女王也是煽风点火的造
54 谣者。其实她没怀孕，只是长了肿瘤，最终痛苦而死。宫里恶毒的气氛使她的家人向媒体投诉。这起事件显得女王像个恶霸兼傻瓜。第二件是寝宫（Bedchamber）事件，涉及维多利亚的侍女。1839 年，墨尔本子爵的辉格党（Whig）政府吃了败仗，他辞职下台了，他的托利党（Tory）对手罗伯特·皮尔（Robert Peel）顺理成章受托改组内阁。维多利亚的侍女是清一色的辉格党人，皮尔理所当然地请求她把其中一些侍女换成托利党人。当时的女性虽然没有投票权，而且不能正式从政，但她们还能占据有影响的位置。女王被这些侍女包围，她们是其背后的朋友和顾问。然而，她们多数嫁给了显赫的辉格党人，有些还仇视皮尔。维多利亚拒绝把她们换掉，说她从来不会和她们谈论政治，并强调她们没有实权。皮尔立场坚定，但她还是拒绝。皮尔说女王这种态度让他没办法组阁。他辞职了，墨尔本回来了。这样一来，维多利亚不仅显得像个过分依恋墨尔本子爵的幼稚鬼，而且是一个陷政府于险境的幼稚鬼。公平地说，这件事双方有许多沟通不畅的地方，而且她对个人感受和政治利益相互平衡的需要缺乏认知。日后他们达成了妥协，那就是每当

政党轮替，唯有最资深的侍女（也就是贴身女伴）会被换掉；女王回想起自己年轻时的行为也不禁难为情。

因为维多利亚在青春期就罹患过与压力相关的疾病，如今在亲戚、政府和媒体等前所未有的压力之下，她旧病复发也就不足为奇 55
了。肯辛顿宫的生活单调乏味、一成不变，但现在造成问题的是政治和舆论的诡谲多变。内侍事件之后，她被迫面对墨尔本子爵终将被取代的事实。在她的新生活中，她必须面对不断的变动，尤其是周围人事的变动。小时候，她没有一个真正的朋友。现在，她必须接受即使有了值得她信任的人，要把他们留在身边也很困难的事实——如果他们在她的内廷占有一个官方的职位。她宫廷里的官方职位和政治有所关联。她再次抱怨起头痛和精神不振，并转向食物寻求安慰。托马斯·克里维评论道："她吃得有多起劲，笑得就有多开怀。我想我会用狼吞虎咽来形容她。"① 墨尔本子爵没帮上什么忙。维多利亚变得很依赖他，而且深受他的意见和习惯的影响。他是个对吃很热衷的老饕，和维多利亚一样嗜吃羊排。根据目击者所述，他是"法式清汤、松露、梨、冰品和鳀鱼"的爱好者，"每天竭尽所能挑战他的肠胃"②。人们为她（和他）的饮食习惯争执不下。1839 年 8 月，她记录道："他们谈到墨尔本子爵的好食欲、我的没食欲。墨尔本子爵说：'我不知道我是怎么了。一早就吃了一道冷盘松鸡肉，我很久没吃松鸡肉了。到了 12 点，我又饿得不得了，非吃 3 块羊排不可。'我问他：'你现在又饿了吗?'他说：'我现

① Suzanne Groom, *At the King's Table: Royal Dining through the Ages*, London: Merrell/Historic Royal Palaces, 2013, 130.

② Maud Wyndham, *The Correspondence of Sarah Spencer, Lady Lyttelton, 1787-1870*, London: John Murray, 1912, 285.

在已经塞了一肚子食物了。’我求他不要吃得太多。”[1] 与此同时，维多利亚也因为一模一样的事情受到墨尔本子爵的批评。因为她身为女性，所以她的问题被认为更严重。墨尔本子爵以她父亲体重过
56 重的亲戚为例，叫她不要过量饮食，并且不要喝太多啤酒。他指出她的问题有一部分在于就算不饿也照吃不误，对此她的回应是：如果只有饿了才能吃，那么她的饮食习惯就没有问题，因为她一天到晚都很饿。[2] 埃莉诺·斯坦利哀怨地写道：“你知道宫里老是吃个没完。”[3] 这种吃法导致了严重的后果。到了 1838 年底，据说她“体态之丰腴或许超过注重健康的人能认可的范围”[4]。她在 12 月量了体重，并写道：“居然有 8 英石 13 磅重（约 51 公斤），吓我一大跳！”她立刻向墨尔本子爵倾诉：“说到体重，我将近 9 英石（约 57 公斤）。以我的身高来讲，我觉得难以置信……说到我对变胖的恐惧，以及我那些长得很胖的女性亲戚，他说：‘你大有机会加入她们的行列。’我听了哈哈大笑。”[5] 他让她多运动。她反驳说运动让她很累、很难受。她选择把她的洋装改大一些。

到了 1839 年，维多利亚和大臣们都觉得厌倦了。她热衷于参加派对，在半夜 3 点最为活跃——这是她在舞会上扫荡立式自助餐台的时间。立式餐饮是个新事物，取代了之前坐着用餐的习惯。菜肴在餐台的摆放方式类似法式用餐风格，差别是总共只上一轮菜

---

① QVJ 17 August 1839.

② Cecil Woodham - Smith, *Queen Victoria: Her Life and Times: 1819 - 1861*, London: Hamish Hamilton, 1972, 196.

③ Beatrice Erskine (writing as Mrs. Steuart Erskine), *Twenty Years at Court, 1842 - 1862: From the Correspondence of the Hon. Eleanor Stanley, Maid - of - Honour to Her Late Majesty Queen Victoria*, London: Nisbet & Co., 1916, 57.

④ Cecil Woodham - Smith, *Queen Victoria: Her Life and Times: 1819 - 1861*, London: Hamish Hamilton, 1972, 196.

⑤ QVJ 17 December 1838.

肴，而且主要是冷盘。维多利亚的舞会餐饮注重现代化，宫里年长的成员看得瞠目结舌："女王站着吃东西。我大为震惊……这种吃法有失身份。威廉四世算是相当平民化的国王，但就连他也向来是在私人宫殿用餐，在场的只有他的王后和一群被精挑细选过的人……因为她年轻气盛，尽管如此，我还是觉得很遗憾。"[1] 她工作 57
很卖力，但也玩得很疯，参加舞会和宴会，其中还穿插着看歌剧。精神不振和身体不适与她尽情玩乐的坚定决心形成对比。但晚睡意味着晚起，正事也跟着乱了套。要是玩得不尽兴，她就变得暴躁易怒。晚餐之后，身边的人如果没能继续陪她取乐，她就会对他们很不耐烦，包括墨尔本子爵在内："墨尔本子爵很沉默，甚至睡着了三次。我很不高兴。是我不对，我明明看到这个可怜的大好人一脸苍白的倦容，一副筋疲力尽的样子。我跟他说了放血、拔罐、水蛭疗法等，他说他很累，他要回家了。"[2] 她也和利奥波德舅舅变得没那么亲近了。利奥波德没意识到她不再是个软弱无能的人，也不再像以前一样依赖他的情感与建议。她有了新的盟友和新的责任，而这一切不见得合他心意。维多利亚的母亲一再提出她不够成熟，尤其是身为女性，她不能没有摄政王辅佐而独自治理国事。照那年年底的情况看来，她母亲的话似乎有道理。

眼前有个显而易见的解决方案。萨克森－科堡－哥达王子阿尔伯特过去三年都在欧洲各地旅行，努力充实自己之余，他也持续和维多利亚通信。1839 年 10 月，他预计重访英格兰，并向他的诸位亲友表明：如果他没带着婚约返回德国，那么他就白忙一场。维多利亚很抗拒，她不愿意接受别人的安排，并且很清楚不见得全体英

① Harriot Mundy, *The Journal of Mary Frampton, from the Year 1779, until the Year 1846*, London: Sampson Low, Marston, Searle, & Rivington, 1885, 403 - 404.

② QVJ 4 August 1839.

58 国人都赞成这种安排。然而，她自幼就被灌输要喜欢阿尔伯特这个追求者。而且现在的她既无望又厌烦，无时无刻不在生气：“如果可以按照自己的意愿行事，我会立刻离开这个国家。因为我总是被反对，实在是受够了。”① 幸好，最后的结果对她的心理健康和周围的人而言都是个好结果。当王子终于抵达英格兰时，万事俱备，一切都对了。改头换面的阿尔伯特瘦了，变得更帅，而且见多识广。他能和她共享对音乐的喜好，舞也跳得很好，这就够了。维多利亚疯狂坠入爱河，阿尔伯特在到达英格兰 4 天后求婚。1840 年 2 月，他们结婚了。

尽管他们对彼此有着不容否认的爱意，但是这段婚姻并非风平浪静。他们对两人之间的关系有截然不同的想法。阿尔伯特花了几年才得到身为丈夫和男人应有的地位，尤其看在他是为这个地位专门培育的人选，自然应该坐稳属于他的宝座。维多利亚没打算把她得来不易的权力拱手让给一个半陌生的人，尤其这个人不是英国人。她要慢慢学着信任他。事实上，最终她变得完全依赖他，简直没有他就过不下去。而他得摆脱蕾森女爵。蕾森女爵嫉妒他，并在他和维多利亚之间制造事端。他也得取信于大臣。他及时巩固了自己的地位，具有很大的影响力，并大规模推动宫廷与人事的改革，左右国内外的政策。更重要的是，他开始改变沉闷的宫廷晚餐。

从 1840 年到 1861 年阿尔伯特亲王辞世，这段时期朝臣们普遍
59 不再评论女王狼吞虎咽或贪吃的毛病，她在日记中也不再谈到食物。她的体重增加了，但鉴于她生了 9 个孩子，何况到了 1861 年她已年逾 40 岁，体重增加也不足为奇。亲王有消化不良的病史，

---

① Cecil Woodham - Smith, *Queen Victoria: Her Life and Times: 1819 - 1861*, London: Hamish Hamilton, 1972, 218.

他自幼就受胃病之苦，压力一大或吃错东西都会导致他胀气或胃痛得厉害。就像小时候的维多利亚一样，他常常禁食，尤其是在生病的时候。和维多利亚不同的是，他认为吃是基于必要，而不是一种享受，所以他吃饭时喜欢速战速决。[1] 他还不适应晚睡，维多利亚热爱的狂欢也非他所爱。婚后她的狂欢习惯持续了一段时间，但到了 1840 年 6 月，大家都知道她怀孕了。而且生完长女不出几个星期，她又怀孕了。19 世纪 40 年代的孕妇可不会跳舞跳到早上 5 点。即使在音乐会上，阿尔伯特也不是一个很理想的伴侣："女王比大部分宾客更有兴致。阿尔伯特亲王睡着了。她半微笑半恼怒地看着他，并用手肘推推他。他醒了，对当下正在演奏的曲子点头表达赞许，然后继续边点头边睡觉，女王又开始推他。"[2] 维多利亚渐渐冷静下来，尽管她始终还是比她的夫婿外向。此外，她不再在饮食过量和节食之间摇摆，也不再玩到三更半夜才睡觉。与此同时，阿尔伯特亲王则认识到身为女王的另一半，偶尔晚睡是难免的，吃几小时饭的耐力也是不可或缺的。

不仅用餐时间比较固定，而且沉闷的晚餐仪式也有了改变："我开始注意到，我们高谈阔论、话题不断，有军事议题，也有科 60
学议题。我们在晚餐时聊得非常愉快。"[3] 到了 19 世纪 50 年代，女王已经不再于晚餐前迎接每一位宾客。她和宾客分别从不同的门入内用餐。更有甚者，内廷人员不再有每晚和女王与亲王共进晚餐的习惯。如果没有受邀的宾客，维多利亚和阿尔伯特往往独自用餐。等长公主大到离开育儿室，以成年人的身份加入他们，他们就

---

① Charles Grey, *The Early Years of the Prince Consort*, London, 1867, 138 – 139.

② Monica Charlot, *Victoria, the Young Queen*, London: Blackwell, 1991, 188.

③ Maud Wyndham, *The Correspondence of Sarah Spencer, Lady Lyttelton, 1787 – 1870*, London: John Murray, 1912, 334.

三人一起用餐。他们吃的还是很丰盛。1857 年 6 月 8 日，他们一家三口吃了意大利面汤和饭泥汤、鲭鱼和鳕鱼、烤牛肉和阉鸡镶饭、鸡肉饼和芦笋、蛋白霜和泡芙（虽然某些菜品省略或合并了）。[①] 随着孩子长大，他们和内廷人员分开，一家人共进午餐，尽管有时（尤其是在假日）也会有各式各样的内侍：“午餐的风格很不一样。大家聚在一起，女王、亲王、孩子们、侍绅、侍女、孩子们的家庭教师——截然不同的新气象。”[②] 这个欢乐的景象正符合大众对女王身为人妻和人母的期待。在提高支持度和避免社会动荡的压力之下，维多利亚巧妙地以人妻和人母的身份吸引中产阶级。媒体刊出这一家人聚在圣诞树下的照片，王室委托绘制女王一家被猫狗和死去的猎物包围的休闲图，意在强化一家人其乐融融的形象。阿尔伯特甚至成功地和肯特公爵夫人达成部分和解。强调维多利亚身为一国之君和一个女人，是有助国人接受及拥戴女王的可
61 行办法。

同时，在正式的晚餐场合，随着阿尔伯特的影响力越来越大，用餐礼仪也日趋严格。服装规范被严格执行，没穿晚礼服或穿着不当的人禁止入内用餐。正式宴会持续采取法式用餐风格，另附一张旁桌以冷盘肉的形式供应额外的菜肴。然而，到了 19 世纪 50 年代，社会风气正在悄悄改变。一种新的服务风格受到推崇，尤其是受到主厨们的推崇，因为它让厨房管理变得容易得多。俄式用餐风格以缓慢的速度渐渐引进，大部分宅第要到 19 世纪后半叶才采纳

---

① RA MRH/MRHF/MENUS/MAIN/WC/1857, dining ledger entry for 8 June 1857. 菜单以法文写成，甜点是“Schaum Torte”和“Pains à la Duchesse”。文中所述是译者的翻译与诠释。

② Virginia Surtees, *Charlotte Canning: Lady in Waiting to Queen Victoria and Wife of the First Viceroy of India, 1816 – 1871*, London: John Murray, 1975, 175.

俄式用餐风格。维多利亚在19世纪50年代晚期开始接触并尝试不同的烹饪方法和新的用餐方式，也发觉它们越来越普遍。1861年，造访爱尔兰的基拉尼庄园（Killarney House）时，她评论道：“俄式用餐风格的一流晚餐的餐桌上只有甜点和水果，饰以高雅别致的摆设，除了瓷器摆件和大量修剪过的鲜花别无他物，鲜花主要是大理花。”[①] 这种新的风格很类似今日高档餐厅中冗长的品尝菜单。[②] 每一轮菜肴分开上菜，一律由侍者分菜，而且是从大型餐盘分送到用餐者的餐盘上，菜肴完全按照顺序上桌。用餐者还能选择不同的汤品和鱼鲜，也可以拒绝某些菜肴，甚至有可能完全跳过某一轮菜肴，但可选择的种类大幅减少。这当中存在温和但坚定的性别差异，颜色较深或较浓稠的汤品专供男士享用，女士则选择较清淡的汤品以示优雅。在法式用餐风格的餐桌上，通过把汤品分别放在男女主人面前的恰当位置，性别差异更明显。现在改用
俄式用餐风格，性别问题还是存在，每位用餐者都要受到微妙的 62
礼仪考验。菜肴也带有性别含义，并且再次通过餐品摆放的位置加以强调：畜肉和禽肉放在靠近女主人那边的餐桌上，野味和红肉则靠近男主人。当然，就两种风格而言，理论上每位用餐者都能按照自己的意愿做选择，但除非他们和其余用餐者熟到不会被评头论足，否则随个人喜好选菜是很容易被评头论足的。餐桌上有俄式菜肴的纸质菜单，如需指导也有礼仪手册可供参阅，但坦白说，就上流阶层而言，这些东西是没有用的。如果你需要翻手册才知道怎么做，那你显然就不符合该阶层的身份要求。19世纪的作家芬·贝克（Fin Bec）讽刺道：“用餐者携带礼仪手册就是一

---

① QVJ 26 August 1861.

② tasting menu，即小份量精致套餐，宾客可品尝到多道佳肴，但每一道的分量极少。——译者注

种不打自招的行为。”① 礼仪手册是写给想要附庸风雅的中产阶级人士看的，根据它不可能得出有关贵族用餐的结论。

女王直到 19 世纪 70 年代都还保留法式用餐风格。即使是在阿尔伯特死后，没有宾客时，她仍然与主要的内廷人员分开用餐，只有算得上密友的人作陪，往往是她的其中一个孩子。女王在 19 世纪 70 年代则养成一个新的习惯：这时有专供女王和一群受邀者的女王晚餐（Queen's Dinner），受邀的往往只有她的侍女；另有供应给其他人的内廷晚餐（Household Dinner），两者都有纸质菜单。几乎可以确定这些晚餐采取俄式用餐风格，或至少是俄式用餐风格的某一个版本。御膳记录的上菜顺序在 1875 年有了改变。自维多利亚即位以来，用餐的体制一直都是毫无疑问地沿用旧规。对这样一套习以为常的体制而言，这个小小的调整隐藏着巨大的转变。现
63 在，用餐过程以汤品—鱼鲜—首副菜、替换菜—烤肉—次副菜的顺序连续上菜，而且上菜的速度显示维多利亚并未丧失狼吞虎咽的能力。一名用餐者评论道：“女王什么都吃，甚至是奶酪，吃完晚餐之后还要吃一个梨。没有一轮又一轮的上菜流程，晚餐直接放上来，用餐者吃完一样就接着吃下一样，中间没有停下来喘息的时间。”② 有时候，在首副菜和替换菜上桌之间会有短暂的休息时间，按照旧有的风格表示第一轮和第二轮菜肴之间的转换。甜点就摆在餐桌上的甜点架上，饰以鲜花和烛台，此外，女王保留了设置旁桌的做法。旁桌通常放着冷盘肉、烤牛肉和牛舌。内廷晚餐则更为现

① Valerie Mars, “A La Russe: The New Way of Dining”, in *Luncheon, Nuncheon and Other Meals: Eating with the Victorians*, C. A. Wilson, ed., Stroud: Sutton, 1994, 131. 有关用餐风格的变化，更详细的资料参见 Annie Gray, “Man Is a Dining Animal: The Archaeology of the English at Table, c. 1750 - 1900”, University of Liverpool, 2009, unpublished。

② Michael De La Noy, *Windsor Castle: Past and Present*, London: Headline, 1990, 112.

代化，没有旁桌。彻底的俄式用餐风格将所有食物都逐出用餐的空间；食物在厨房就一份份分好，在某些情况下，甚至在送给用餐者之前就会装在餐盘里（尽管最后这种做法在坊间的餐厅比在私人宅第普遍）。虽然制造商大力推销适合这种服务风格的现代化餐具套装，有较大的餐盘，并运用了最新的平面设计和印刷技术，但宫里没人觉得有必要购买新的餐盘，继续沿用既有的圆形餐盘，到了此时至少用了 40 年。午餐也会用到这些餐盘。午餐比较不正式，而且是按照旧式风格进行。这一餐有点不一样，通常有人陪女王共进午餐，同时内廷人员食用内廷午餐（Household Luncheon），但御膳记录显示这一餐远不及晚餐重要：如果在这个时间不需要他们内侍待命的话，有些内侍会在房间里用餐，有些则去野餐，还有些会去餐馆吃饭。 64

不管晚餐采取哪种风格，需要制作的食物都很多。女王和她身边的内廷人员需要吃饭，数百名低级仆役（宫中人员）也要吃饭。有鉴于此，宫廷厨房的整体结构庞杂，人手多不胜数。王室的餐桌是焦点，但维多利亚之所以有饭吃，都是拜那些在楼梯下辛勤工作的人所赐。 65

第四章

厨房

在维多利亚时代，女王、内廷人员和子民用餐的方式有了很大的改变，但为她准备和奉上食物的厨房倒是变化不大。在温莎堡和白金汉宫，厨房都是乔治四世建造或翻修的，而且就像维多利亚继承的所有东西一样，是当时走在时代最前沿的。然而，现代化绝不代表工作起来安全、愉快、有效率。实际上，问题层出不穷，错综复杂的行政体系把繁文缛节发挥到极致，更是让问题雪上加霜。有时，宫里的书信和公文读起来像是令人摸不着头脑的闹剧。1840年，维多利亚女王和阿尔伯特亲王完婚之后，亲王耗费多年与庞杂的体制缠斗。在这个体制中，被视为传统的习俗和不动如山的惯性常使危险的情况年复一年延宕下去，有时拖上数十年。表面上，温莎堡和白金汉宫等王宫是君王的建筑文物，但这些建筑也是人们生活和工作的地方，管理它们是艰巨的挑战，其中尤以厨房为甚。

御厨不只为女王和她有增无减的家庭成员供餐，还有为数众多的人员都具备在宫里填饱肚子的资格，御厨还需要为他们供餐。御膳记录详细列出每一天在宫里用餐的团体。有些团体只有一两个人，例如在自己房里吃午餐的（侍女）。有些团体则多达数百人，尤其是在主要的仆役食堂用餐的仆役。御厨也要为主教和唱诗班成员、水电工和建筑工、护士和医生、军乐队成员、警察、男女家教老师等供餐，从高层到低层各行各业的人员几乎无所不包。从正规的餐厅到某个仓促决定用餐的角落，吃饭这件事在宫里各种不同的空间进行。宫里的人事组织几乎代表了维多利亚时代的每一个阶级，饮食也反映了这一社会现象。在整座王宫逛一圈，你会看到各式各样的食物，从劳动阶层的粗茶淡饭、中产阶级的家常便饭，到
女王级和贵族内侍级的佳肴美馔。如果这还不够，还有国宴以及非 67
比寻常的场合，例如需要厨师做出各式冷盘热菜、一次喂饱上千张嘴的舞会，以及为来自英国海内外众多宾客量身打造的客制化饮食。

法式鸡肉清汤（Chicken Consommé）① >>>

取两只鸡，先将鸡柳切下备用，其余部位连同6磅（约3千克）小牛柳置于汤锅中，加入5夸脱（约6升）万用高汤和半盎司盐，开火煮沸，撇去浮沫。下入2个洋葱，洋葱中各塞入1朵丁香。下入4根韭葱和1棵芹菜。小火慢炖3小时。过滤汤汁，撇除油脂，以事先切好的鸡柳净化鸡汤②……再次过滤，以滤布将汤汁滤到汤盆里。

注意：法式鸡肉清汤应该是透明无色的，按照本食谱所述可使这
道汤变得纯净。③ 68

在宫里掌厨看起来或许很权威也很有趣，但宫里的厨师可不是为一小群精挑细选、品位独到的饕客做精致料理，而是工厂量

① 详见附录。
② 关于这种汤汁净化法的细节详见本书第八章及书末附录。——译者注
③ Jules Gouffé and Alphonse Guffé (trans.), *The Royal Cookery Book*, London: Sampson, Low, Son & Marston, 1869, 228.

产等级的大规模团膳。1865 年 3 月就有 8257 人吃了御厨做的菜肴，而且这是单月用餐人次的基本数据。[①] 宫里的人分成内廷人员和更广泛的宫中人员。内廷人员由维多利亚和她的家人组成，还有她的随从——通常是有爵位的男性或女性。这些不是跑腿打杂的人员，而是侍女、侍从武官（equerry）和一些有特殊职位的人，例如宫务大臣和王室总管（Lord Steward）。他们都有职务在身，主要是管理职务，但他们也都有自己的宅第和人手。有些是全职人员，若是如此，他们通常会有位于伦敦的宅第，坐落在圣詹姆斯宫（St. James's Palace）一带；有些是轮值人员，家在乡下某个地方。哪一座王宫需要他们，他们在那座王宫就能拥有自己的房间，以及享用美食。

在温莎堡和白金汉宫，直到 1861 年以前，一般只有在维多利亚接待特别的访客时，内廷人员才会和她一起用餐。1840 ~ 1861 年，维多利亚和阿尔伯特宴客时，内廷人员才会和他们一起用餐。因为他们的社会地位，宴客是经常发生的事情。然而，这对王室夫妻尽可能保有隐私，只要可以就两人私下用餐。随着孩子们长大成人，或许还有一个以上的子女和他们在一起用餐。这些私下食用的晚餐比较简单：1847 年 7 月，他们只吃 2 道汤、1 道鱼做成的菜
69 肴、4 道首副菜、一些冷盘肉和 2 道次副菜。1857 年 6 月，当维多利亚和亲王及长公主一起用餐时，惬意的三人喝了水波蛋汤和清鸡汤，吃了焗烤比目鱼和酥炸鳕鱼、烤牛肉和烤阉鸡配芦笋、贝夏梅酱酥盒和炙烤蛋，以及杏桃水果派和鲜奶油格子松饼。[②] 菜单由主厨规划并经女王同意，负责把菜单写下来的厨房文书官恐怕不是语

---

① RA MRH/MRHF/GOODSREC/KITCHEN/MIXED. 此数据为温莎堡的数据。

② RA MRH/MRHF/MENUS/MAIN/WC/1857 7 June. 此处“格子松饼”用的是不可能念出来的“hollipen”一词，为 19 世纪用来指“gaufre”或“waffle”的词汇。

言学家，典型的菜单夹杂英语、法语、德语，法语大致上是正确的，德语则处处有文法错误。菜肴也包括旁桌上的冷盘肉，最后再以水果当甜点。

其余内廷人员和女王一家分开用餐。内廷晚餐的用餐人数有很大的差异。女王用完晚餐的同一天，内廷晚餐很不寻常地只有 3 个人用餐。他们的菜单几乎一样，御厨只是把鳕鱼换成多宝鱼、牛肉换成羊肉，外加羊肉饼、鸡肉和小牛排，鲜奶油格子松饼则换成葡萄干布丁[1]。他们也吃了烤鸽和烤阉鸡，外加火腿吐司、香水柠檬玛德莲和格子松饼。食物是顶级的水平，在造型、装饰、过滤、刀工、摆盘上御厨无不费尽心思。有关这些菜单的御膳记录列出了某些肉类的分量——3 位内廷人员预计要吃 8 只鸡、1 整条多宝鱼、1 只龙虾（用在多宝鱼的酱料里），再加上其他所有的食物。御厨也供应了 1 大块烤牛肉，以免用餐者在各轮菜肴上菜间歇突然肚子饿。因为依然采取法式用餐风格，所以这些菜肴有许多是同时上
菜。在同一天，御厨也分别为 3 位年纪较长的公主、王子及育儿室 70
供应特定餐点（烤羊肉和烤禽肉）。除了王室和内廷的午餐和晚餐，御膳记录很少涉及各式各样的蔬果配菜和甜点。然而，实际上一定会有这些部分，连同一样没有写明的供应给女王一家人和内廷的早餐。厨房也为女王一家和侍女们提供了午餐，另外还有单独为内侍的 1 名女性［可能是错过了晚餐时间的巴灵顿夫人（Lady Barrington）］额外准备的晚餐，以及供应给侍从武官的晚餐。

除了内廷之外就是较广泛的宫中人员，包括在宫里做事的每一个人。用餐规矩体现了明显的阶级差异。最高层的是私人秘书、家

---

① 葡萄干布丁（plum pudding）为传统英式圣诞布丁（Christmas pudding），将混合了葡萄干、板油、白兰地、鲜奶油的面糊以布袋包裹，下锅水煮而成。——译者注

教、厨房文书官和高级官员。他们要么与特定的团体用餐，要么在总管室用餐。身份、地位很重要：内廷人员约在晚上 8 点半吃晚餐，低层人员则在正午时分吃晚餐①。用餐时间体现阶级差异。宫中低层人员也会一小群人一起用餐，但大部分是在仆役食堂集体用餐。除了主要的仆役食堂之外，厨房也为椅垫工人、夜班门房、演唱人员和银器保管组员供应晚餐，此外还有一群不明身份的人士在咖啡室用餐。厨师和厨房女佣分开吃饭。御膳记录也有关于高汤的内容，涉及大量的牛肉和小牛肉，甚至一只用来煮汤的禽鸟。

维多利亚统治期间，每天要煮的食物量大得惊人，烹饪方式之
71 多样化更是惊人。厨房不仅要做出摆盘精美、口味绝佳、符合贵族期待的菜肴，而且要照顾中产阶级的口味，并为一般宫廷人员供应大量伙食。主要王宫的厨房都很大，其运作规模等同于一间小型工厂。即便如此，也有供不应求的时候。在某些情况下，一部分面包一直是由外面供应，蛋糕和点心也经常如此，尤其是在婚礼和圣诞节，这时需要大量的蛋糕用来馈赠亲友和门客。然而，除了这些涉及买卖的偶发状况之外，食物都由厨房来供应。

白金汉宫是女王住过的第一座真正的王宫。肯辛顿宫一度富丽堂皇，但到了 19 世纪 30 年代已年久失修，并且几经分割改建，很难看出原貌了。肯特家的厨房比一般庄园豪宅的厨房小，威廉三世的厨房已经被改建成了小教堂。维多利亚等不及想搬出去。既然国王的遗孀阿德莱德王后还住在温莎堡，白金汉宫似乎是维多利亚可能的去处。没错，那里还是一处建筑工地，勉强盖好，设施配备不全，没有任何家具。但它是一座王宫，而且是维多利亚的。她宣布要尽快搬进去，官员们立刻陷入慌乱，因为白金汉宫还不能住人。

---

① 关于不同阶层的“晚餐”时间，详见本书第十章。——译者注

他们指出那里没有地毯和一应设备。她不以为然地说她不需要地毯或家具，她可以把自己的带过去。不过她确实要求要有一个王座，她也按时得到了。她在 1837 年 7 月 13 日迁入白金汉宫，对这个新 72
家非常满意。那里鲜艳明亮、金碧辉煌，什么都是镀金的。其实这种装饰风格在许多人眼里毫无品位可言，而且令人想起乔治四世在位时的旧时代。然而，维多利亚就爱黄金。搬出暗淡的肯辛顿宫，白金汉宫的光彩令她陶醉。她对房间的数量也很满意。为数众多的房间意味着她可以把母亲安置在王宫的一头，自己则远在另一头，有专属于她的私人房间，还有一扇新的连通门，与隔壁蕾森女爵的卧房互通。

这座宫殿是乔治四世兴之所至的结果。就像布莱顿行宫（Brighton Pavilion），乔治四世决心打造一座真正适合现代君王的宫殿。英国对建造像样的宫殿不是很在行。圣詹姆斯宫在白厅宫（Whitehall Palace）周边零星扩建，直到 1690 年被一场大火毁了大半为止。邱宫（Kew Palace）摇摇欲坠，各栋建筑彼此分开，分别在不同时期兴建，使它没有一个整体的样貌。肯辛顿宫很小又很破。汉普顿宫（Hampton Court Palace）在 1540 年还算不错，但现在混杂了不同的风格，阴郁的都铎式核心建筑尴尬地伴着雷恩[①]增建的雄伟宫殿。可以媲美法国凡尔赛宫（Versailles）或俄国冬宫（Winter Palace）的王室建筑在哪里呢？在以“宫”为名的建筑里，布伦海姆宫（Blenheim Palace）勉强算得上一个答案，但它并非真正隶属于王室，而且离伦敦太远，派不上任何用场。乔治四世决心改变这一切。他监督温莎堡的重大改建工程，把布

① 即当时英国首屈一指的建筑师克里斯托弗·雷恩（Christopher Wren），汉普顿宫由雷恩负责设计的部分采用了巴洛克式的华丽风格。——译者注

莱顿的一处滨海别墅改造成富有异国情调的人间仙境，并在伦敦市中心买了一栋不起眼的宅第，要把它改造成英国人引以为豪的
73 宫殿。可怜的乔治三世，白金汉宫在最初建造时就有问题。从一开始，他似乎就对自己要什么拿不定主意，而通常很可靠的建筑师约翰·纳什（John Nash）迫于压力，惊慌之下设计出一栋“怪怪屋”，从动工开始就饱受批评。他对结构的计算证实很可疑，他的建筑施工法乱七八糟，而且随着宫殿渐渐成形，他的预算大大失控。最后他被开除了，但在那之前，这座新的宫殿已经成了笑柄。报纸登了一篇恶毒（但精彩）的评论，号称是“来自一个法国人”的观点：

> 特此为您介绍一座在这里被称为公鹿与火腿宫[①]的王宫，该王宫为英国国王按照约翰牛葡萄干布丁的精神和烤牛肉的品位[②]建造——英国人在烤牛肉这方面是出了名的。这座宫殿可稀奇了，首先，它的梁柱代表英国的蔬菜，所以盖得就像芦笋、韭菜和洋葱。柱顶或梁上饰带的部分则满是羊腿、猪脚以及他们所谓的装饰菜，全都刻得栩栩如生。接下来，挡在正前方的庞然大物是个手拿巨型英式烤肉叉的厨师，他正准备把身后的一个巨型葡萄干布丁放进锅里。这个布丁很精致，不是圣诞布丁那种黑色布丁，因为建筑师说这样太单调了，在夏天不好看……王宫的侧翼站着一个衣着整洁的佣人，端

① 原文此处是取“白金汉”的英文“Buckingham”的谐音，戏称为“Buck-and-Ham”，即“公鹿与火腿”。——译者注

② 这种说法类似美国的“山姆大叔”，约翰牛（John Bull）是将英国形象化的虚构人物，葡萄干布丁为英国经典菜肴。约翰牛葡萄干布丁的典故出自一则政治讽刺漫画，该漫画将葡萄干布丁画成地球，约翰牛拿着刀叉准备大快朵颐。烤牛肉为英国国菜，亦为法国人对英国人的戏称。——译者注

着装有饼干和蛋挞的托盘，侧翼被称为胗翅（另一边的翅膀被砍掉了）[①] ……宫殿前方会有一座很大的火炉，以白色大理 74
石打造而成，据说该炉一次可容纳上百只鹅。一旦完工，这座宫殿将以英国名菜蟾蜍在洞[②]为名。

那只“蟾蜍”是乔治四世。布丁指的则是一座穹顶，这座穹顶像是色眯眯地越过护栏往外望，一副滑稽可笑的模样。火炉则是大理石拱门，本来是打算用作凯旋门，直到有人想到要试试王室金马车[③]能不能通过为止。结果马车过不去。这座宫殿充满食物的隐喻。宫殿正面的廊柱的颜色被认为是覆盆子色，或者，更不客气的说法是它活像一排生香肠。[④]

乔治四世死后，威廉四世拒绝和托马斯·克里维口中这个“国耻、赘物、铺张浪费纪念碑”[⑤] 有任何瓜葛。于是把它变成国家美术馆或一所大学的提议传得沸沸扬扬。国会大厦在1834年惨遭烧毁之后，威廉四世乐得提议以白金汉宫取而代之。英国国会很清楚它的状况，也很清楚它花费巨大，于是拒绝接下这个烫手山芋。最后的决定是设法把它盖完。毕竟已经投入了这么多钱，不把它建好似乎很可惜。然而，因为当时的君王不急着盖好，到了

---

① 在餐饮界，禽鸟类的左翅称为胗翅（gizzard wing），右翅称为肝翅（liver wing），此处将建筑物的左右翼比作禽鸟的左右翅。——译者注

② Patricia Wright, *The Strange History of Buckingham Palace*, Stroud: Sutton, 1996, 162. 这句引语出自 *Waldie's Select Circulating Library*, Volume 15, 3 February 1841。蟾蜍在洞（Toad in the Hole）详见本书第十章及书末附录。——译者注

③ 王室金马车（Gold State Coach）为18世纪打造的镀金马车，自乔治四世以来，英国每位君王加冕时皆乘坐这辆马车。——译者注

④ Monica Charlot, *Victoria, the Young Queen*, London: Blackwell, 1991, 102.

⑤ Patricia Wright, *The Strange History of Buckingham Palace*, Stroud: Sutton, 1996, 160.

1837 年，这座宫殿依旧无法住人。

当时的厨房位于宫殿的主体建筑之内，理论上有整套的相关设施，亦即有主要的大厨房，还有洗涤室、糕饼室、甜点房、面包
75 房、储藏室和户外空间。但实际上这些房间并非全都盖好了，而且，随着时间的推移，移动和移除某些房间的提议也冒了出来。厨房的设备还挺标准的，有铸铁炉和煤炭灶，由当时首屈一指的制造商供应，包括杰克斯有限公司（Clement Jeakes and Co.）以及布兰马克与普斯帝吉厨具（Bramagh and Prestige）。也有许多设备是由新的制造商托马斯·丘比特（Thomas Cubitt）供应。建筑师约翰·纳什被爱德华·布洛尔（Edward Blore）替代。托马斯·丘比特揽下在 19 世纪 40 年代建成这座宫殿的重大责任。时隔多年，这些设备显然饱经风霜，而且不完全合乎标准。1843 年的整修清单包括在糕饼室多装一个烤炉、填补“糕饼室操作台的破洞”、修理糕饼室的水槽、修理铸铁炉和蒸馏设备，以及换掉所有的窗户，只有这样，窗户才能打开。①

厨房像宫里多数地方一样用煤气灯照明，尽管所有的炊事都是靠煤炭或木炭进行。木炭无烟、无臭，而且它在煤炭灶里很好控制。煤炭灶的设计很简单，就是一个金属炉栅嵌在它周围的砖头里。金属炉栅架住燃烧的煤炭，并让空气流通、让炭灰掉下去。厨师控制温度的方式一样很简单，就是把锅拿高或拿低，必要时用三脚架支撑锅。这种方式或许很原始，但比后来的电炉或卤素炉更能实现实时操作。缺点是它们会释放一氧化碳。煤炭灶完全没有通风设备，而人们为了改善这个问题所做的一点点努力（把窗户打开）

---

① TNA WORK 19/7（2201）.

是“科学之耻”。由于厨房门一般保持常开，以（徒劳无功地）增 76
进空气流通，因此这些废气顺着建筑结构一路来到王室成员居住的宫室。对通风问题的争议一直没有停止，宫廷不时力不从心地修修窗户、装个烟囱。一名恼怒的宫务大臣在写信给女王陛下林务委员会（Commissioners of Her Majesty's Woods）时下结论道：“谨此敬告，本年度截至 1847 年 3 月 31 日，关于白金汉宫之待办特殊工程，无恰当排烟设备之煤炭灶废气既是莫大的不便，亦对厨房人员之健康造成危害，强烈建议于炉口上方建造烟囱罩，接通目前使用的烟囱。”① 厨房的状况被描述为“既热又不健康，完全不适用”②。

还有比通风影响更广的问题。厨房在盖的时候，挖地基的工人发现一块很方便的红砖地，他们就把它留在原地，当作厨房的地板。这些工人当中如果有本地人，就会知道那块红砖地实际上是什么：一条为周边区域排水的下水道，而且有很多洞。维多利亚搬进去后发现厨房“又脏又臭”。厨师工作时，污水就从地面渗出积在墙角。更糟糕的是，厨房隔壁房间有“垃圾堆积如山，状况惨不忍睹”的垃圾桶，还有给男性厨师用的小便斗。③ 这时宫里还有工人在做最后零星的收尾工作，尿液、馊水、黏着剂夹杂着粪便的味
道飘到楼上，就像一个格外烦人的亲戚在各个厅堂之间徘徊。在王 77
宫正殿，状况甚至更糟。

爱德华·布洛尔是在 19 世纪 40 年代为这座宫殿写报告的几个人之一。他没什么好话可说。在他的抱怨清单上，缺乏通风设备再

① TNA WORK 19/7（2272）.

② TNA WORK 19/7（2099）.

③ TNA WORK 19/7（2236）. Patricia Wright, *The Strange History of Buckingham Palace*, Stroud: Sutton, 1996, 165 - 167.

次榜上有名。宫里有两百盏灯火，它们是出了名的烟雾弥漫，并且不能持续燃烧。他将这个问题归因于封闭的通风系统。因为系统封闭，这些灯火就从任何可能的来源汲取空气，也就是汲取马桶中的空气。尽管不是每一个马桶都能用（另一个抱怨的重点），但多数马桶在某种程度上通到下水道。存水弯漏水，下水道发臭。“被抽进王宫的臭气浓得令人反胃，当我们靠近水槽时更是想吐。”① 更有甚者，当窗户终于成功打开时，宫里的人就暴露在王宫周围的空气中。王宫周围的区域也是许多低层仆役居住的地方，正对面是一条叫作王子巷（Princes Court）的街道，“那里被当成公厕使用，道路随时泡在尿液当中，并被其他更不堪入目的东西覆盖。尿液浸透道路两侧的墙壁，被泡烂的水泥彻底瓦解，墙壁摇摇欲坠……那里的建筑物普遍屋况不佳，而且除了未铺柏油的街道两侧的无盖水
78 沟之外，完全没有任何排水系统……屋里溢出的污水遍及数百平方米……持续散发既难闻又危害健康的恶臭，一年当中有三季，这股恶臭随着西南风进入王宫的窗户”②。居民们怪罪当地一间把所有东西都弄得脏兮兮的煤气厂，以及涂上之后要过好几小时才会干的油漆，但事实不然，这股恶臭就是数以百计的人在王宫内外一起煮饭、用餐和排泄的结果。

这种情况影响了邻近区域。平民屎尿渗透王宫厨房地板的同时，宫里的臭气也钻过了邻近屋宇的地板。宫殿周边许多街道缺乏现成有效的污水处理系统，新工程的排水系统不良，外面的排水系统则不存在，结果就是臭上加臭。居民抱怨他们的房屋因此贬值了。然而，如果他们走进宫里瞧一瞧，就会发现庭院里堆积了人类

---

① TNA WORK 19/7（2230）.

② TNA WORK 19/8（2594）.

的排泄物，即使有额外的夜间挑粪夫也无济于事。挑粪夫是宫里雇来把这些排泄物清理干净的，他们就把粪便倒在位于阿尔伯特新避暑宫殿旁边的花园里。

安全也是个问题。早上，宫中侍卫经常要将喝醉的士兵或游荡的流浪汉从御花园里赶出去。几次闯空门事件传得人尽皆知，震惊了这个以为一国之君受到严密保护的国家。一次，一名痴迷维多利亚的银匠在离女王寝宫几米处被发现，他说他是来向维多利亚求婚的。1838～1841 年分别有四次这种情况，一个名叫爱德华·琼斯（Edward Jones）的小子从敞开的门窗登堂入室。第一次被抓到时，他满身的煤灰与油渍，身穿两条长裤，怀揣各种赃物，包括就藏在他身上的女性内衣。第二次，蕾森女爵和长公主的护士莉莉太太（Mrs. Lilly）把他从沙发底下拖出来，一个不中用的男仆就在一旁 79
袖手旁观。第三次和第四次，他进入宫殿，确认安保没有改善，回家吃了一顿饭，次日再回来。在法庭上受审时，他承认他擅自吃了“厨房里的粮食”，在储备品上留下了指纹。最后一次他被抓到偷了冷盘肉和马铃薯，他把这些东西包在一块布里。[①]

不管是硬件设施方面，还是行政管理方面，白金汉宫都百废待兴。很大一部分问题在于宫殿可笑的繁文缛节。历经数百年的演变，王宫的管理体制完全行不通，而且从高层官员到低层仆役都惯于钻制度漏洞。多报瞒报的乱象终究还是被曝光了，包括年复一年为使用煤气灯的房间订购蜡烛，以及为早就不存在的人或名目订

---

① Jan Bondeson, *Queen Victoria's Stalker: The Strange Story of The Boy Jones*, Stroud: Amberley, 2010. 早期有些作家说闯空门的男孩有两位，一个是汤姆·科顿（Tom Cotton），另一个是爱德华·琼斯，但这种说法不对。琼斯在他第一次的听证会上报了假名，即汤姆·科顿，涉及闯空门事件的从头到尾都是他一个人。

酒。回首过往，那段时期出版的一本书里评论道：“从中牟利的制度发展到最高峰，基于任何理由买的酒、蜡烛和其他不会坏的东西一律原封不动地被某些官员和他们的手下很从容地据为己有，物品好到完全可以拿出来再卖一次。在那些日子里，宫外有一堆人就靠在宫里中饱私囊过着奢侈的生活。”①

到了1837年，情况演变成什么事都做不成。令人晕头转向的例子包括修理窗户：厨房的一扇窗户坏了，主厨要在维修申请单上
80 签名，申请单经过厨房文书官批准，再由内廷廷长签名，接着经宫务大臣办公室的批准，再送到林务局（Department of Woods and Forests）安排修缮日程，最后实际进行修缮。② 另一个例子是生火，这件事也是由不同的部门分别负责不同的环节，就连维多利亚自己都跟官员讲不通。关于餐厅又湿又冷的抱怨，不可避免地通过层层官员传下去，最后换来的只是借口，而不是实际去生一堆火。问题不在于没人知道谁该负责哪一件事，而在于有太多的利益冲突，以及缺乏沟通，最终问题得不到有效解决。宾客抱怨没人带他们去房间，一旦到了房间，他们只要离开就再也回不去了。有位宾客在晚餐后找不到他的房间，当晚只好睡在沙发上，发现这位宾客的女佣报了警，以为他是哪里来的醉汉。由于还在建造的王宫里没有靴间③，佣人就在宾客的房间清理宾客的鞋子。由于管线设置不当，佣人如果顺利为宾客送上清洗用水，送达时热水却变成冷水，而且由于整体环境不佳，水是脏的。④ 维多利亚要么没注意到这些问

---

① Anon., *The Private Life of the Queen*, 1897, 115.

② Christopher Hibbert, *Queen Victoria, a Personal History*, London: HarperCollins, 2001, 138.

③ 靴间（boot room）为屋外至屋内的过渡空间，进入屋内时可先在靴间脱掉在户外沾了泥的脏鞋，避免弄脏室内。——译者注

④ Patricia Wright, *The Strange History of Buckingham Palace*, Stroud: Sutton, 1996.

题，要么就是决意忽视这一切。在即位早期，她对派对和政治的关注远甚于清洁和排水。她日复一日把管理内廷之事交给蕾森女爵，然后就忘了有这回事。然而，情况荒谬到宫廷需要大规模整顿时，蕾森女爵却既无权力也无意愿做这件事。 81

不过，1840 年，阿尔伯特亲王入住白金汉宫。面对各种挑战，他摩拳擦掌，跃跃欲试。维多利亚的不信任让他感觉很受挫。尽管现在有了这个杰出的帅老公，维多利亚还是拒绝把政治上的机密文件交给他，决心保有女王的绝对权力。维多利亚时代的男人可不想扮演低老婆一等的角色。对于维多利亚固执强硬的个性，以及建立和谐婚姻所需付出的努力，阿尔伯特在刚结婚时就怀着相当程度的不安。对阿尔伯特而言，“和谐”意味着他不能只是成功女性背后的“家庭主夫”，还要成为维多利亚的智囊，并且他自己也是一号重要人物。问题的一个症结在于蕾森女爵，她嫉妒亲王，故意在这对夫妻之间横生枝节。蕾森女爵是女王的亲信，阿尔伯特花了两年时间才让她离开王宫。到了 1842 年底，她被说服以 300 英镑的年金退休，并被送往德国。她离开之后，阿尔伯特就掌握了控制权，不仅控制了身边没有其他支持者而越来越依赖他的维多利亚，而且控制了王室内廷的内部运作。颇令维多利亚愤慨的是：她在婚姻生活初期老是在怀孕。在孕期身体不适、产后忧郁和行动受限的反复折磨之下，她早年决心独自打理一切的意志也被消磨殆尽。阿尔伯特和他的顾问、私人秘书及朋友斯托克马男爵（Baron Stockmar）携手合作，系统调查了各个部门并发动改革。他砍掉长久以来的津贴，解决了浪费巨额公款的制度滥用问题，惹得官员们怨声载道。 82
他也压低薪资支出，一方面是通过精简职位类别与人数，另一方面是通过单纯减薪或缩减相关的额外花费。他恰当划分宫务大臣部门和王室总管部门的责任归属，赋予委任人员受到尊敬的职位，并找到内廷廷长的合适人选，确保有人监督事情的落实情况。他的改革并不完美，但到大功告成之时，行政体系几乎算是行得通了。

对于经过改革、焕然一新的宫中人事组织而言，其中一个最迫切的目标就是整顿白金汉宫的厨房。到了 19 世纪 40 年代末期，对他们人丁兴旺的家庭来讲，维多利亚和阿尔伯特已经觉得白金汉宫太小了。就外交场合而言，白金汉宫也无法提供恰当的接待室。阿尔伯特反正不喜欢住在伦敦的中心地带，而且，随着他和维多利亚的激烈争吵日渐减少，以及他对维多利亚的影响力越来越大，维多利亚也开始附和他的决定。他们偏好巴尔莫勒尔堡或奥斯本宫那样私密的环境，但这些地方不适合接见政府官员，也不适合接待外交使节和国家元首。只要有可能，他们就会使用温莎堡，但白金汉宫还是需要翻新。1851 年，它终于得到改造。

一如往常，经费是其中一个障碍，但在维多利亚和阿尔伯特的策划下，这些改造工程实际上不会花国家的钱。这两人持家有方，与维多利亚的长辈们形成强烈的对比。重建经费一部分来自卖掉布
83 莱顿行宫的所得。维多利亚虽爱俗艳的风格，但很嫌弃布莱顿行宫。不过，布莱顿行宫的某些陈设依旧保留下来，被挪到白金汉宫使用，主要是用在中国风早餐室（Chinese breakfast room）里。然而，辉煌的布莱顿行宫厨房却被弃置原地，镇议会在改建行宫另作他用时拆除了一部分。白金汉宫的新厨房远不及布莱顿行宫的厨房，但已经有了很大的改善。白金汉宫的厨房不但大，而且有规划完善、一应俱全的附属房间，通风设备良好。它的位置也比较理想，就位于新的宴会厅和接待室底下。宴会厅有中央供暖、煤气灯，而且空间很大。新的厨房也装了煤气灯，但除此之外还沿用了许多旧的设备。沿用旧的设备很合理，毕竟这些设备才用了不到 20 年。这次这些设备被连接到正常运作的烟囱和排水管上。新

的厨房有像样的热水设施，还有最新式的烤肉炉（以前的手动烤肉叉装置还在），更有单间盥洗室。尽管如此，事情的发展还是让人有某种似曾相识的感觉。整修工程于1852年10月完工，到了1853年6月，厨房通道已经被抱怨昏暗、阴森又不通风。写于1853年6月25日的一份备忘录显示人们迫切呼吁厨房要有新鲜空气流通，以免储藏室的脏空气接触到预备要烤的大块肉和其他食材。[①]

不止在白金汉宫，还有在温莎堡，阿尔伯特的改革针对的另一个重点是食物浪费问题。[②] 厨房要经手大量的食物。1842年10月，宫中人员每天食用多达90个吐司面包，外加24个餐包、6个农舍面包（cottage loaf）和6个花式蝴蝶酥（fancy twist）。标准的吐司面包为4英寸（约10厘米）见方，重达4磅（约1.8千克），供 84
应商不止一家。每天36磅（约16千克）的奶油及该月逾800磅（约362千克）的柴郡奶酪由数家供应商供应。[③] 由于这些货品是采购来的，因此都有详细的记录，但烹饪后这些货品似乎就无人过问了。按照法式用餐风格，在餐桌上供应大量食物才符合人们的期待，这些食物很多被吃掉了。那是一个需要体力的年代，比起现代饮食建议的摄取量，当时每个人需要摄入的卡路里更多。此外，从墨尔本子爵到女王本人，在维多利亚统治期间的每一个阶段，宫里都有很多出了名的吃货。不过，剩菜是不可避免的，尤其是冷掉的烤肉，因为这些肉可以变成各式各样的布丁[④]、汤品和炖肉（马铃

---

① TNA WORK 19/9. 托马斯·丘比特等人在信中提及厨房整修和重新使用的物品。Folio 3408 涉及新的区域缺乏空气。

② David Duff, *Victoria and Albert*, New York：Taplinger, 1972, 213 - 214.

③ RA MRH/MRHF/GOODSREC/DAIRY/WC, supply mesnil for 1842.

④ 此处的布丁与一般的布丁不同，英式布丁包含所谓的黑布丁（black pudding），为类似猪血糕的血肠。——译者注

薯炖回锅肉），供应给其余的内廷人员（也可用来做早餐、午餐或育儿室的下午点心）。烤肉甚至还保持着它们从餐桌上撤下来时的状态，英国各地贵族餐桌上的烤肉为佣人的冷盘菜，宫中人员也不例外："如果佣人不能吃点冷盘肉或火鸡肉当消夜，就会觉得自己实在是受到了亏待。"① 这不是一个捡便宜的问题，而是体制根深蒂固的一部分。女王的晚餐结束之后，在总管室用餐的高级仆役会吃一顿完整的消夜。消夜时间是晚上 9 点半，没吃的菜肴会从楼上的餐厅被送到楼下的总管室，准备化为一场半冷不热的飨宴。尽管如此，最后还是会有剩菜，制作过程浪费的食材更多。果皮、残渣等厨余垃圾可以喂猪，但煮好的菜肴是社会福利制度有实际效用的一部分。在当时，社会福利制度主要依靠慈善捐赠，以及统治阶级
85 对劳动阶层强烈的责任感。慈善精神是上流阶层教育的基础，尤其是上流女性的教育。多数庄园发展出一套食物救济制度，为地方上无法填饱肚子的人提供基本饮食所需。② 在王宫，希望分一杯羹的穷人大排长龙，但有心人大可尽情滥用这套制度，因为没有一套监督机制确保领剩饭的人真的有需求。于是，王宫出台一套新的办法，确保食物不会沦为有心人的囊中物，而是通过指定的慈善机构

---

① Gabriel Tschumi and Joan Powe, *Royal Chef: Forty Years with Royal Households*, London: William Kimber, 1954, 62. 这本书被当成维多利亚的厨房的主要参考来源，但书中所描述的细节相当不可信。在该书作者关于厨房的叙述当中，很显然他回忆的是爱德华时代的情景。然而，尽管某些逸事的详情几乎真实无误，但他记错了很多非特定事件的细节。因此这本书不是可靠的资料来源。举例来说，1898 年，担任主厨的是奇沃特（Chevriot），而非这本书记录的曼纳吉（Menager），还有维多利亚在奥斯本宫度过圣诞节，而非桑德林汉姆宫（Sandringham House）。此外，女王早餐用黄金蛋糕杯吃水煮蛋的"事实"常常是引述他的说法，但就连他自己都说那只是谣传。

② Pamela Horn, *Ladies of the Manor: Wives and Daughters in Country House Society, 1830 - 1918*, Stroud: Sutton, 1991.

分配出去，这些慈善机构可以轮流派代表去王宫。1855 年 12 月，御膳记录载明有 650 名“温莎堡的穷人”食用剩饭，而只要有记录人数之处，一律都是数百人。[①] 这套办法很成功，1902 年爱德华七世（Edward Ⅶ）的加冕宴甚至因此必须紧急延后。宫中人员不着急怎么喂饱 250 位宾客，反倒急着把比较容易坏掉的菜肴送去白教堂区（Whitechapel），喂饱那里的穷人。这大概是第一次也是最后一次，这些穷人喝到过滤得无懈可击的雏鸡汤，吃到了丘鹬配鹅肝。[②]

到了 19 世纪 50 年代晚期，白金汉宫装了像样的排水系统，厨房也经过重建，几乎可以住人了。然而，当维多利亚和阿尔伯特需要住在伦敦时，他们却越来越常待在温莎堡。1849 年，斯劳 86
（Slough）到温莎的线路开通了，于是在进入伦敦中心地带的整个旅程中人们都可以搭火车，这种交通方式相当便捷。多数的国事访问在温莎堡进行，而白金汉宫主要用来举办舞会和名流宴，或在无法避免的情况下供短暂停留之用。温莎堡比较大，可以容纳更多人。不管是去奥斯本宫，还是去南岸的码头，从温莎堡出发也比较容易前往。而且，温莎堡的厨房比白金汉宫好很多。

温莎堡的厨房是标志性建筑。即使在维多利亚时代，这些厨房也是非参观不可的景点。从内侍到男爵、女爵、政要，甚至政要的夫人和手下，都参观过温莎堡的厨房。其建筑结构可追溯到中世纪时期，大厨房（Great Kitchen）规模雄伟，盖得像一座谷仓，边缘装有烤肉炉和砖块打造的煤炭灶。直到 19 世纪 20 年代，大厨房基本上都保持不变。伊丽莎白一世统治时期，王室对厨房进行了重大整修。那时，厨房已经年久失修、不堪使用。而查理二世

① RA MRH/MENUS/MAIN/WC/1855.

② Gabriel Tschumi and Joan Powe, *Royal Chef: Forty Years with Royal Households*, London: William Kimber, 1954, 95.

（Charles Ⅱ）则加盖了一间子厨房，并重建所有的附属房间，尤其是面包房。乔治四世把查理二世所做的许多改变推翻重来。乔治四世聘请杰弗里·亚特维尔爵士（Sir Jeffry Wyatville）重建大部分上层结构（温莎堡最高的部分、国事厅和王族宫室所在楼层），建造了今日仍在使用的室内空间。亚特维尔爵士也建造了维多利亚所知的厨房。这些厨房于 1828 年完工，一方面是向高级料理致敬，另一方面也是很实用的工作空间。厨房换了整套簇新的厨具，每一件亮晶晶的铜器都有徽章和编号，各式各样的锅具一应俱全，包括专门用来煮鱼的鱼锅①、普通的酱汁锅和巨大的汤锅。模具有果冻模、蛋糕模、奶酪模，还有迷你小烤模可用来做精致、小巧的布丁
87 和蛋糕，高档法国菜所需的其他高级专业设备也样样不缺。有制作酱料用的隔水炖煮锅，有烤酥皮和格子松饼用的烤盘，给华夫饼烙印的模具还有煎松饼用的锅。附属房间有甜点房、面包房、糕饼室以及宽敞的储藏室。它们全都以最高规格建造。厨房建造的最高规格不仅体现在一些明显的事情（满足热水需求的屋顶水塔、蒸气加热的保温台和保温柜、煮大块肉和传统模式布丁②的铜锅、有铸铁门的红砖炉），而且体现在装饰与设计上。煤炭灶有哥特式的铸铁底座，而且不再挨着墙壁。在原来的位置上，煤炭灶冒出的烟会轻轻飘进厨房，现在某些烤肉炉被换成煤炭灶，杂乱的厨房被整理好，整间厨房更干净，烟雾直接排到烟囱里。人们则将留下来的烤肉炉中的手动烤肉叉改成现代化的自动旋转烤肉器——这种自动装置靠热气驱动，热气推动装在烟囱低处的风扇，接着连接到一组齿

---

① 关于鱼锅（fish kettle）的详细介绍参见本书第八章。——译者注

② 与一般布丁的概念不同，传统英式布丁属于面糊类食品，非烘焙而成，而是将面糊装在布袋中，下锅以沸水煮成，相关介绍参阅《厨神的盛宴》中的“苏塞克斯布丁”。——译者注

轮和滑轮系统，烤肉炉前方有花哨的屏障（挡住热气，有助闷烧）。这些屏障及其遮住的火炉都有自己的垛墙。地上铺了沙子，一天会更换数次，确保所有的残渣和污渍被有效清除，无一遗漏。室内装了煤气灯强化照明，天花板装了天窗改善采光。裸露的石材和木材涂上涂料、铺上瓷砖。从 1898 年起，瑞士籍的主厨加布里 88
埃尔·屈米（Gabriel Tschumi）在温莎堡的厨房工作了许多年，他说他对这里的第一印象是“像教堂一样，有挑高的穹顶，感觉宽敞明亮、通风良好，擦得亮晶晶的铜器在厨房的两端发光”[1]。

在温莎堡，不分主仆都必须去参观厨房。1855 年，女王的御用造型师弗里达·阿诺德（Frieda Arnold）前参观了厨房，对厨房的规模大为惊叹，说她“差点在那里迷路”。她继续描述道：

> 有 12 座铸铁炉，中间有一个巨大的铁桌，桌上放着菜肴，从桌子底下加热。两边都有熊熊烈火在烤肉，烤肉挂在烤肉叉上，有一台机器不断转着巨大的铁链。光是一座烤肉炉，每天烧的木炭就重达 5 仙特纳（约 250 千克）。圣诞节，这里烤了一整只重 400 磅（约 181 千克）的牛，它被完整地送上餐桌，名副其实的一道烤全牛。我在厨房看到一只重 24 磅（约 10 千克）的威尔士阉鸡——这里的一切都是这种规模。但整体气氛沉着冷静、井然有序，好像无事发生一样。[2]

就连新闻记者也跑来凑热闹。1850 年，《伦敦新闻画报》

① Gabriel Tschumi and Joan Powe, *Royal Chef: Forty Years with Royal Households*, London: William Kimber, 1954, 39 -40.

② Benita Stoney and Heinrich Weltzien, eds., *My Mistress the Queen: The Letters of Frieda Arnold, Dresser to Queen Victoria*. London: Weidenfeld & Nicolson, 1994, 42.

（*Illustrated London News*）刊登了一张厨房的照片，搭配一段话：“厨房两端的大烤炉看起来很雄伟，食物在烤肉叉上缓慢旋转，呈现一幅美好的画面。为了做出主厨发明的各种法国菜，两侧也有煤炭灶用来完成更细腻的烹调工作，令人疑惑的烹调过程用了某些神
89 秘的辅助工具。雄伟的大烤炉周边有大量厨具，令门外汉惊奇不已。”大厨们全都有自己的操作台，操作台围绕着一个蒸气加热的保温台。每道菜一煮好就放到中间的保温台上，摆放的位置和之后在楼上餐桌要占据的位置相同，就这样准备让男侍来端菜。这些菜肴需要厨师高度集中注意力来完成，厨师们的专注力反映在厨房的氛围中：“厨房里井然有序，厨师们不慌不忙。即使是最盛大的宴席，分工也精细到每个人只需处理各自分配到的部分，所以没有丝毫混乱。现场安静得不得了。”①

安不安静很难说，尤其这位记者几乎可以确定是根据二手资料写稿。在厨房里人们很少交谈，但光是烹调的噪声就已超过感官负荷，1897 年的这段资料描述得很清楚：

> 在无数煤气炉的烈焰之下，两座开放式大火炉轰隆隆地对着宽阔的烟囱嘶吼，40 块油亮、多汁的大块烤肉在烈焰前被烤得噼啪作响。巨大的铜锅里咕噜噜地滚着沸水，身穿白衣的厨师们在铜锅之间穿梭。烹调过程中，仓管员在他的办公桌前核对食物数量，不时派人飞奔去仓库补充货源。链条转动烤肉叉，单调的声响不绝于耳，混杂着替为数众多的火堆添煤拨火的噪声、炉门猛然开开关关的哐当声……隔水炖煮锅中香喷喷
> 90 的美味酱汁嘶嘶响。同一时间，在烤肉厨师和他的润油勺照料

① *Illustrated London News*（以下简称 *ILN*）28 December 1850。

> 之下，肥嫩的鸡在它们专属的火焰之前，满足地被烤得噼啪作响[①]。

上面这段话引自《女王的私生活》（*The Private Life of the Queen*），这是一本被禁止出版的书，作者可能是某位侍女的佣人。书中巨细靡遗地叙述了建筑结构、画作、陶瓷器皿，以及储藏室里的存货，但作者很显然不是内廷人员，而且从来不曾与女王一同用餐。这个人不清楚厨房职员的人数和薪资，但对瓷器室（China Room）里有些什么了如指掌。然而，对了解厨房的运作而言，这本书是无价之宝。如同几乎每一位参观厨房的人一样，烤肉炉给这位作者的印象显然最深刻。但除此之外，该书作者也指出有一个比较小的炉具，专门用来制作女王每天要吃的冷盘烤禽肉。这本书也描述了厨师的寝室："很舒适的房间，有五斗柜、洗手台、茶几和一把很舒适的扶手椅，还有一张书桌。面对窗户的壁炉上方挂了一个瓷盘，瓷盘嵌在绒布板上，饰有王室徽章，是几年前由厨师工会献给女王的。宽阔的窗台上堆了蓝色封皮的册子，王室和内廷的菜单每天要写到这些册子上。"[②] 此外有一个大厨们专属的房间，至少在 1843 年重铺地毯时这个房间还在。但主厨总有他自己用来沉思的安静角落，根据当时的某些建筑指南书，主厨在那里可以"咨询餐饮界的权威"[③]。即使是手艺最精湛的厨师也需要一间参考书图书室。19 世纪 60 年代至 90 年的照片显示，在大厨房里也 91

① Anon., *The Private Life of the Queen*, 1897, 35.

② Anon., *The Private Life of the Queen*, 1897, 34–35.

③ Vera Watson, *A Queen at Home*, London: W. A. Allen, 1952, 82. Robert Kerr, *The Gentleman's House; or, How to Plan English Residences, from the Parsonage to the Palace*, 3rd ed., London: John Murray, 1871, 211.

有一张八角形的小桌子，搭配两张凳子。这可能就是前文提到的仓管员的座位。

参观厨房的人很少涉足大厨房之外的地方。洗涤室和储藏室多不胜数，有许多占据了查理二世加盖的子厨房。子厨房被切割成众多小房间，完全像一座迷宫。弗里达·阿诺德对甜点房和糕饼室的描述是“非常有趣”，但除此之外就没再多说什么。这两个房间都脱离主要的厨房，有它们自己的工作人员和职责所在。甜点房尤其是一个专门的区域，“最迷人的一个房间，在这里可以找到各式各样、各种形状的美丽模具，迷人的小炉、小灶几乎围绕整个房间一圈。除了小巧玲珑的花嘴，还有用来做甜点各种细节装饰的工具，任何一个爱吃甜食的女孩看了都会心花怒放”①。甜点和女性的关系源远流长，尤其是与上流社会的女性的关系。在 16 世纪和 17 世纪，制作甜点被视为名媛、贵妇应该追求的一门优雅手艺。然而，到了维多利亚时代，这门手艺已经变得专业化和法国化，而且甜点师傅主要是男性。但这并未切断甜点制作技术和女性的联系，纯洁、精致和白净等含义依旧富有女性化的联想。

在整个维多利亚统治时期，温莎堡的厨房一直都是王室餐饮的中心。温莎堡的甜点房和面包房尤其是其他地方复制不了的，尽管其他王宫也有类似设备，但规模难以望其项背。温莎堡被当成一个
92 饮食供应机构，必要时一周数次为其他王宫供应蛋糕、面包和饼干。就物流而言，这种做法也很合理。1850 年以后，御菜园统一合并到温莎堡（这是阿尔伯特的另一项改革），所以要从这里送货到其他地方。厨房的改变不多，有一些小的修修补补，偶尔也加装额外设备，但直到 1901 年都没有重大的改变。尽管除了煤炭灶之

---

① Anon., *The Private Life of the Queen*, 1897, 36.

外，有些资料（但都不是实际在宫廷厨房工作过的人提供的）提到了煤气炉，但在维多利亚统治期间，实际上似乎并未安装烹调用的煤气设备。许多豪华宅第直到20世纪还继续用煤炭和木炭煮东西，虽然从19世纪40年代起，某些气派阔绰的俱乐部和饭店装了煤气炉，但这种现象在上流阶层的居家环境中很少见。所以，到了19世纪90年代，御用厨房现代化的程度大致和19世纪30年代一样。可是对得以一窥庐山真面目的人而言，温莎堡的厨房还是一样雄伟壮观。

温莎堡完全没有白金汉宫的问题，但它确实有一些麻烦，例如城堡中的许多地方冷得令人动弹不得。无独有偶，这里的排水系统也不好，而且也有个被人遗忘的大型下水道，这回是在一部分界墙的底下。到了19世纪20年代，人们发现这个下水道慢慢冲掉了温莎堡的地基。从宫中工作人员的角度来看，关于温莎堡的一大抱怨在于它似乎消耗了大量抹布，这个问题导致19世纪50年代一个有点滑稽的书信之乱。对相关人员来讲，这个问题显然非常严重。相关人员主要是女佣，也包括银器室的职员、负责打点餐桌的餐桌装饰者，以及任何一个需要一块耐用抹布的人。“抹布议题”在损失 93
24打抹布时达到巅峰，房务长收到了严厉的警告，房务长所在部门被认为要对多数的抹布负责。“如果要再探讨这件事情（照理说应该要探讨），那么我建议所有抹布都由一名男性工作人员负责发放，并加以记录。”[①] 维多利亚和阿尔伯特在伦敦的生活首先要面对这些迫切需要解决的问题，也难怪他们想寻求别的去处，这个新去处最好不受宫中官方人事组织的约束。1844年，维多利亚写信给利奥波德舅舅：“温莎堡很美，也很舒适，但它是一座王宫，天

---

① Vera Watson, *A Queen at Home*, London: W. H. Allen, 1952, 238 - 239.

晓得我多想隐退，和亲爱的阿尔伯特及孩子们一直过平静的生活，享有我们的隐私，不要总是成为被关注的焦点和被报纸报道。”[1]怀特岛（Isle of Wight）和苏格兰高地（Highland）的生活召唤着他们，不只召唤着这对王室夫妻和他们的孩子，也召唤着内廷人员
94 和宫中人员，包括厨师在内。

---

① Michael De La Noy, *Windsor Castle: Past and Present*, London: Headline, 1990, 76 – 77.

第五章

厨师

菜肴不是现成的。在每座王宫里，空间宽敞、偶有异味的厨房配备男女全职工作人员。他们的职位多得令人眼花缭乱，职称依据宫中人员特有的古老结构来命名。厨师的人数为 35 名到 45 名，但在他们周围还有一堆相关人员，受雇于酒窖、储藏室、银器室和咖啡室等部门。1841 年，除了御菜园里的工作人员，这个负责喂饱宫中人员的部门为大约 70 人提供了就业机会。到了维多利亚时代末期，这项数据略上升。这个部门的工作人员都归王室总管部门管理，而且只能在楼梯下的房间活动，藏在王宫的深处，每个月为数千张嘴煮饭。他们必须是美食烹饪家，能够满足个别的口味；他们也必须是团膳高手，能够一口气为数百人或数千人做出美味佳肴。厨房是一个独特的工作场所，受制于有时就像容纳他们的建筑一样古老的传统。

阿尔伯特酱（Albert Sauce）①　　>>>

取 3 大根辣根（horseradish）刨丝，放进酱汁锅中，加 1 品脱②高

① 详见附录。

② 1 英制品脱约等于 568 毫升。

汤，文火慢炖半小时，下少许白酱及半品脱鲜奶油，快火浓缩。如同制作果泥的做法，以滤布过滤酱汁，将酱汁倒进隔水炖煮锅中。要使用酱汁前再将其加热，混入少许法国醋、1 甜点匙综合芥末、1 撮盐、1 大匙汆烫过的香芹末，以及 2 个蛋黄。炖牛柳很适合配这种酱料吃，
96 另将马铃薯切成橄榄状，用奶油煎，当作装饰菜。①

宫廷厨房的人事组织历经数百年的发展，是宫里特有的组织。许多单位和部门源自中世纪，尽管从 1837 年起随着现代化而设立个别新职位，例如煤气设备相关人员。在王室总管部门下，厨房是最大的 1 个单位，该单位本身又分成厨房、甜点房、糕饼室和面包房（面包房有时包含在糕饼室当中），此外也有 1 个“用水房”（负责餐桌用布）、银器室（其中也包括所有的黄金器皿）、地窖（啤酒和葡萄酒），以及餐桌装饰者。在这些单位工作的人员组成王室总管部门的大部分编制，但在他们上面也有一批中层管理人员。以厨房来讲，中层管理人员为 4 名文书官，以及在他们上面的 1 名文书长。他的工作是安排菜单、把菜单呈上去给女王批准、填写御膳记录，并且和他的 4 位副手一起采购食物、补充库存，确保整个流程顺畅运作。中层人员上面的组织结构比较模糊，职务内容不是那么容易界定。高层当中不可避免地有一个委员会，叫作绿布委员会（The Board of the Green Cloth）②。绿布委员会从中世纪就存在，但到了维多利亚时代，该委员会主要负责处理争议及管理工资。职位更高的是两位高薪政务人员——内务总管及其副手，他们
97 很明智地把所有大大小小的事情交给他们管理的行政人员。

---

① Charles Elmé Francatelli, *The Modern Cook*, 9th ed., London: Richard Bentley, 1855, 12.

② 该委员会因开会时桌面铺的绿布而得名。——译者注

除了王室总管部门之外还有其他部门，包括宫务大臣部门在内。两者之间的事务有诸多交集，交集的部分包括仆佣等服务人员——内廷实际上的门面。维多利亚时代的英国人擅长写巨细无遗、恶毒辛辣且引人入胜的作品，在其中一本这种风格的典型著作中，宫里每个人负责的职务被公之于众。《女王陛下内务概述》(*Sketches From Her Majesty's Household*: *A Guide to Situations in the Queen's Domestic Establishment*, 1848）对阿尔伯特的人事改革赞赏不已，该书勾勒出一幅宫中人员经过重组、焕然一新的景象。改革后，每个人都知道自己的角色，没人占制度的便宜，或主张不属于他们的好处。[1] 新的人事组织还不太成熟，亲王花了将近 10 年重做安排。到了 19 世纪 50 年代初期，白金汉宫的厨房终于重建时，还是能感觉到人事改革的影响。

在维多利亚即位之前，厨房的变革已经持续了一段时间。许多职位在过去 50 年间重新命名，乔治王朝时期的厨僮和厨房小弟（不管怎么称呼，他们是成年人）不见了，旧时代的转叉匠成了现在的烤肉厨师，因为烤肉叉自己会转动，不再需要厨师动手。尽管如此，整体职位还是颇具古风。领头的是主厨（chief cook），偶尔也以法文称之为 maître d'hôtel[2]。1837 年，担任主厨的是威廉·贝尔（William Bale）。除了 250 英镑的年薪，贝尔也配有位于圣詹姆斯宫的宫室。19 世纪不存在通货膨胀，甚至到了 1897 年，主厨的年薪也只微调到 300 英镑。主厨下设 2 位大厨（master cook，第一大厨和第二大厨），年薪分别为 150 英镑和 220 英镑。再往下是 2 位副厨（yeoman of the mouth），1869 年更名为第三大厨（third 98

① William Strange, *Sketches from Her Majesty's Household*: *A Guide to Situations in the Queen's Domestic Establishment*, London: William Strange, 1848.

② 法文 maître d'hôtel 有首席领班、总指挥之意。——译者注

master cook）和第四大厨（fourth master cook）。副厨之下有 2 位小厨（yeomen of the kitchen）。此外有 2 位烤肉厨师（roasting cook）、4 名学徒（apprentice）、2 位洗涤师（scourer，在其他地方，这个职位叫作清洁妇，不过宫廷厨房里的洗涤师是男性，而且享有一个不同的尊称）、1 名厨娘（woman cook）和 1 名厨房女佣（kitchen maid）。1837 年，厨房职员增加了 4 名非烹饪职位的人员：1 名储务员、1 名仓管员、1 名备菜员（负责削蔬果皮），以及 1 名跑腿或传令的人员。同时，甜点房有 2 名二厨和 2 名助手，糕饼室有 1 名二厨和 1 名助手。在维多利亚 63 年的任期内，随着某些领域的重要性提高或降低，这些职位变来变去。到了 19 世纪 40 年代，厨房已经多了 2 位洗涤师、3 名助手（事实上，其中 1 名助手更名为储务员，另外 2 名则晋升为学徒）、1 位烘焙师和他的助手，以及 2 名煤气设备人员。此外也有更多女性进入厨房，工资单上多了 1 名厨房女佣和 1 名糕饼室助手。她们是厨房里工资最低的人员，年薪 30 英镑至 58 英镑。[①] 含厨房文书官在内，厨房的高级人员也享有额外的零用钱，包括学徒父母因为厨房收他们的孩子当学徒而支付的 150 英镑学费。工作人员也会收到赏赐，这些赏赐包括去参观厨房的贵宾给的值钱的礼物，按照资历分配给相关人员。当女王一家住在宫里时，厨房人员则享有三餐。

维多利亚统治期间，宫廷的行政体系和各个职位的工资大致不变。更多女性填补了低层的职位，职位的称呼也随即改变。这是宫
99 里省钱的一种手段，因为以同样一份工作来讲，女性的工资可以比
男性低一半。大约在摄政时期或 19 世纪头十年，第一批女性到厨房

① TNA LS2/67 里有 1837 年的薪资明细。RA MRH/MRH/EB/2 里有 19 世纪 40 年代宫中人员清册，列出内廷所有职位，并附薪资明细。通过 findmypast. co. uk. 也可查到某些宫中人员账册。

工作，承担起涉及烹饪的重大责任，但她们依旧只占少数。历经阿尔伯特在19世纪40年代的改革之后，39位厨房人员中有8位是女性，到了1900年则是35人中有8位女性。[1] 不管是在主要的厨房，还是在甜点房或糕饼室，她们占据的都是次要位置，这很正常。豪华的庄园、饭店和其他有钱人的宅邸都雇用男性厨师，最好是男性法国厨师。以男性法国厨师而言，庄园给的年薪通常为120英镑至150英镑，男性英国厨师的年薪略低。相比之下，女性从事一样的工作，年薪则是50英镑至60英镑。女性在17世纪才进入专业的烹饪领域，而且，尽管女性厨师的数量稳步增加，但她们还是被认为低男性厨师一等。

厨师包括各种各样的人，来自欧洲各地，偶尔也来自欧洲以外的地方。他们必须随时为各种状况做好准备，从应付19世纪40年代白金汉宫厨房的惨状，到在奥斯本宫改建得不甚理想的马厩里大展厨艺，每一位厨师都要做好准备在女王的任何一座或者所有宫殿工作。就像庄园安排员工的习惯一样，主人一家去哪里，他们就跟着去哪里。女王搬走时每个宫殿会留一位骨干，然而，如果他们真有哪一天脱离主要的团队独立作业，这些人员会得到额外的佣金以补贴吃饭的开销，即伙食费。通常有些厨师会先被派到下一座王宫，准备迎接全体内廷人员大驾光临，其他人则留下来善后。后期，内廷人员落脚在隐秘僻静的新王宫奥斯本宫和巴尔莫勒尔堡， 100
工作人员就一分为二，一些跟着女王走，另一些留在温莎堡，需要时再帮忙送东西到新王宫。美食类的礼物飞快送遍世界各地，尤其是在圣诞节。而当维多利亚的儿女举办婚礼时，壮观的糖霜结婚蛋

---

① 19世纪40年代的资料参见RA MRH/MRH/EB/2，1900年的资料参见RA MRH/MRH/EB/4。

糕则在温莎堡烘焙及装饰。维多利亚自己的结婚蛋糕是在白金汉宫制作的，由当时的甜点主厨、名字令人印象深刻的约翰·奇切斯特·马维特（John Chichester Mawditt）操刀①。

马维特之前就为克莱伦斯公爵工作，公爵即位成为威廉四世时，马维特也随之转入宫中的人事组织。他从 1835 年起担任甜点主厨，直到 1850 年为止，当时的报纸上常常出现他的大名。甜点是一种以糖艺为中心的艺术形式，被视为烹饪领域中一个独立的支系。马维特制作的甜点广获赞赏。1842 年，他为威尔士王子（Prince of Wales）的受洗典礼做的蛋糕样式如下：

> 底部工整地装饰了一圈玫瑰花、紫蓟花和三叶草。蛋糕侧边轮流穿插女王陛下和阿尔伯特亲王的银制头像，头像上方顶着英格兰徽章，再往上则为威尔士王子的羽毛徽章，羽毛徽章上方顶着威尔士徽章；最上方工整地镶了一圈涡卷花纹的糖丝，硬邦邦的糖丝做工很好。上有三层蛋糕，每一层都有糖丝，糖丝上方为银色的威尔士王子羽毛徽章，最上方有数个底
> 101 座，底座上分别托着谷物女神、命运女神、生育女神、抱着小威尔士王子的守护女神、历史女神克利奥（Clio），以及传说中的威尔士圣人圣大卫（St. David）的糖人。这群糖人中间是一个代表洗礼的皇家圣水盆，糖人周围则有数个插了花朵的小花瓶环绕。蛋糕整体给人高雅、圣洁的感觉。

接下来的晚餐，马维特也贡献了甜点，有“几样做得最精致

---

① 奇切斯特恰为英国的一座城市名，故作者说他的名字取得令人印象深刻。——译者注

的甜点……在装饰它们的群花簇拥之下，看起来就像在赏心悦目的美景之中，突然出现一座美轮美奂的花坛”[1]。装饰性（但理论上可以吃）的雕塑是法式甜点餐桌上一个流行的元素。马维特为阿尔伯特 1842 年的生日雕了两根糖柱，“不像是用脆弱易碎的食用糖为原料，倒像用大理石精雕细琢而成”。两根糖柱伴随着整套雕塑作品，有人像、浮雕的战争图和军事主题的奖杯，“美味集合在一起……颜色也恰到好处”[2]。

当时的许多报纸都有 *Hello*！周刊[3]般的浮夸风格，对女王一家的所作所为极尽颂扬。就政治决策而言，维多利亚、阿尔伯特和他们的孩子不时也会受到批评，但婚礼和受洗典礼很少遭到攻击。不过显然还是有例外，王室结婚蛋糕就是其一。多数报道按照一定的模式，详细地描述这个蛋糕。它包含了“最昂贵的蛋糕所有最精致、最丰富的元素，被甜点师最精湛的巧手和谐地融合在一起”。 102
它重达 300 磅（约 136 千克），周长约 2.7 米，顶端 3 座 1 英尺高的糖偶分别是维多利亚和阿尔伯特，以及为他们赐福的不列颠尼亚守护女神，女神“有点不协调地穿着古罗马时期的服装”。幸福的新人被代表着爱与忠诚的符号包围，外加一堆丘比特。[4] 对马维特先生来讲，一切还算顺利。然而，《晨间邮报》（*The Morning Post*）提出了不同的看法，而且写得更详细。要用在婚宴上的“女王自己的蛋糕”的确出自宫里的甜点师之手。但除此之外也有其他的一些蛋糕，它们是由专业甜点商制作的。英国最有名的甜点商是位

---

① *The Western Times*, 29 January 1842.

② *The Chelmsford Chronicle*, 2 September 1842.

③ *Hello*！为英国八卦周刊，自 1988 年发行至今。——译者注

④ Edmund Burke, *The Annual Register, or a View of the History, and Politics, of the Year 1840*, London, 1841, 14.

于伯克利广场（Berkeley Square）的冈特氏（Gunter's），他们供应了国宴上用的蛋糕。《晨间邮报》形容它“精巧的结构傲视其他所有菜肴，令周围的装饰品黯然失色”。冈特氏也供应了 14 个送给各地亲友及外交使节的蛋糕，另一家知名的甜点商瓦德氏（Waud's）供应了另外 18 个蛋糕。他们让马维特的表现相形失色：“这些蛋糕没有镶金和包银的部分——没有神话典故、圆嘟嘟的小天使、华丽的色彩、梦幻的薄纱、金箔和银箔，也没有用抹刀和砂斗砌墙的装饰！这些蛋糕美得自然、美得清新……（它们有）一个严重的缺点，那就是美到让人舍不得吃！”马维特的蛋糕得到的评语和这一堆溢美之词形成鲜明的对比：“外观看起来就是一堆糖，所以没人急着想尝它一口。坦白地说，它的比例像一个圆轮奶酪，纵有上面那些诗意的神话人物和侧边叶茨先生（Mr. Yates）
103 高雅的人造花，它还是不雅观。但无论如何，它的形状很正统。花环和玫瑰做得可以让人拆下来当纪念品带走，蛋糕本身就切一切吃掉；所以它应该能达成它的使命。”① 就某些方面而言，马维特的手艺必然有一定的水平，否则他大概没办法在宫里待那么久。然而，到了 19 世纪 40 年代晚期，当厨房的审核更为严格，他被发现不太能胜任，并在 1850 年被解雇。[他后来似乎成了自由职业者，或和他的侄子一起开了一家店，两人在 1861 年的人口普查中被列为马里波恩区（Marylebone）的甜点商。] 报纸显然写得很客气，也或许记者纯粹就是离得不够近，没看到种种瑕疵。

宫廷厨房很难找到并留住真正顶尖的主厨。在大厨房，多数厨师从最底层往上爬，从头到尾都在王宫专属的环境中完成训练，不曾真的在外面的烹饪界历练。甜点师一直是个例外，因为这份工作

① *The Morning Post*, 7 February 1840.

太专业，需要到其他地方进行训练。他们的工资和主厨一样高，而且在私人宅第很少有这个职位，除非宅第的主人很有钱。从 1866 年起担任内廷廷长的约翰·考威尔爵士（Sir John Cowell）上书女王，苦恼地提及征才问题："很少有宅第配备甜点师，宫中的甜点部门几乎就是唯一能找到甜点师的地方。"[①] 所以他们往往是从冈特氏或某家大甜点商那里挖来的。制作甜点不被认为是英国人擅长的领域，法国甜点教父安东尼·卡雷姆（Antonin Carême）是最出名的甜点师，而法国和意大利持续在这门专业上独领风骚。男性的 104
宫廷甜点师约有半数来自法国或意大利。马维特于 1850 年 11 月离职，这个职位空了 1 个月，直到被法国人于勒·布隆（Jules le Blond）取代，后来于勒·布隆工作了 6 年。接替他的詹姆斯·汉金森（James Hankinson）原来是冈特氏的首席甜点师，在 3 个月试用期之后没被留用。这是很辛苦的一份工作。爱德华·托马斯（Edward Thomas）于 1857 年晋升到汉金森的位置时，康斯坦特·艾米莉·帕尼兹（Constant Emilie Pagniez）刚从甜点房的大厨做起，到 1869 年退休前他已成为首席甜点师。[②] 任内的最后一年，他深受眩晕和癫痫之苦。1871 年，他因脑溢血与世长辞，享年 48 岁。[③] 接替他的塞缪尔·庞德（Samuel Ponder）也来自冈特氏，而且几乎可以确定在两年前奥斯曼帝国（Ottoman Empire）的苏丹（Sultan）来访时，他在厨房担任助手。直到女王驾崩，他一直是首席甜点师。与此同时，帕尼兹底下的副厨居朱塞佩·卡里法诺（Giuseppe Califano）在庞德上任后不久就离开了。他去伊顿（Eton）开了家自己的小店，并以脾气火爆出名。

---

① RA VIC/MAIN/Z/202/123, Sir John Cowell to Queen Victoria, 20 June 1867.

② 这个职位通常被称为甜点房的第一厨师。

③ 他的死亡证明书上交代了相关细节。

> 卡里法诺……让客人待不住。我说过韦伯（Webber）的餐厅不做那不勒斯冰激凌，卡里法诺所有的冰品都做得很好，那不勒斯冰激凌做得尤其好。但是，除了去吃冰激凌，他的店不宜久留。人们不可能和卡里法诺交谈，他会的英文不多，而
> 105 在他习惯的英语会话中，他总是提防着一个特定的话题，就算有的话题与这个话题关系不大，他也会瞬间警惕起来。这个话题是一个问题，据我所知，我可从没听人问起过。的确是有很好的理由不去问这个问题。据说卡里法诺一度在温莎堡的厨房位居要职，但这份美差转眼成空。尽管这是一段辉煌的过往，他却不准任何人问起。如果有人问出致命的那句：“卡里法诺，你为什么被温莎堡开除?”提问者立刻就会被挥着切肉刀的甜点师追到大街上。[1]

不管学生[2]的揣测是什么，卡里法诺未被开除。他在宫里服务了 10 年，并且享有王室的退休金。所以，真相可能是他和新上司合不来，或者他因为自己被忽视而别人获得晋升而不高兴。

相较于甜点部门高层的异动，1839 ~ 1878 年，甜点房的第一助手是简·埃尔加（Jane Elgar）。埃尔加在 1828 年受雇于宫廷厨房。在一个男性工作人员占多数的工作环境里，当时 17 岁的她是极少数的女佣之一。她工作了很久，最后以 67 岁的高龄退休，回到她的家乡肯特（Kent），可以领退休金。几乎整个服务期间，她的年薪都是 40 英镑。她历经 5 位部门主管的更迭，而她的待遇不到这些主管的 1/4。

---

① Eric Parker, *Eton in the'Eighties*, London: Smith, Elder & Co., 1914, 63 - 64.

② 上一段引文摘自一本记述伊顿公学学生生活的著作。——译者注

简·埃尔加是个特例。即使是以宫廷标准来看，她长达 50 年的工作时间也很长。女佣是厨房里变动最快的一群人。她们往往为了 106
结婚而离开，或者婚后不久就离职。尽管也有些人保持单身，并留在同一个工作岗位上，一做就是二三十年，这期间通常会有一次升迁。任何一个部门都只有两三名女佣，她们的发展空间很有限，但这显然是一份值得做一辈子的工作，只要她们表现良好，做个十年就自动享有一笔退休金。以维多利亚时代的英国来讲，退休金是一笔可观的收入，内廷人员值得为了它留下来。宫廷标准很清楚："凡是为女王陛下的内廷服务满 10 年，没办法继续服务下去的仆佣，都有资格领走一笔退休金。为任何一位王室成员服务的仆佣亦然，在服务满 10 年之后，依雇主所愿转任者皆享有退休金。如果仆佣为了个人发展主动要求离开……可能就没有资格领退休金。"① 其他地方的升迁机会鲜少值得仆佣冒险，尤其是对单身女性来讲。在 19 世纪男性主导的专业烹饪界，不管到哪里，女性的发展都受到性别限制。

相比之下，男性厨师只要常保健康，就有希望稳步沿着厨房的升迁结构往上爬。如同服务时间较久的那些女佣，许多男性厨师在宫里做了一辈子，并拿着优渥的退休金退休。男性和女性厨房工作人员通常都是通过既有的人脉征募而来的。19 世纪 70 年代，厨房女佣玛丽·金纳（Mary Kinner）是其中一名皇家警察的女儿；第四大厨乔治·戴绍利斯（George Dessaulles）是一名宫廷接待员的儿子；第三大厨戈特洛布·威茨格（Gottlob Waetzig）则是一名瑞典裔军乐队指挥的英国籍儿子。多数的英格兰职员生于伦敦或伦敦周边地区，往往是在圣詹姆 107
斯宫、温莎堡、肯辛顿宫或汉普顿宫一带。苏格兰职员则来自巴尔莫

---

① RA VIC/MAIN/Z/202/59, Colonel Biddulph (then master of the Household) to Queen Victoria, 1 May 1866.

勒尔堡周边。19 世纪 90 年代，当加布里埃尔·屈米的堂姐路易丝·屈米（Louise Tschumi）设法帮他争取学徒工作时，她听说："所有学徒都是英格兰小伙子，由已经是内廷人员的亲戚推荐进来。"[①] 如果下级还没有资格获得晋升，那么高级厨师有时是从别处委任，这些高级厨师是通过口碑和个人推荐进入厨房的。1858 年前后从第三大厨做起的尤金·席昂（Eugene Thion）是内廷廷长科洛内尔·比达尔夫（Colonel Biddulph）的手下，比达尔夫为他写的推荐函中说他"诚实正直、无不良嗜好、廉洁、有才智并且……是一名非常优秀的厨师"。比达尔夫还强调虽然他的厨房由席昂带领，但席昂只为 10 ~ 12 人煮饭，并不习惯处理宫里的大规模团膳。如同所有的新职员，在确定成为高级厨师之前，席昂经过了 3 个月的试用期。他一步一步往上爬：于 1861 年当上第二大厨，接着当上第一大厨，最后在 1869 年当上主厨。主厨这个位子，他一直坐到 1888 年[②]。接替他的亚瑟·费尔森（Arthur Feltham）是 19 世纪 50 年代人事改革风暴中崛起的新秀之一。掌厨 30 年，他从学徒一路做到主厨。他的整个职业生涯多半被同一群人包围：从 1847 年到 19 世纪 80 年代末期的查尔斯·姜布里斯（Charles Jungbleeth）、1829 年到 1880 年的约翰·蒙特福德（John Mountford）、1838 年至 1876 年的戈特洛布·威茨格、1838 年至 1881 年的乔治·戴
108 绍利斯、1836 年至 1860 年的简·惠廷（Jane Whiting）、1857 年至 1877 年的艾玛·约翰逊（Emma Johnson），以及 1848 年至 1891 年的托马斯·霍利斯（Thomas Hollis）。多数受雇人员在王室厨房待了远超过领退休金要求的 10 年，而且很多人为王室服务逾 30 年。冗长的退休金

---

① Gabriel Tschumi and Joan Powe, *Royal Chef: Forty Years with Royal Households*, London: William Kimber, 1954, 18.

② RA MRH/MRH/EB/2 附有推荐函；RA PPTO/PERSO/EB/6 列出了他的退休日期和退休金详情。

名单及颁给长期服务人员的勋章，都显示出这些人有多忠诚。至于他们是效忠于女王和国家，还是追求退休金和舒适的生活，我们就不得而知了。

以上人员是整个维多利亚统治时期宫廷厨房的骨干。他们在青春年少时加入这个团队，不出所料按部就班地晋升，一次升一个职位，直到50多岁或60多岁退休为止。高级职员最后似乎都在巴特西（Battersea）终老，和他们的家人生活在一起。无论他们一开始的社会地位如何（既然有亲戚在王室服务，他们通常属于中产阶级），最后他们的地位都高了几级，也不免雇用一位属于他们自己的佣人。他们的姓氏常会出现在宫中别处的人员名单上，因为内廷的裙带关系招聘至少又延续了一个世代。许多人也不可避免地和内廷中人结为连理：糕饼厨师阿尔方索·古夫（Alphonse Gouffé）的儿子娶了文书长威廉·卡伦（William Cullen）的女儿伊丽莎·苏菲亚（Eliza Sophia），亚瑟·费尔森的太太安妮·罗林斯（Annie Rawlins）是女王的缝纫女佣。宫廷就像一所极度排外的寄宿学校，学生出生时就在学校注册了名字，一路往上念，从不脱离同一所学校。费尔森的两位同事——乔治·马尔施（George Malsch）和阿尔弗雷德·曼宁（Alfred Manning）——确实去外面闯了几年，但后来又回宫廷了，并且乖乖累积年资到19世纪80年代，最终获颁他们的长期服务勋章。[①]也有人离开了就不再回来，像亚历山大·瑟福诺（Alexander Thévenot），他在1860年“基于个人意愿，为寻求更好的发展”离 109

① 在 RA MRH/MRH/EB/4 的资料中，两人都被列为“重新归队”，1861 年的人口普查中不见马尔施的踪影，但他的长期服务勋章奖励他为宫廷服务了 33 年，回溯到 1859 年，要么他没离开过，要么记录员漏掉了他在外闯荡的 4 年（他可能去为别的皇亲国戚服务了）。

开宫廷厨房，此后他成功重新融入外面的世界，事业上也创出了自己的一片天地。[①] 服务风格的保守主义以及在烹饪上对改变的抗拒或许源自王室，但厨师们无疑也接受了这种现象。在厨房，老规矩、老习惯至高无上。

偶尔也有外来者加入，但他们似乎很难撼动数十年不变的习惯。糕饼部门也有点脱离主要的厨房，在维多利亚的任期之内，大半是由阿尔方索·古夫带领。他在 1840 年进入宫廷厨房，直接当上糕饼主厨，一做就是 41 年。得到这份工作时，他才刚来英国不到两年，之所以受到宫廷聘用，有部分原因可能是家族的名声。他父亲是巴黎的糕饼主厨，而他的哥哥于勒（Jules）受训于甜点教父卡雷姆，并在 19 世纪 40 年代声名大噪，享誉全欧洲。19 世纪 70 年代，于勒写了几本相当畅销的烹饪书，包括厚重的《宫廷料理全书》（*Royal Cookery Book*），阿尔方斯将之翻译成英文。《旁观者》（*The Spectator*）杂志评论道：

> 作者开宗明义地提出给初学者的建议，他告诉刚起步的糕饼厨师成功必备的特质是什么，一旦具备这些特质，有可能成为某一门艺术的大师。这些特质包括动作迅速、心灵手巧、活跃且富有创意的想象力、热爱研究、耐心、毅力以及美感。有
> 110 了这些必备特质之后，建议还要了解绘画、雕刻和建筑的基本概念，并具有 8 ~ 10 年累积制作糕饼的经验！谁能想到为了替

---

① RA MRH/MRH/EB/2. 1871 年，他还在伦敦，也还是个厨师，但要么不住在工作的地方，要么从事自由职业，因为他是自己家的户主（并将房间租给另外两位法国厨师）。1881 年，他被列为居家厨师，他的太太是他的助手，为阿伯茨·兰利（Abbots Langley）的兰利博里庄园（Langleybury Estate）服务。

> 国王的餐桌奉上糕点，需要具备以上这么多条件？①

除了颇负盛名的查尔斯·耶米·弗兰卡坦利（Charles Elmé Francatelli）之外，他可能是宫廷厨房聘请过的最接近明星级的厨师了。弗兰卡坦利只当了一年主厨，却靠这段资历赚了一辈子钱，但他从来不曾提起这段故事的悲惨结局。

弗兰卡坦利是在 1840 年由当时的王室总管推荐进厨房的。他自己当时则是在克罗克福德氏俱乐部（Crockford's）掌厨，克罗克福德氏俱乐部是很有名的绅士俱乐部②，以聘请英国的顶尖主厨为傲。这些主厨几乎向来是法国人，弗兰卡坦利是个例外。他有意大利血统，但他本身是个彻头彻尾的英国人。他在卡雷姆门下受训，光凭这一点就足以令烹饪界对他另眼相看。当时，大家已经感受到新政权的影响开始显现，即使是在阿尔伯特亲王大刀阔斧着手改革之前，人事重组就已展开，厨房的高层正处于变动之中。以宫廷厨房而言，这种变动算得上天翻地覆。几个新人进来，填补了最高的两三个职位，但转眼又离职了。其中一人是路易斯·切瓦索特（Louis Chevassot），工资名单从 6 月 20 日起出现他的大名，也就是维多利亚即位的那一天，显示他本来有可能是肯特公爵家在肯辛顿宫的厨师。弗兰卡坦利开始担任主厨时，切瓦索特是第一大厨，3 个月后就离职了。新的主厨带来了问题，他脾气火爆又心高气傲。因为他的名气，他大概觉得自己有充分的资格“耍大牌”吧。他 111
在 1841 年 12 月底离职（尽管工资领到 1842 年 3 月），没有相关记录显示他是主动请辞还是被解雇。然而，有几份报纸登了同样的报

① *The Spectator*, 6 June 1874.

② 绅士俱乐部（gentleman's club）为仅限会员出入的私人俱乐部，专供英国上流阶层男士娱乐之用。克罗克福德氏俱乐部为一家赌场。——译者注

道，关于“白金汉宫的纷扰”，内容很戏剧化：“弗兰卡坦利……持续让他的部门陷于纷争之中，导致许多人向王室总管请辞和投诉。上星期一，在激烈争吵之下，弗兰卡坦利先生当着所有仆役和大约40个外人的面，趁机羞辱文书长诺顿先生，最后只得请警察来把弗兰卡坦利带走，但他在警察抵达前就溜了。调查的结果是将弗兰卡坦利暂时停职，留待女王陛下和阿尔伯特亲王裁决，届时势必会采取防范此种不堪局面再次发生的措施。”① 他或许落得颜面尽失，但克罗克福德氏俱乐部倒是张开双臂欢迎他归队，甚至将他的薪水调高了很多。的确，因为他在克罗克福德氏俱乐部的薪资可能超过1000英镑，相较于宫廷标准的250英镑，他有很好的理由离开。再加上白金汉宫厨房未经改革、污水四溢的状态，以及当时宫中人事组织整体的行政乱象，让人很同情他的处境。直到他于1876年辞世为止，他都待在绅士俱乐部和饭店的圈子里，既广获赞誉，也因傲慢招致抱怨。他出版过4本食谱书，每一本都标榜自
112 己是“女王陛下前主厨”。去世时，他既被誉为“伦敦美食界最伟大的艺术家，过去为饕客们制作食物，如今致力于著书立说”，也被说成一个“爱松露爱得过火”② 的人。

不是每个人都能适应宫廷厨房。早期的人事名单显示，解雇人员并不罕见，不过就如同弗兰卡坦利，这些人员去留的原因没有明文记载。阿尔伯特亲王去世之后，从19世纪60年代开始，维多利亚越来越直接地参与仆役们的生活。她向来将他们视为个体，在她

---

① Colin Smythe, "Charles Elmé Francatelli, Crockford's and the Royal Connection", *Petits Propos Culinaires* 101, 2014, 42 - 67.

② Colin Smythe, "Charles Elmé Francatelli, Crockford's and the Royal Connection", *Petits Propos Culinaires* 101, 2014, 42 - 67. 另参见 Colin Smythe, "Charles Elmé Francatelli, additions and supplementations", *Petits Propos Culinaires* 102, 2014, 100 - 118。

未经修改的原版日记中，常常写到御用造型师的名字，也呈现出她和他们及其他佣人的互动。在她的日记公之于众之前，她的幺女比阿特丽斯（Beatrice）检查了所有内容，删除了许多提到佣人的部分，给人一种她母亲鲜少关注贵族以外的人的印象。事实绝非如此。19 世纪 60 年代，总管室（也就是高级仆役用餐的地方）的一名工作人员詹姆斯·彭尼（James Penny）因“夹带大量食品出去”被抓到。内廷廷长科洛内尔·比达尔夫提议将他解雇，女王忧心忡忡地回复道，这个人很老了（年届五旬），没人知道内情，他可能真的有需要，也可能生病了。这件事愈演愈烈，尽管比达尔夫坚称“这个人辜负了女王陛下的好意”，彭尼的名字还是被列在 19 世纪 70 年代的女王赏金领受名单之上。[1] 显然女王赢了。的确，维多利亚似乎有一副软心肠。被开除变得很困难，仆役们很难不待到“退休”——宫里的长官或许会客客气气地请你提早退休，一分不少地给你退休金，但不会一声令下叫你滚蛋。就连醉酒的问题也不见得构成开除的条件，而醉酒不是一个少见的问题。19 世纪 60 年代有一名“成天醉醺醺”的甜点师确实被开除了，1860 年第四大 113
厨乔治·沃德（George Ward）也被开除了（“因醉酒被解雇”）[2]。然而，到了 19 世纪 60 年代晚期，喝醉酒的问题不是严重的问题。1867 年，酒窖里的一名工作人员罗伯特·阿尔伯塔森（Robert Albertanson）被认为不适合升迁，但在 1868 年，他已经到了无可救药的地步。若在以前，他可能单纯就是被解雇，但现在女王“很久之前就希望把他调走，不要待在一个对他充满诱惑的地方，但她认为不应将他彻底逐出宫廷。虽然不能放心把他派到任何需要

① RA VIC/MAIN/Z/202/11, Colonel Biddulph to Queen Victoria, no date, c. 1864 – 1865.

② RA MRH/MRH/EB/2.

担责的地方，但一些小地方的工作相对清闲，派他过去完全没问题。于是就又给了他一次试用的机会，而没有以微薄的遣散费断然把他解雇。遣散费太少，他几乎吃不饱……门役长巴克（Barker the Gentleman Porte）也因为类似的问题被调职，从那之后一直表现良好。罗伯特·阿尔伯塔森有个非常好的太太，为了她和他的其他家人，女王希望能给他找个小差事"[①]。

厨房的工作无疑会让健康付出代价。虽然许多人一直在厨房工作到很大岁数，但也有人命丧工作岗位。甜点房助手玛丽·廷斯（Mary Timms）于 1859 年加入厨房，并于 1872 年殒命，享年 44 岁。死亡证明书上说她的死因为蛋白尿和内出血——这是肾脏疾病，常和糖尿病有关，而且她极为痛苦，最终中风而亡。女佣简·惠廷从 1836 年起任职于厨房，在 1862 年退休之前，她被列为 1861～1862 年的贫病人员女王赏金领赏者。托马斯·霍尔（Thomas Hall）于 1875 年担任烤肉厨师，在该年年底就一命呜呼
114 了。19 世纪 50 年代被收为学徒的约翰·克劳夫斯拉西（John Kraufslach）[②] 于 1880 年死于心脏病。有些职位比其他职位更有损健康：烤肉厨师成天守在火炉前，1872 年，第一洗涤师没有晋升，由职位比他低的人晋升为低级烤肉厨师，因为他年届五旬，火炉的高温非他所能承受（他得到加薪 20 英镑的补偿）。[③] 主厨也有他们要承担的风险。他们是最有可能长时间在通风不良的煤炭灶前熬制法式酱汁的人，吸入一氧化碳而导致呼吸衰竭是厨师常患的疾病，

① RA VIC/MAIN/Z/203/21, Anon. letter, 13 July 1868. 他最终在白金汉宫宫务大臣的部门当了个传口信的（letter 23）。

② 他的姓氏也拼作 Kraeusslach（死亡证明书上的写法）和 Kraeufslach（其他文献里的写法）。

③ RA MRH/MRH/EB/2/86.

尤其是上流阶层厨房中的厨师，因为他们需要大量以煤炭灶熬煮的法式酱汁。厨师的一般常见的疾病还包括足弓下陷，这是在坚硬的石头地板上久站导致的；此外，他们还有既频繁又粗重的重复动作造成的关节问题。在那个年代，火灾是最大的致命原因之一，尤其对女性而言，被火烧死是仅次于难产的死因。在厨房工作要承受多大的风险不言而喻。但在宫廷厨房工作也有好处，除了合理的待遇、有保障的退休金之外，到了 19 世纪 60 年代晚期，宫廷厨房容 115
许在别处会招致解雇的行为——男性厨师可以留胡子。加布里埃尔·屈米表示："虽然穿制服的仆佣必须把胡子刮干净，但这条规矩不涵盖主厨和厨师。于是，在我去宫廷厨房工作时，所有厨师都留着漂亮的胡子，甚至有一两位蓄了小络腮胡子。偶尔会来厨房的制服佣人羡慕极了，因为他们不能跟随当时的流行留胡子。"① 某些于 19 世纪 60 年代拍摄的资深人员的照片显示当时人们对留络腮胡子很着迷，但这点好处是否足以让人忽略一氧化碳中毒的危险，那就有待商榷了。

长期为王室服务的另一个好处是可以领王室赏金（Royal Bounty），这是 1782～2002 年实施的一项福利制度，目的在于紧急接济亟须帮助的人。如同简·惠廷，宫廷支出可观的费用补助其医疗方面的开销。此外，已故人员的遗属若是不能工作，落得无依无靠、一贫如洗，也有定期的抚恤金可领。相关的记录相当赤裸直白、毫不隐晦：一名酒窖人员死后留下 74 岁的遗孀安·波玛（Ann Bonmar），关于她的描述是"卧病十载，无业，亡夫（波玛）只留下债务，她偿还了这些债务。有两个与前夫（斯托奇斯）所

① Gabriel Tschumi and Joan Powe, *Royal Chef: Forty Years with Royal Households*, London: William Kimber, 1954, 33.

生的儿子，一个因病住在精神病院，一个是外科医生”。一名厨房工作人员的遗孀卡罗琳·巴纳德（Caroline Barnard）处境类似："70岁，双手因痛风残废，她26岁的孩子患有癫痫，必须完全依赖她，除了赏金之外她没有其他收入。"[①] 赏金也赏给各种不同情况的个人，例如奋斗的艺术家、宗教难民及其他人。在有政府补助的国家福利制度出现之前，旧时大户人家的责任之一就是为各个受助教区的穷人提供一些帮助。不分城乡，慈善事业和志愿工作尤其
116 是中上阶层女性生活中必要的一部分。处理剩饭的一个方式是将其当成粮食救济品，但食物不能拿来付房租。所以，王室以身作则，不只发放剩饭，还直接给予穷人经济援助。

因公殉职引人忧心，尤其这种情况当众发生的时候。1869年，有两名步兵在执勤时丧命，一份谕令匆匆被送来。谕令指示他们的遗体不应被送往医院或济贫院，[②] 而应被送回宫里。高级仆役尤其被认为有必要送回宫里，男女皆应如此，因为他们“一定会被认出来”[③]。1861年之后，维多利亚对死亡有一种病态的着迷，简直成了某种丧葬仪式控。19世纪70年代，她沉迷于家人和内侍一连串的死亡之中，几乎对吊唁乐此不疲，并描述自己“在丧礼上从来不会陷入忧郁”[④]。擅自跑去仆役的丧礼就太过分了，但她会白纸黑字指示下属该为他们做些什么安排，并保留他们的纪念卡。这些卡片有时会被发现收在档案之中。1891年，王室成员于法国格

---

① RA MRH/MRH/EB/2/23，女王赏金领赏者名单。

② 济贫院（workhouse）是救济穷人的机构，源自1388年的《济贫法》（*Poor Law Act of 1388*），内设停尸间。——译者注

③ RA VIC/MAIN/Z/203/102.

④ Helen Rappaport, *Magnificent Obsession: Victoria, Albert, and the Death That Changed the Monarchy*, London: Windmill, 2012, 234 - 235. Christopher Hibbert, *Queen Victoria, A Personal History*, London: HarperCollins, 2001, 495.

拉斯（Grasse）度假时，一名女佣死了，维多利亚安排了“某种告别仪式，在宴会厅举行，棺木就在我们中间，棺盖甚至没有钉好”。她的一名侍女玛丽·马利特（Marie Mallet）评论道：“我很敬佩女王这么关心她的仆役，但这种做法未免过火了，而且对内廷工作人员来讲很困扰。”[①] 她有时也会“碰巧亲临”丧礼现场，例如1878年的这一次：“痛失为女王服务了七年的猎场看守长兰德先生（Mr. Land），女王陛下和比阿特丽斯公主今早步行与乘车……并目睹兰德先生的送行队伍经过。”[②] 对他的家属而言，这可能有 117
点令人惶恐吧。

有时候，维多利亚花在担心仆役及搅扰内廷廷长的时间似乎比处理公务还多。她对食物和用餐的例行公事尤其牵肠挂肚。1865年底有一连串混乱的书信往来，内容是女王担心总管室和仆役食堂的食物质量。在女王的压力下，科洛内尔·比达尔夫调查并递交了一份晚餐清单，显示仆役们吃得有多好。高级仆役的菜式相当于中产阶级的家常晚餐：汤品、烤牛肉、烤羊脊肉、炸羊肉饼、四季豆、马铃薯、煎蛋卷、甜果馅饼和布丁、奶酪、甜点。[③] 同时，数百名低级仆役吃的则比绝大多数的劳动阶级人民好得多。他们每天都吃肉，通常是羊肉或牛肉，有水煮的，也有火烤的，而且每天会有“马铃薯和其他蔬菜”供应。每逢星期天，他们能吃葡萄干布丁。比达尔夫的结论是：“虽然食物是粗茶淡饭，但品种多样。唯一质量有好有坏的是马铃薯，而这些马铃薯的质量也很难更好

---

① Victor Mallet, ed., *Life with Queen Victoria: Marie Mallet's Letters from Court, 1887 - 1901*, London: John Murray, 1968, 44.

② Court Circular, 9 April 1878 (Osborne House).

③ RA VIC/MAIN/Z/202/22, Colonel Biddulph to Queen Victoria.

了。”① 后续显然还有争论，女王力争在菜单上多加汤品。最后也加了更多的布丁，一周供应三次，同时将仆役吃饭用的旧的白镴餐盘换成陶瓷餐盘，餐盘上标示它们所属的用餐空间（仆役食堂、咖啡室等）。

然而，对仆人用餐状况的担忧没有就此烟消云散。1868 年初，118 接替比达尔夫的约翰·高威尔爵士（Sir John Cowell）和女王陛下也有过一样恼人的信件往来，主要是关于用餐时间以及仆役是否该等候他们的餐食。高级仆役惯常以内廷餐桌上的剩食为消夜，高威尔爵士指出这绝对没有问题：“消夜在 9 点 30 分前后放到餐桌上，但因为高级仆役吃消夜的时间取决于陛下结束晚餐的时间（因为食物必须从餐厅送到总管室），等候陛下的晚餐者向来不可能迟到。事实上，仆役摆好消夜时，女王等人就已经坐好了。”② 1868 年 3 月爆发了更令女王生气的事件，后续女王也花了更久的时间来平息这一事件。当女王得知错综复杂的餐桌席次，立刻就替她的私人内侍抱不平。“女王希望所有新来的仆役用餐时的席次不应在她的两名贴身机要内侍罗莱因（Lohlein）和布朗（Brown）之上。其他仆役应首选坐在她们对面，再不然就与她们同侧，但坐次要次之……两位贵为机要内侍之首，贴身服侍一国之君，地位远比其他仆役重要，席次高于她们乃不合适或不得体之举。如此一来，她们所坐的位置显示她们相当于是女王的御用造型师，这才是她们应有的地位。”③ 关于席次的争论没有结束，直到 1883 年，女王的私人内侍终于被分配到另一个房间，与其他人分开吃饭（虽然只有两个人，

---

① RA VIC/MAIN/Z/202/23，编号 24 的书信包含实际的菜单，可与御膳记录中较为简略的细节做比较。

② RA VIC/MAIN/Z/202/162, from Sir John Cowell, 5 January 1868.

③ RA VIC/MAIN/Z/202/168, ditto, 2 March 1868.

但是她们的餐酒配额和总管室的男人们一样）。

关于席次的争论及宫中人员分成越来越多的小团体用餐的现象都反映出人们对于职务重要性及职位高低的执着。厨师自成一群， 119
与其他仆役隔绝开来，因为他们的工作使他们很难停下来用餐，而且，他们的行动局限于特定的空间，不像其他仆役四处穿梭。理论上，厨房人员用餐的地点有两种选择：和绝大多数的仆役一起在仆役食堂用餐，以及和高级仆役在总管室用餐。实际上，有些厨师得一直待在厨房，守着炉火和正在熬煮的高汤或酱汁，而厨房女佣通常和其他人分开吃饭，也是因为需要一直待命，依正在烹调什么而定。1837 年 12 月，有 118 人在仆役食堂用餐，54 人在总管室用餐，10 人留在厨房，15 名女佣在别的地方吃饭。①

这种严格的阶级制度延伸到厨房里，决定了每一位厨师负责的菜式。学徒会轮流跟在不同的大厨身边学习，也会轮流到糕饼室和甜点房，可是一旦考核合格之后，他们就会发现自己置身一套以地位为重的体系中，这套体系注重地位到不惜牺牲效率的地步。任何一个采取法式用餐风格的地方都会发现这套体系的痕迹，因为法式料理需要许多不同的菜品同时备妥，每位厨师专门负责一至两道完整的菜肴。皇家史料馆（Royal Archive）有一份未注明日期的内廷晚餐菜单，有可能来自 19 世纪 70 年代中期。② 菜单上通常不只列出菜肴，也会列出谁负责做哪道菜。内廷廷长用餐时就拿着菜单评分，在上面记录菜肴的质量，以及每个人的表现③。皇家史料馆收

① RA MRH/MRHF/MENUS/MAIN/WC, 29 December 1837. 王室餐桌上有 24 位用餐者，此外也列出 8 名侍卫和一只多达 30 人的军乐队。人数和团体数随时间增长 。

② RA F&V/PRFF/MENU/Undated, but c. 1875.

③ Thomas Lister（Lord Ribblesdale）, *Impressions and Memories*, London: Cassell, 1927, 119.

藏的这份菜单几乎可以确定是内廷廷长评分用的菜单之一。当时的
120 主厨席昂负责最重要的首副菜，第一小厨托马斯·霍利斯负责汤品，第一助手乔治·马尔施负责次一级的菜肴。在当时可能是第二烤肉厨师的威廉·伊顿（William Eaton）就负责烤肉。主厨只会负责制作最难的菜品，此外其他下属所做的一切也要经他点头，尤其是各大厨和小厨做的高级上等菜肴。厨房女佣负责准备一般仆役的食物，职位在女佣之上的助手则负责准备总管室的伙食，偶尔也负责准备更高级的菜肴。多数时候，这套办法很管用。但碰到盛大的宴会就需要增添额外的人手，男女皆有，尤其是在糕饼室和甜点房。

全国各地王公贵族都以较小的规模复制这套模式，但随着俄式用餐风格的出现，这套模式也开始改变。现代的团队合作模式形成于19世纪末，通常被归功于奥古斯特·埃斯科菲尔（Auguste Escoffier)，尽管这套模式的大部分只是从既有的模式发展而来（20世纪初期，埃斯科菲尔的地位相当于被神圣化的卡雷姆）。在新模式中，厨师分成几组，各组负责不同类型的菜肴，有时候一组只有一个人。有做鱼鲜的厨师、做首副菜的厨师，也有专门做汤品的厨师，以此类推。较低级的厨师不再只制作仆役的菜肴，而是负责做基本的食材配备工作，食材配齐后再把它们送往上一级厨师。多数大饭店采取这一模式，贵族庄园则往往和女王一样强烈排斥俄
121 式用餐风格，宫廷厨房似乎就无视这套新模式。确实，尽管维多利亚任期很长，在这么长的日子里，宫廷厨房的改变却不多。学徒制稍有变化：从19世纪70年代起，学徒的学费由女王支付，不再由学徒的父母支付。有些职位重新命名。新的主厨路易斯·奇沃特（Louis Chevriot）于1897年走马上任，自从50年前外聘弗兰卡坦利失败后，他是第一位外聘的主厨。然而，他的直属部下第一大厨

乔治·马尔施从学徒做起，已在宫廷厨房打拼了将近40年，乔治·马尔施的儿子弗雷德里克（Frederick）也追随他的脚步当上学徒。

到了维多利亚时代末期，宫廷厨房的管理无疑问题百出。1900年秋，维多利亚长久的任期显然就要告一段落。随着她的任期结束，封闭的厨房体系将被打破，新的君王等着上位，他将带来自己的厨师和自己对食物的偏好。侍卫现在公然浑身酒味；厨师给人的印象则是一边混日子，一边看着女王的生命在消逝。自从上一次新王即位已经过了64年，自从上一次试图改革厨房则已经过了60年。和1837年在厨房地板上踩出凹痕的团队截然不同，如今在火炉前备受煎熬的男男女女完全是另一批人。而且，随着新世纪的开始，厨房工作人员的未来第一次显得那么难以预料。 122

第六章

私人宫殿

1840年2月维多利亚和阿尔伯特大婚之时，她正值春心荡漾的年纪。她一直与外界隔绝，尤其与适婚男性无缘，而且做足了要在一干人等中选择阿尔伯特的心理准备。尽管如此，她对男性的吸引力也并非毫无察觉。一旦完婚，她就可以尽情探索性爱之乐。而且，如同在这位年轻女王生活中的许多事一样，她对这件事也是热情投入。在大婚当天和次日早晨的日记上，女王的喜悦之情溢于言表，尽管在婚礼过后的夜晚她紧张到头痛。毋庸置疑，关于次日早晨的开头几句描述就洋溢着幸福："破晓时（我们睡得不多），我望着身边天使般的美好面容，内心感受非言语所能表达！只穿睡
123 衣、露出颈部的他是如此俊美。"[1] 然而，这对夫妻之间的爱花了更久的时间去培养。从一开始，维多利亚就表达得很清楚，她决心"独自"打理一切。阿尔伯特抱怨在温莎堡度周末称不上度蜜月，她毫不含糊地告诫他："亲爱的，你忘了，我是一国之君，治国这件事不能为了任何事搁下……我不太可能离开伦敦。如果不能在这里坐镇，实时掌握一切状况，我就一刻不能放松。"[2] 和阿尔伯特

① QVJ 11 February 1840.

② HRH the Duchess of York and Benita Stoney, *Victoria and Albert: Life at Osborne House*, London: Weidenfeld & Nicholson, 1991, 18.

同床共枕，她再乐意不过。但要和他共享她的权力，那是绝不可能。虽是怀着自知之明和维多利亚结婚，但阿尔伯特彻头彻尾是维多利亚时代的男人，他不能接受女强男弱的地位，自然也不满意自己的处境。他致力于扭转局势。尽管这段婚姻总是充满坎坷，既要当人夫又要当事业伙伴的这条路也不好走，但他最终还是达成了自己的心愿。

皇家哈吉斯（Haggis Royal）　>>>

3 磅羊腿肉切碎，1 磅板油[1]切碎，少许（或者该说有多少就用多少）牛骨髓，1 块 1 便士面包[2]的碎屑（顺便说一句，坚果口味的褐色燕麦片更佳）、4 个蛋黄、半品脱红酒、3 条鲜美的鳀鱼去骨、荷兰芹切末、柠檬皮刨丝、白胡椒粉……卡宴辣椒粉适量……以上食材均匀混合，利落地以牛网油[3]包好，置于深烤盘中放入快速烤炉烤熟，趁热上菜，配以棕酱或鹿肉酱。[4] 124

阿尔伯特比维多利亚小 3 个月，他们是由同一位产婆接生的，而且是表姐弟——肯特公爵夫人是阿尔伯特的父亲的妹妹。孩提时期，他们都生活在单亲家庭，缺少父爱或母爱的生活不尽理想。阿尔伯特的父亲不是虐待狂，但他债台高筑，以自我为中心，还很花心。阿尔伯特 5 岁时，他母亲也出轨，结果落得被赶出宫的下场，

---

① 板油（suet）指取自羊腰或牛腰周围的脂肪组织。——译者注

② 1 便士面包（penny loaf）为单价 1 便士旧币的传统英式小面包。——译者注

③ 网油（veal - caul）为动物内脏的网状脂肪组织，烹饪上常作包覆之用，例如做虾卷或肉丸。——译者注

④ Margaret Dods（Christian Isobel Johnstone），*The Cook and Housewife's Manual*，Edinburgh：Oliver and Boyd，1862，399.

被迫离开了自己的孩子。然而，这两人的相似之处就到此为止。阿尔伯特是个美学家。身为次子，他从小就被灌输与英国王室联姻的
125 可能，形同入赘到别国。他在1836年初访伦敦时的生涩笨拙被经过一番大改造，但他本质上实在不爱交际应酬。他会跳舞，他像维多利亚一样会3种语言（法文是上流社交圈必备的，此外他们理所当然会说德语和英语），但他安静而好学。他对自学充满热忱。他热爱艺术、建筑并和他的新娘一样对音乐感兴趣。然而，他不爱美食。人在意大利时，他的作息是早上6点起床，简单吃个早餐，然后看书，在不早不晚的下午2点吃饭，"很简单的一顿午餐，他尽快吃完了事"，说"吃饭浪费时间"。他会玩玩乐器、唱唱歌、散散步，晚上7点吃一顿简单的晚餐，9点之前上床睡觉。此时是1838年，维多利亚通宵达旦地吃吃喝喝、跳舞作乐，最后在半夜2点筋疲力尽地倒在床上。[①] 阿尔伯特是来自日耳曼一个小公国[②]的贵族，英国女王对他来说是完美的追求对象，而表面上的不般配不是障碍。他很清楚两人地位悬殊。订婚之后，他写道："我想我会过得很幸福，因为维多利亚具备所有让家庭和睦的特质，而且似乎全心全意爱着我。我的未来一片光明，但也布满了荆棘，少不得要几经搏斗。"[③] 王室联姻很少是爱的结合，婚姻失和的例子比比皆是，他的父母就是一例。但也有很多婚姻美满的例子，夫妻间一开
126 始的矛盾后来转为发自内心的两情相悦与互相尊重。维多利亚和阿

① Charles Grey, *The Early Years of the Prince Consort*, London, 1867, 138 - 139.

② 维多利亚母亲所属的萨克森 - 科堡 - 萨尔费尔德（Saxe - Coburg - Saalfeld）以及阿尔伯特亲王所属的萨克森 - 科堡 - 哥达（Saxe - Coburg Gotha），皆为萨克森诸公国（Saxon duchies）之一。在维多利亚时代，此区先后历经组成日耳曼邦联（German Confederation）、统一成德意志帝国（German Reich）等变化。——译者注

③ Charles Grey, *The Early Years of the Prince Consort*, London, 1867, 170.

尔伯特传为佳话的婚姻就是如此，尽管现实情况不见得像维多利亚记忆中的那么和睦——在阿尔伯特死后，她对这段婚姻的回忆不无美化。身为丈夫和一个受过高等教育的人，阿尔伯特认为权力是他应得的。新婚之初，维多利亚让他感觉很挫败。他写信抱怨自己没有地位，字里行间充满怒气。他和维多利亚吵得不可开交，最后通常以她哭着拂袖而去收场。然后他再写字条给她，就像青春期时她母亲曾用来操纵她的手段一样。两人都有错，两人的行为有时都很过分，但他们才二十几岁，婚前没怎么相处过，而且在夫妻关系上，两人都没有可以效仿的好榜样。

到了 1842 年，维多利亚和阿尔伯特已经磨合得差不多了。蕾森已经离开，再也不能挑拨离间以宣泄她对阿尔伯特的嫉妒。墨尔本子爵出局，女王意识到自己除了丈夫就没有真正的朋友了。同时，两次怀孕迫使她交出权力，阿尔伯特也证明自己不只愿意协助她，而且有充分的能力辅佐她。每次生产完，当她行动受限、身体不适、心情烦躁，并且“深深陷入低潮”时[1]，他就代表她出席枢密院会议，代表她宣读文件，也代表她运筹帷幄，以措辞谨慎的书信处理欧洲政界和英国国内的棘手问题。他不能在公众面前完全代表她，但他确实慢慢奠定了自己身为公众人物的一席之地，主要是在农业改革和促进贸易等方面。当阿尔伯特不在维多利亚身边时，这对夫妻也在往来的书信中流露出真挚的情意。尽管他摆明了要争取他觉得自己应有的地位，但他们无疑是深深相爱的。然而，以现 127
代人的眼光看来，这当中不乏令人反感的元素。维多利亚后来声称阿尔伯特“驯服”了她。而且，当她在他死后回顾过往，想起刚

---

① Gillian Gill, *We Two: Victoria and Albert: Rulers, Partners, Rivals*, New York: Ballantine Books, 2010, 325.

即位前几年的自己，她竟有几分惊恐。她的感受清楚呈现在获得授权的亲王传记中，这部19世纪60年代的传记作者受到女王的说法的影响，而当时的她对阿尔伯特充满怀念，有将他神化的倾向。传记这样记录："女王懊悔不已地谈起彻夜狂欢到天明的往事，这种荒唐的行为在亲王的影响下渐渐消失。亲王的影响更进一步体现在每天谨慎、规律的作息与事务安排上。"① 身为一个天性奔放的少女，再加上刚摆脱处处受到限制的教养方式，年轻的她是否真有必要接受这么极端的改造？维多利亚无意深入探究这个问题。阿尔伯特死后，为了向亡夫致敬，她屈尊降贵贬低自己。尽管出了名的固执，但是她花了很长时间才找回对自身能力的信心。她把她的性别和"女人是弱者"的论调当成避世的借口，显示出现在的她和年轻时的她有多么不同。他一离她而去，她就写道：没有他，自己"什么也不做，一根手指也不动，一张图片或照片都没整理。如果没他帮忙挑选，礼服也不知要穿哪件，帽子也不知要戴哪顶"②。如果这是真的，那不只代表他的穿衣品位很糟糕（因为她是出了
128 名的缺乏穿衣品位），也说明了他们在外人眼中相对平衡的关系其实很不对等。（她的依赖心理确实严重到令人担忧的地步，2016年通过的关于精神虐待新法案中有一些例子和她的情况很接近。）然而，在写下这段文字的1861年，她刚面临丧夫之痛，所以她的情况势必有点夸大。与维多利亚不同，阿尔伯特没有写日记的习惯，他在书信中也不会掏心掏肺地抒发情感。这意味着我们只能通过一个心碎寡妇的观点去了解他们的关系，而这位心碎寡妇一心强调失

---

① Charles Grey, *The Early Years of the Prince Consort*, London, 1867, 235.

② Gillian Gill, *We Two: Victoria and Albert: Rulers, Partners, Rivals*, New York: Ballantine Books, 2010, 373. Letter to Princess Victoria (Empress Frederick) 18 December 1861.

去阿尔伯特她是多么无依无靠、失魂落魄。直到他临终之前，他们还是会吵架。19 世纪 50 年代晚期，她常抱怨太少看到他，因为他总是忙于公务——这样一个忙得分身乏术的形象，只怕很难让人把他和随时在一旁指导她挑帽子的形象联系起来。

维多利亚和食物的关系受到她婚姻的影响。刚即位时，她尽情大吃大喝，以弥补童年时失落的时光。压力大的时候，她吃得太多，体重很快增加，再加上有整个宫廷厨房供她差遣，她想吃什么都可以。然而，结婚时她丝毫没有超重。她被形容为很丰满，以当时普遍营养不良的标准来看，她不算瘦，但她身后留下的礼服（必须要能盖过马甲）显示，她直到年过 40 岁都还很符合那个年代人们对身材的要求。她的体重起伏不定：1838 年的 8 英石 11 磅（约 54 公斤），在她 1839 年结婚前降到令人自豪的 7 英石 2 磅（约 45 公斤）[1]。从现代人（而且有点无意义）的角度来看，这代表她的 BMI（Body Mass Index，身体质量指数）是 18.8，几乎算是过轻了。[2]

阿尔伯特不喜欢宫廷里用餐的排场。从他们结婚到他去世，只
要可以，他就会和主要的内廷人员分开，自己吃的相对简单。他对 129
自己受到的监督很不适应——维多利亚或许越来越觉得他真是个完美丈夫，但英国媒体以及内廷人员可没那么确定。19 世纪 40 年代主掌育儿室的丽陶顿夫人对他的看法就摇摆不定，一下子觉得他是个没有幽默感的老古板，一下子又觉得他对女王和孩子们的爱令人感动，而且他谈吐风趣又有学问。即使是在挑出有趣的逸事说给家人听时，她也暴露出女王与亲王之间不对等的关系："在她像个孩子般无助地问他'下次我该怎么办'之后，亲王建议她表现得像

---

① QVJ 18 August 1839.

② 根据肖像画家托马斯·萨利（Thomas Sully）测得的维多利亚的身高 5 英尺 1 英寸（现存唯一真实的史料）以及她在日记中说的体重 7 英石 2 磅来计算。

刚结束单脚旋转的歌舞剧舞者——定住不动露齿而笑。当然，他边说边搭配动作，来个华丽的单脚旋转，像有些人酒足饭饱之后那样咧开嘴笑，以一只脚着地、另一脚在半空中的姿势收场。”[①] 同时，媒体得出了自己的结论，而照当时主流报纸反映的公众意见看来，群众也不是很认可阿尔伯特亲王。他是一个德国人，他与维多利亚的婚姻又是一桩政治联姻。订婚的消息宣布之后，当时广为流传的一首打油诗讽刺道：

> 获蕾森的谗言提名，
> 他成了维多利亚选中的新郎，
> 是好是坏他都娶定了，
> 娶英格兰的胖女王，
> 娶英格兰的胖荷包。[②]

直到万国博览会大获成功之前，公众对他的看法都没有真正改
130 变。万国博览会主要是阿尔伯特在幕后策划的，但即便如此，大众对他的观感总还是带有负面的色彩。维多利亚的防卫心越来越重，也越来越抗拒媒体，再加上这对夫妻越来越厌倦伦敦，难怪他们越来越爱待在温莎堡。然而，在温莎堡，他们走到哪里，臭烘烘的污水和没完没了的口角就跟到哪里。受到 1843 年一次法国之旅的启发，他们终于决定远走高飞。[③]

---

① Maud Wyndham, *The Correspondence of Sarah Spencer, Lady Lyttelton, 1787 - 1870*, London: John Murray, 1912, 354.

② Monica Charlot, *Victoria, the Young Queen*, London: Blackwell, 1991, 171.

③ Gillian Gill, *We Two: Victoria and Albert: Rulers, Partners, Rivals*, New York: Ballantine Books, 2010, 232.

他们的第一栋私宅是怀特岛上的奥斯本宫。1844 年 1 月，维多利亚写信给舅舅利奥波德：“年复一年我对所谓的‘世俗享乐’越来越没兴趣，若不是有接待宾客和举办宴会的责任，我很乐意和我的先生、孩子退隐到乡间。”[1] 那年年底，他们出手买下奥斯本宫。次年年中，他们开始动工重建奥斯本宫。奥斯本宫的位置很理想，离伦敦大约 3 小时的车程（如果你刚好像女王一样，在伦敦和奥斯本宫有私人车站，并保证顺利衔接。对于不与她同行而且必须使用大众运输工具的人来讲，从伦敦到奥斯本宫花的时间就比较长）。以王室的行宫来讲，3 小时的车程算是约定俗成的距离。举例而言，16 世纪，汉普顿宫大概距离伦敦 3 小时的车程。然而，既有的奥斯本宫是一栋很普通的乔治时代的建筑，除了设备有限之外，就算人员精减，房间数量也远远不够。厨房设备严重不足，糕饼厨师得去租用东考斯（East Cowes）惠勒氏烘焙坊（Wheeler's bakery）的烤炉（1854 年 3 月的记录是“八天的烤炉使用费、燃料费和车马费”），就跟家中设备有限的劳动阶层家庭租用当地烘 131
焙坊的烤炉一样。[2] 奥斯本宫属于这对夫妻的私有财产，不受政府管理，所以当他们决定对它进行重建时，进度比任何花公费处理的事务都快。1846 年秋天，新家万事俱备，他们搬了进去。阿尔伯特参与了很多设计工作，他和托马斯·丘比特合作，后来白金汉宫主要的建筑商也是丘比特。对亲王而言，他很需要这次机会大显身手，实现他对建筑和设计的许多想法。奥斯本宫的新貌不免招致一些批评，一方面因为亲王参与其中，另一方面因为设计得不好。但

---

① Christopher Hibbert, *Queen Victoria, a Personal History*, London: HarperCollins, 2001, 161.

② Tyler Whittle, *Victoria and Albert at Home*, London: Routledge & Kegan Paul, 1980, 10. 支出记录在 TNA LS8/314，这一档案记录了 1854 年不按年结算工资的人员表。

它还是立下了一个新的建筑风格典范，后来被很多人仿效，尤其是在怀特岛上，奥斯本宫的新样貌受人喜爱，包括女王在内。

奥斯本宫本来就力求低调。它是居家住宅，不是国宴场所。尽管后世将她奉为代表中产阶级的女王，但维多利亚彻头彻尾是贵族中的贵族，而且她谨守阶级伦理，不曾忘记自己是一个日益扩张的帝国的君主。奥斯本宫的折中设计可谓相当成功：女王一家自然是拥有众多佣人的富豪之家，而以富豪之家的标准来看，主屋是一栋舒适的居家住宅，旁边紧邻的双翼①本质上是豪华饭店，可以容纳所有的门客和某些宫中人员。侍绅住在巴顿府（Barton Manor），巴顿府是距离奥斯本宫几分钟路程的独立建筑，在奥斯本宫重建时
132 一并整修。仆役则四处分散居住，主要的居住区当中散布着清洁女佣和私仆的寝室，在改建过的仆役区上方也有更多的寝室。包括厨师在内的男性仆役有许多住在外面，分散在各个不同的附属建筑里，并依地位搭两轮马车或四轮马车去主屋。1850 年，在阿尔伯特的监督下盖了一栋新的员工宿舍，专为男性仆役设计，提供更多寝室给内廷人员的私人男佣。新的男性仆役宿舍在 19 世纪 80 年代扩建，用以给新来的印度仆人提供分开居住的空间。19 世纪 90 年代又为女性佣人加盖了一栋比较小的宿舍，主要用来容纳比阿特丽斯公主和她一家大小的佣人。新的宿舍还是很简陋，怀特岛上经常下雨，仆役们只能冒雨去主屋，直到 19 世纪 90 年代才盖了有遮蔽的廊道。即使是对住在主屋的高级仆役来说，这里的居住条件也与白金汉宫等主要王宫有明显差距：“由于这里的空间有限，我们的房间非常小，床也不大，因此得特别为我安排一张较大的床铺，这

① 此处的“双翼”是指奥斯本宫最初由阿尔伯特亲王重建的部分，包括女王一家居住的行宫（the Pavilion）、内廷翼（household wing）和主翼（main wing）。——译者注

样我整个人才能躺平。"[①] 但相形之下，这里不像白金汉宫弥漫着尿骚味，也不像温莎堡冷入骨髓："在新家的第一晚我们安然度过。没人感冒或闻到油漆味，而且来这里的路上再有趣不过。新家的一切都很新，餐厅很漂亮。窗户被屋里的灯火照亮，想必亮得人远在海上都看得到。晚餐之后，我们举杯祝女王和亲王健康，以此 133
庆贺乔迁之喜。"[②]

新家的晚餐比官方宫邸简单。主厨留在伦敦。新的住宿区提供房间给 3 位大厨、1 位糕饼厨师、人数不明的烤肉厨师（可能是 2 位），以及最多 4 位学徒。1861 年的人口普查证实料理团队精减人员是常态，女王一家住在奥斯本宫时，记录上显示只有 7 位厨师在这里工作：2 位大厨、2 名助手、1 位糕饼厨师以及 2 名学徒。此外也有 2 名厨房女佣和 2 名洗涤师或洗涤工。当时的主厨吉恩·阿伯林（Jean Aberlin）和他的孩子（以及他自己的佣人）住在圣詹姆斯宫的宫室。其余人员留在伦敦，维多利亚一家搬家当晚留在伦敦的包括烤肉厨师，他们和家人待在家里。第一烤肉厨师埃德温·戈弗雷（Edwin Godfrey）和第一助手查尔斯·沃森（Charles Watson）确实趁女王不在伦敦私下一起玩乐。文书长显然有尽量缩减人数的压力：19 世纪 70 年代，当时的文书长威廉·卡伦上书内廷廷长，认为奥斯本宫的厨师人数可以减少，但对学徒来讲有点不公平，因为他们需要学习。[③] 19 世纪 60 年代，11 位厨师去了奥斯本宫，80 年代和 90 年代增加到 16 人。相对于一个完整的厨师团

① Benita Stoney and Heinrich Weltzien, eds., *My Mistress the Queen: The Letters of Frieda Arnold, Dresser to Queen Victoria*, London: Weidenfeld & Nicolson, 1994, 33.

② Maud Wyndham, *The Correspondence of Sarah Spencer, Lady Lyttelton, 1787 – 1870*, London: John Murray, 1912, 364.

③ RA VIC/MAIN/Z/204/67.

队来说，这些人还远远不够。[①]

这些厨师工作的厨房设备也远不及温莎堡。撇开工作情况不
134 谈，奥斯本宫的厨房设备也比不上白金汉宫的厨房设备。奥斯本宫原来的厨房位于房屋下方，在重建时一并拆除，因而这里需要新的厨房。1845 年，奥斯本宫盖了一组新的房间，这些房间围绕既有的马厩和酿酒间。马厩形成 1 个长方形的 3 个边，西面是敞开的，中间是铺上石头的院子。新的厨房盖在北边，沿着马厩长长的外墙延伸。朝北的厨房很常见，因为朝北有助于房屋保持凉爽。厨房区有 3 个主要的空间：1 间厨房、1 间洗涤室，以及 1 间分开的烤肉厨房，这间烤肉厨房从屋顶采光。此外也有甜点房、厨师房、储藏室和野味储藏室，各自都有分开的入口，并且人可从 1 条沿着它们而建的外廊进入。外廊上有遮顶，遮顶以华丽的铁柱支撑，但这条通往房间的廊道还是相当透风，偶尔也很潮湿。厨房区和主屋之间也采取了这种不尽人意的方法连接。[②] 最初这些房间不太符合人们的期望：没有像样的储物空间、厨房很小、从外面不能直接进入洗涤室，把马匹和食物放在一起也不理想。所以，1861 年，马厩被迁到别的地方去了。北边所有的运马的拖车与之前的酿酒间一起改造成厨房附属空间：1 间新的洗涤室、几间储藏室、1 间厨师的休息室。厨房现在可以扩建到之前的洗涤空间，更棒的是建了 1 条内部廊道，通往甜点房和肉类储藏室（外门改成窗户）。同时，南面盖
135 了 1 间又大又新的仆役食堂，有独立的洗涤室，也有一个专供高

① RA PP/OSB/MAIN/OS/45 为附有注释的住宿区平面图。RA PPTO/PP/OSB/MAIN/ OS/839 为 1888 年及 1894 年的仆役清单。1861 年的奥斯本宫人口（普）查结果提供了其他细节。

② 这段描述的依据是英格兰遗产委员会中各种不同的文献资料，包括古迹保留计划书、内容摘要及建筑物调查。这些资料全都参考了一份没有发表的研究报告：Annie Gray (2009), “The Royal Kitchens at Osborne House”。

级仆役用餐的房间。楼上的干草房改成寝室，后来也加了一间仆役吸烟室。大约在同一时间，外面的盥洗室也改到室内。这些盥洗室现在还在，马桶是奢华的道尔顿·韦弗利（Doulton Waverley）[①] 陶瓷马桶，有着贵气的桃花心木马桶座。马桶在乡间庄园不是什么稀奇的东西，但它们的数量和质量不确定，状况依庄园主人而定。不过，在乡下绝大部分人用的还是夜壶或有固定座椅的茅坑，所以这些仆人过的是颇为舒适的生活。

虽然对于制作符合王室期望的高级料理而言，厨房条件依旧不够理想，但在没有大型宴会需要伤脑筋的情况下，这里的设备算是足以应付了。奥斯本宫没有一间像样的糕饼室，糕饼厨师必须将就使用嵌在壁龛里的一块大理石板，而这个壁龛也兼作主要厨房通往烤肉厨房的廊道。但话说回来，所有的烹饪设备都很新，而且在1861 年之后，这里也比两座官方宫邸更现代化。主要的厨房在建造时有煤炭灶，但在 1861 年翻新时换成了煤气炉。19 世纪 40 年代，煤气炉在厨房里已经有了一席之地（但尚未普遍安装）。在一次改装之下，煤炭灶一律换成煤气炉，各栋建筑也都安装了煤气灯。然而，煤气的供应始终有问题。当女王一家住在这里时，邻近区域的照明设备也出了问题。厨房里麻烦不断，历经多年的书信往返与投诉，这件事才终于有了解决之道。19 世纪 70 年代，厨房里 136
换了比较大的煤气管，安装了新的炉灶，外加一条全新的主要煤气管道，但都没什么用。1880 年，最后一轮写给东考斯煤气公司（East Cowes Gas Company）的书信显示，煤气问题“多年来持续困扰女王主要的厨师团队”，他们常常被迫要“急中生智以免糟蹋女

① Doulton Waverley 为英国陶瓷及水晶制品品牌。——译者注

王的晚餐”[①]。煤气公司的回应是在1880年装了另一条新的主要煤气管道。在烹饪技术方面，奥斯本宫是唯一与时俱进的王宫，尽管设备在更新，但旧设备只要好用还是保留下来。1874年前后，珍贵的厨房影像以照片的形式被保留下来。这组照片几乎是这整个时期的视觉象征，并且明显呈现出改变中的维多利亚时代新旧烹饪技术并存的现象：煤气炉上有旋钮，铸铁炉边又有一柄铁铲。厨具也说明了类似情况：器具室里，煮水铜锅、蒸马铃薯的设备和烧除肉类毛发的器具排列在一起。

以每天的日常所需而言，厨房足以供应所有必备的菜肴：女王的三餐、内廷人员的菜肴、分开供应给提早离开或刚抵达者的菜肴、主要的仆役食堂、总管室中的菜肴，以及像其他王宫一样多出来的个别用餐者的菜肴。然而，厨房不足以应付大规模的活动。为阿尔伯特亲王庆生的年度地方盛宴、世纪末的丰收庆典以及维多利亚即位50周年和60周年的两次纪念活动都由当地的饭店来承办。包括1885年比阿特丽斯公主的结婚蛋糕在内，蛋糕和其他甜点是
137 从温莎堡的厨房送过来的。尽管有崭新的仆役食堂（新的马厩区也有第二间仆役食堂，应该是供户外的仆役使用），仆役吃饭的地点还是分散各处。在奥斯本宫，女王的餐桌装饰者伴随她，确保她的餐桌和旁桌摆得体面又漂亮。他们在王阁[②]的地下室、王室餐厅下方有自己的工作间，并和厨师们一起睡在男性仆役宿舍。各个不同的餐厅通过布置和餐具来显示用餐者的身份和地位。王室餐厅挂着家族画像，银器和精品瓷器布置其间。内廷餐厅的墙壁上

---

① RA PPTO/PP/OSB/OS/557, letters from Capt. Mann to Capt. Fleetwood Evans, 3 July 1880 and 8 July 1880; HRH the Duchess of York and Benita Stoney, *Victoria and Albert: Life at Osborne House*, London: Weidenfeld & Nicolson, 1991, 83.

② 奥斯本宫的王阁即作者前面讲到的“主屋”部分。——译者注

则挂着中庸的风景图，很符合社会上中产阶级家庭餐厅摆设的特色。家族画像一般是有钱人家专属，因为要有足够的钱才能请人绘制，而且地位要高到后代子孙想要一窥他们的庐山真面目。相比之下，仆役食堂只有长长的共享餐桌，桌上铺着素面白桌布，放着角杯和常用的餐具，餐桌两旁是素色木头长凳，以免有人忘记自己在宫中的地位。

维多利亚夫妇非常喜欢奥斯本宫。他们依照自己的品位用自己的家具装饰这里，他们还喜欢儿童形象的大理石雕塑，以及大肆颂扬裸体艺术的作品。他们建立起一套固定模式：3 月或 4 月去奥斯本宫度一次短假，5 月再来度一次短假，7 月来度较长的暑假，11 月或 12 月初会有一次圣诞节前的欢乐假期。[1] 内廷人员对此很包容，尽管也有人抱怨奥斯本宫离伦敦很远，来一趟很麻烦。有些人 138
比较热情，御用造型师弗里达·阿诺德在家书中透露的心情与女王陛下遥相呼应："一切都设计得赏心悦目……在这里，你只想沉浸在艺术与自然中……一切都是这么讨人喜欢，令人眼睛一亮、心花怒放。一切都在对你微笑。"[2] 这里是家庭住宅，不是官邸，于是在阿尔伯特死后，奥斯本宫的用途对维多利亚必有所改变。1861 年之后，她再也受不了在温莎堡度圣诞，整个温莎堡都在提醒她失去了什么。所以，她每年此时都逃到奥斯本宫。夏天维多利亚还是到奥斯本宫避暑，但春天就为其他地方放弃了这里，包括最终跑到法国南部去。现在，奥斯本宫偶尔也会充当正式活动的场所，包括 1863 年维多利亚接见许多毛利（Maori）酋长。后来在奥斯本宫增

---

① HRH the Duchess of York and Benita Stoney, *Victoria and Albert: Life at Osborne House*, London: Weidenfeld & Nicolson, 1991, 66.

② Benita Stoney and Heinrich Weltzien, eds., *My Mistress the Queen: The Letters of Frieda Arnold, Dresser to Queen Victoria*, London: Weidenfeld & Nicolson, 1994, 31.

建了受到印度影响的印度偏殿（Durbar Wing）[①]。相较于在草地上搭个大帐篷，增建印度偏殿是专为在室内举行大型宴会。冬天住在奥斯本宫并不理想，维多利亚又坚持尽量开窗并在户外用餐，奥斯本宫很快就跟温莎堡一样以寒冷出名。比阿特丽斯公主小时候曾被问到窗户的作用，她深有所感地回答道："为了让风吹进来。"[②] 维多利亚在位后期，12 月的奥斯本宫之旅很快变成许多内廷人员抱怨的来源。

对许多人而言，王室为了保护隐私而走的下一步太远了。1842～1847 年，维多利亚和阿尔伯特去了苏格兰 3 次。乔治四世
139 在 1822 年造访过苏格兰，旅途中他坚持穿苏格兰裙，但发现太暴露，于是在底下塞了根颜色接近肤色的管子。这是王室成员首度造访苏格兰。维多利亚和阿尔伯特非常喜欢苏格兰，他们通过苏格兰作家沃尔特·斯科特（Walter Scott）的浪漫视角欣赏这片土地，并深受斯科特美化观点的影响。他们认为这里大有可能满足他们对隐私的渴望，不只因为一座座湖和一重重山让某些地区难以接近。阿尔伯特很高兴地赞叹过他们在 1847 年待的阿德维奇（Ardverikie）"是个无与伦比的地方"[③]。御医本身是苏格兰人，他向他们进言说苏格兰的空气是这世上数一数二的，某些地区的空气又比其他地区更好。正当他们开始认真考虑在苏格兰买第二间私宅时，1848 年 5 月，他们就得到买下巴尔莫勒尔堡剩余租期的机会。他们见都没见过这座城堡，但它就位于御医建议他们考虑的高地

---

① Durbar 为印度语"宫殿"的意思，Wing 为建筑用语，类似于偏殿、厢房等概念。——译者注

② HRH the Duchess of York and Benita Stoney, *Victoria and Albert: Life at Osborne House*, London: Weidenfeld & Nicolson, 1991, 67.

③ Delia Millar, *Queen Victoria's Life in the Scottish Highlands*, London Philip Wilson, 1985, 31.

区。于是，他们买下了。为了对自己买了什么有点概念，他们请人画图来一睹为快，直到1848年9月，他们才亲自造访巴尔莫勒尔堡。女王在日记中记录道：

它是一座很漂亮的小城堡，古老的苏格兰风格……前面是草地和庭园，后面是绿树成荫的山丘，后院有一片林地。四周山丘环抱。我们从小巧的大厅进去，接着来到撞球间和餐厅。宽敞的楼梯通往楼上，餐厅上方是我们的客厅……我们直接吃了午餐，接着到林木茂密的山丘上散步。山丘正对着我们的窗户，山顶有一座石质纪念碑，那里有一条蜿蜒的小径。风景很美……四周一片静谧，对人的身心都很好，我们像是呼吸到自 140
由与平静，忘却了世俗喧嚣。下了点毛毛雨，但是不要紧……阿尔伯特想试试运气，看能不能猎到一头鹿，这些鹿栖息在离城堡很近的地方，它们有一天晚上跑下山来了——但他运气不好。①

食物、风景、避世感、打猎——在王室夫妇和巴尔莫勒尔堡的关系中，这些是不断出现的主题。

如同奥斯本宫，巴尔莫勒尔堡太小了。众人怨声载道，就连女王最爱的侍女、通常很和气的康宁夫人（Lady Canning）也受不了："如果人少，这里还挺舒服的，但现在每天都有8个人共进晚餐。除了3个孩子和他们的家教之外，还有60名佣人。"② 这里的房间甚至比奥斯本宫的还小，从内侍到政界人士都抱怨连连。一

---

① QVJ, 8 September 1848.

② Ronald Clark, *Balmoral: Queen Victoria's Highland Home*, London: Thames & Hudson, 1981, 30.

名国务大臣抱怨道：“房间太小，我只能在床上写公文，而且要保持窗户敞开，才有足够的空气进来，而我的私人秘书……住得离我有约 5 千米。我们每晚在撞球间打球，女王和（肯特）公爵夫人不时就得从椅子上起身，以免被球杆打到。”但这对夫妻一点也不介意，那位国务大臣也承认：“女王和亲王的心情再好
141 不过，两人显然很幸福，对周围的每个人也再亲切不过。我不曾见过一个像亲王这么博学多才又富有幽默感的人。”[1] 奥斯本宫激发出他们二人最好的一面，就连查尔斯·格莱威都承认他们很幸福，他只是有点尖刻地评论道：“他们在那里活得毫无身份和地位可言；不只过得像地方士绅，而且还是地方小士绅，带着一小群宫中人员，住在小小的房间里。”安全显然缺乏保障，表面上是因为这个地方相对偏僻，尽管记者们似乎还是聚在外围，躲在草丛里等着窥探出游的王室团队。[2] 到了 1852 年，阿尔伯特又手痒了。奥斯本宫的改造工作大致上告一段落，而他刚完成万国博览会的工作，对新的计划跃跃欲试。他找当地的建筑师威廉·史密斯（William Smith）合作。威廉·史密斯是都铎约翰（Tudor Johnnie）[3] 之子，约翰当初负责设计了目前为詹姆斯一世建筑风格[4]的巴尔莫勒尔堡，阿尔伯特现在要和威廉一起打造巴尔莫勒尔堡二代：更大、更好，有更多的苏格兰格子呢。

---

① Rt Hon. The Earl of Malmesbury, *Memoirs of an ex – Minister*, London: Longmans Green & Co. , 1885, 345.

② Delia Millar, *Queen Victoria's Life in the Scottish Highlands*, London: Philip Wilson, 1985, 25.

③ 本名约翰·史密斯（John Smith），苏格兰建筑师，因其都铎风格的设计而得来都铎约翰的绰号。——译者注

④ 詹姆斯一世建筑风格（Jacobethan）盛行于 19 世纪上半叶，融合了詹姆斯一世与伊丽莎白时期的建筑风格。——译者注

如同奥斯本宫，新设计要让女王一家觉得（但是错觉）享有完全的隐私，同时又有足够的房间容纳各式各样的内侍、大臣、亲戚和仆役。新城堡不像奥斯本宫明显区分“他们”“我们”和“佣人”，但还是需要有一个完全分开的仆役区，不只包含厨房，也包含许多存在于奥斯本宫主屋地下室的房间，尤其是织品室（同时也兼作用餐的场所）和其他各种处理衣物的房间——因为苏格兰高地的地理特征，在外面四处走动的内廷人员常需替换脏湿衣物。厨房是标准的挑高房间，有内建的铸铁炉和充足的自然光，旁边紧邻带水槽的洗涤室以及餐具储藏室、食品储藏室和一间专门的水果储藏室。和奥斯本宫不同，这里有一间独立的面包房，面包房里甚 142
至有一座砖窑，而楼上的寝室包括给一位面包师和一名面包师助手的房间，面包师助手和储藏室人员合住一间房。此外也有为一位烤肉厨师和两名地位不确定的厨师准备的房间，这两名地位不确定的厨师合住一间房。一位大厨有自己的房间，另有一个房间供一名以上的厨房女佣居住①。如同奥斯本宫，这里只有基本的工作团队，供应相对简单的食物，没有国宴级的山珍海味。内廷人员还是期望吃到各式各样的菜式，他们也确实吃得到，只不过做得没那么复杂，而且往往有更多苏格兰野味，由内廷人员狩猎而来，再经厨师们的妙手转化为佳肴。②

巴尔莫勒尔堡本来就准备用作狩猎山庄，尤其是对亲王而言。且不论射得准不准，亲王是个打猎爱好者。女王有时伴他一起打猎，在一旁赞赏他的粗花呢猎装。她会坐卧在他身边湿漉漉的石南花丛间，有时画素描，有时只是看着他，让其他在场人士相当尴

① RC 921293 and RC 921285，巴尔莫勒尔堡一楼和二楼平面图。

② RA F&V - PRFF 1819 - 1900，巴尔莫勒尔堡菜单，日期不详，但有可能是 19 世纪 70 年代的菜单。

尬。他特别爱跟踪鹿，认为那无疑是“最累人也最有趣的追逐活动”[1]。在阿尔伯特亲王死后，维多利亚请人画了一张他身穿跟踪装束的画像，画中的他眼神自豪地眺望着，背景里则是吉利服[2]带回家的成果。女王全家在当地猎杀了很多动物。维多利亚爱钓鱼，并鼓励她的孩子们跟着学，包括用鱼叉刺鱼。刻画王室享受狩猎活动的素描和官方画像比比皆是，包括颇负盛誉的《巴尔莫勒尔之夜》（*Evening at Balmoral*），画中女王和她的侍女身穿礼服，从城堡出
143 来欣赏一头一命呜呼的雄鹿，阿尔伯特骄傲地向她们展示这件战利品。画家卡尔·哈格（Carl Haag）为了勾勒这头鹿的细节，在一间临时的画室里忍受了几天的尸臭味。维多利亚不时跑来看一眼，但被臭得连忙离开。[3] 维多利亚时代的人对血腥狩猎活动没有现代人的反感，尤其因为猎来的猎物最后都会被吃掉。然而，英国人却喜欢维持一种猎物有可能逃过一劫，活下来只是为明年的晚餐繁衍后代的假象。在一次科堡（Coburg）之旅中，阿尔伯特参与了一场德国“赶兽”活动，这种打猎方式更有效率，不用付出太多的技巧或劳力，纯粹只是把动物赶到围栏中，一口气来个大屠杀。阿尔伯特因此受到严厉谴责，更有甚者，在媒体眼里，这件事女王也参与了。《笨拙》（*Punch*）周刊刊登了一首小诗，总结了舆论的看法：

唱首哥达[4]之歌，麦子装满袋，

---

① David Duff, *Victoria in the Highlands*, London: Frederick Muller, 1968, 45.

② 吉利服（ghillie）是一种缀满树枝、树叶的伪装服，用以防止猎人在野外被发现。——译者注

③ Delia Millar, *Queen Victoria's Life in the Scottish Highlands*, London: Philip Wilson, 1985, 91.

④ 如前所述，阿尔伯特亲王为萨克森－科堡－哥达公国王子，故此处提到“哥达”（Gotha）。——译者注

48 只可怜的鹿被赶去送死；
当游戏结束，只见它们血淋淋，
好一道女王面前的佳肴美馔。[1]

好一场公关噩梦。阿尔伯特本想在巴尔莫勒尔堡修筑壕沟以便逐鹿，这下只得放弃构想。然而，就跟奥斯本宫一样，巴尔莫勒尔堡内盖了一间鹿肉储藏室。鹿肉储藏室绝大部分是以鹿角作装饰，间或穿插不切实际的紫蓟草[2]和大量苏格兰呢，意欲鼓励当地亟须振兴的纺织工业，却让内廷某些比较注重品位的成员差点中风。不是每个人都这么挑剔，尽管就连正面的描述都让这地方听起来像一座超现实主题乐 144
园："壁灯的造型是银色的鹿角、枪支或猎物袋，而如果有人的笔需要沾墨，那就要到猎犬或野猪的后面找墨水来用——各式各样的小东西难以尽述，挑得好的话，它们对城堡大有加分作用。"[3]

这对夫妻的两个新家都带来新的美食冒险，不仅是对得到了宝贵经验的厨师而言，而且是对王室成员和他们所有的内侍而言。女王在苏格兰发现了威士忌，这种酒成了她终生喜爱的酒。到处可见威士忌的踪影：吉利服一律附有随身酒壶，年度舞会就靠威士忌炒热气氛。但也不是人人都爱它。如同许多服侍女王的人，弗里达·阿诺德把握冒险尝鲜的机会，喜欢在乡间散步和当地食物。她试了威士忌和苏格兰面包，而她的反应或许说明了巴尔莫勒尔堡重视烘

---

① Gillian Gill, *We Two*: *Victoria and Albert*: *Rulers*, *Partners*, *Rivals*, New York: Ballantine Books, 2010, 207. ＊此诗改编自英国童谣《6 便士之歌》（*Sing a Song of Sixpence*），原句为："唱首 6 便士之歌，麦子装满袋，24 只黑鸟放在派里烤，当派被剖开，黑鸟开始唱歌，好一道国王面前的佳肴美馔。"——译者注

② 为苏格兰国花。——译者注

③ Benita Stoney and Heinrich Weltzien, eds., *My Mistress the Queen*: *The Letters of Frieda Arnold*, *Dresser to Queen Victoria*, London: Weidenfeld & Nicolson, 1994, 127.

焙设备的原因："面包尝起来像木屑和稻草屑，但我还是吃了一大块，一方面出于礼貌，另一方面因为它实在太奇特了。至于威士忌，因为我们的东道主向大家敬酒，所以我只喝了一小口，但区区一小口就差点把我的喉咙烧出洞来。我怎么也不肯把整杯酒干了。"然而，在冻得人流眼泪的巴尔莫勒尔堡，她渐渐喝开了，直到最后终于承认："我喝了一整杯威士忌，它像火一样滚下我的喉咙，但我整个人都暖和起来。我再也不会认为冬夜里喝烈酒的可怜洗衣妇有什么不对了！"① 约翰·贝格（John Begg）经营的洛希纳加酿酒厂（Lochnagar Distillery）就在城堡边缘，他邀请亲王来参观威士忌的制作过程，此举后来证明是狡猾之举。阿尔伯特很欣赏
145 酿酒的工艺，维多利亚则很享受酿出来的成果。这家酒厂后来获颁王室认证。他们只要去巴尔莫勒尔堡，"不喝两瓶贝格的上等佳酿"② 就不算尽兴。维多利亚晚年的喝法让当时的首相格莱斯顿（Gladstone）看得目瞪口呆："她把威士忌掺进红酒里，我认为那会毁了红酒。"③ 有些传记作家一样对此愤愤不平，但这种喝法很值得抱着开放的心胸一试，因为结果妙不可言。

维多利亚和阿尔伯特都很投入他们认为地道的苏格兰生活方式。维多利亚尤其养成了一种串门的习惯，热情分食当地人的食物，自以为没人认出她来。不需要待命的时候，高级仆役就会有类似的出游行程，结果通常是跑到猎场看守人的家，吃他妻子做的

① Benita Stoney and Heinrich Weltzien, eds., *My Mistress the Queen: The Letters of Frieda Arnold, Dresser to Queen Victoria*, London: Weidenfeld & Nicolson, 1994, 47, 134.

② Ronald Clark, *Balmoral: Queen Victoria's Highland Home*, London: Thames & Hudson, 1981, 31.

③ Ronald Clark, *Balmoral: Queen Victoria's Highland Home*, London: Thames & Hudson, 1981, 91.

饭。如果以下这段记录具有代表性，那就表示她从中得到不少好处，随时都能为“意外的”访客供餐：“我们的男性伙伴总不忘从宫廷厨房带来大量补给品。我们给那位太太一只烤鸡和各式各样的东西，她收礼收得可高兴了。”[①] 方圆数公里内的村民通过他们的马车或人员的言行举止很容易就能辨认出来自巴尔莫勒尔堡的游客。村民们也有充分的心理准备，无不殷勤招待这些为该区带来繁荣和媒体曝光度的贵客。[②] 野餐也是生活中必不可少的。维多利亚出门总有一个带着整篮茶和蛋糕的人跟在身边。根据约翰·布朗所述，在阿尔伯特死后，篮子里装的有可能是饼干和烈酒，但大原则还是一样，而幸运的女王也还是不管走到哪里都会“发现”有茶可喝。王室成员也会隐姓埋名，微服出巡更长的时间，暂住在客栈 146
和旅馆里。吃什么不一定，但对维多利亚而言，吃的跟士绅一样也是一种美妙体验——这些菜肴势必和她少女时期被拖去御游时吃的东西有些相似。他们带了自己的酒，所以也不是把一切都交给无法预测的路边旅馆。晚餐不可避免地只上一轮菜，1860 年 9 月的餐桌上有“汤、什锦大杂烩（hodge-podge）、我不太喜欢的蔬菜羊肉浓汤、禽肉配白酱、很不错的烤羊肉、非常好吃的马铃薯，还有一两道我没尝的菜肴，最后是可口的蔓越莓挞”[③]。晚餐过后，桌布撤掉，桌上留下葡萄酒和玻璃杯——按照女王的说法，这是老式的

---

① Benita Stoney and Heinrich Weltzien, eds. , *My Mistress the Queen : The Letters of Frieda Arnold, Dresser to Queen Victoria*, London: Weidenfeld & Nicolson, 1994, 134.

② Benita Stoney and Heinrich Weltzien, eds. , *My Mistress the Queen : The Letters of Frieda Arnold, Dresser to Queen Victoria*, London: Weidenfeld & Nicolson, 1994, 47, 182. 弗里达·阿诺德表达了自己很高兴受到一名农夫的热情款待，结果别人告诉她“那只老狐狸”供应面粉和奶油给巴尔莫勒尔堡，他一定很清楚她是谁。

③ David Duff, *Victoria in the Highlands*, London: Frederick Muller, 1968, 166.

习惯。什锦大杂烩最初源自 17 世纪的英国宫廷料理，但到了 19 世纪 60 年代变成苏格兰主要的一道炖菜或浓汤，由肉类和马铃薯或大麦煮成。这时的维多利亚很爱吃马铃薯，不管什么形式的马铃薯菜品，只要吃得到马铃薯就好。在 1861 年 10 月的另一次出游中，她很气愤地发现："简直没东西可吃，只有茶和两只营养不良的高地鸡，一个马铃薯也没有！没有布丁，没有乐趣。"[1]

维多利亚乐意尝试送到她面前的一切美食，不管是粗茶淡饭，还是对她来讲司空见惯的珍馐美馔，她一律吃得津津有味。1868 年，她出版了一本经过编辑的日记选集，内容是她在苏格兰时写下的（1883 年又出了第二集）。她写的苏格兰日记广受欢迎，她天真
147 的态度、清新的文笔、对下人的关怀，乃至于为巴尔莫勒尔当地儿童推动奖助学金的努力，无不受到好评。《伦敦新闻画报》（*Illustrated London News*）评论道："写下这本日记的不是女王，而是一个真性情的女人。"《北英期刊》（*The Northern British Review*）则说它是"一本家常之书，由人性化的日常生活所组成"[2]。字里行间点缀着食物的身影，有来自前述游历的食物，也有每天都要喝的、在山上生个小火堆烹煮的茶。维多利亚特别点出她试过的苏格兰食物，包括燕麦粥（"我觉得非常好吃"）、熏鳕鱼，以及"有名的'哈吉斯'，我昨晚吃了，真的非常喜欢。阿索尔公爵夫人（Duchess of Athole）看我吃了'哈吉斯'很高兴"。她陶醉于早餐是"如此美妙的奶油和鲜奶油"，而且一如往常只要有乳品坊就去

---

① David Duff, *Victoria in the Highlands*, London: Frederick Muller, 1968, 182.

② Helen Rappaport, *Magnificent Obsession: Victoria, Albert, and the Death That Changed the Monarchy*, London: Windmill, 2012, 199; Delia Millar, *Queen Victoria's Life in the Scottish Highlands*, London: Philip Wilson, 1985, 77; David Duff, *Victoria in the Highlands*, London: Frederick Muller, 1968, 14.

参观。她也一直热衷于参观菜园，并在日记里盛赞她心爱的水果，包括因弗拉雷城堡（Inveraray Castle）“娇嫩的桃子”。她和她的客人分享她对简单食物的喜爱，像是在1879年，她和被废黜的拿破仑三世（Napoleon Ⅲ）的遗孀尤金妮皇后（Empress Eugenie）一同享用新鲜鳟鱼（鱼是约翰·布朗抓来的，和燕麦片一起煮）[①]。

《高地日记选集》（*Leaves from a Highland Journal*）既是向苏格兰致敬，也是对阿尔伯特的缅怀，维多利亚对阿尔伯特的爱以及他们（大致）和谐的关系跃然纸上（争吵的部分显然弃之不录）。但比起她后来的孀居岁月，他俩在巴尔莫勒尔堡共度的时光相对很少。1861年，阿尔伯特感伤地巡视城堡的景观改造计划，丧气地说他可能看不到城堡建成的一天。他的丧气话成了预言，因为他几 148
乎是故意任由自己走向死亡。他的死出乎意料。若不是因为他死了，那年他们拍的照片也不会令人为之鼻酸。经过21年有约束的饮食和大量的运动，维多利亚的身材保持得不错，尤其是那时她已经42岁了，还生过9个小孩。相形之下，阿尔伯特显得越来越圆润和富态。尽管爱打猎，但是他运动得比维多利亚少，而且不断受到肠胃问题的困扰。他的肠胃问题很有可能是克罗恩病（Crohn's Disease）所致，那是一种造成消化系统发炎、令人身体衰弱的疾病，至今没有可行的疗法。[②] 害他丧命的几乎可以确定是和克罗恩

---

① David Duff, *Victoria in the Highlands*, London: Frederick Muller, 1968, 31, 211, 311 and 350.

② Rappaport, *Magnificent Obsession: Victoria, Albert, and the Death That Changed the Monarchy*, London: Windmill, 2012, 249 – 260. 阿尔伯特的死通常被归因于伤寒，当时人们普遍认定他是死于伤寒。但正如海伦·拉帕波特（Helen Rappaport）所指，伤寒在历史上这个时期很罕见，医学上也没有确凿的证据证明他的死因。拉帕波特言之凿凿地主张害他病倒的是克罗恩病，取他性命的则是肺炎。

病有关的并发症，而非伤寒。维多利亚陷入深深的忧郁之中，经历丧夫之痛的她成为一个少了自信但一样固执的君王。

阿尔伯特死后，巴尔莫勒尔堡实际上成了一座博物馆，无论是装潢摆设或平面配置维多利亚都不准做任何改变。有些改变不可避免——这里在 19 世纪 90 年代安装了电灯，房间也不时需要修修补补。女王改成到藏书室用餐，藏书室的“桌子周围铺了一块块用来接食物碎屑的布”，明显显示出“苏格兰式的谨慎小心，以及避免地毯受到仆佣踩踏而磨损的意图”[①]。维多利亚在巴尔莫勒尔堡待的时间越来越多，大臣们对她这个习惯很反感。城堡本身则因为距离远、恶劣的居住条件和没完没了的寒风与细雨，被众人一致嫌
149 弃。躲在巴尔莫勒尔堡没有好处，因为她几乎完全退出公众视线，这激怒了缴税养女王的百姓。虽然她持续在幕后参与政务，善尽职责写她该写的信、签她该签的名、提出她的意见，但她没有意识到身为君王的一个重大责任就是“给人看”，她要为大众提供一个焦点，也要在各种场合坐镇，如晚宴和名流宴等达官显贵聚在一起建立人脉的场合。维多利亚做自己的工作还不够，还必须让人看到她在工作：“大众期望女王有女王的样子。他们缴的税要缴得值。让他们认为国家没有元首也行……但并非明智之举。”[②] 相反地，她躲了起来。她宁愿把巴尔莫勒尔堡当作一座避风港，比起之前，甚至更想逃避压力。1849 年，她和阿尔伯特把巴尔莫勒尔堡的一栋房子改成浪漫的度假小屋，即奥特拿茱塞克之屋（Alt-na-Giuthasach）。他们把那里当成湖上划船、钓鱼和散步的基地，只带 9 名佣人和 1 名侍女过去住。阿尔伯特死后，她放弃了这个地方，

---

① Anon. , *The Private Life of the Queen*, 1897, 211.

② Paula Bartley, *Queen Victoria*, Abingdon: Routledge, 2016, 180, Lord Halifax to Lord Ponsonby.

因为造访那里对她来说太痛苦。她转而盖了格拉萨特之屋（Glassalt Shiel），1868 年有 19 个人在这里坐下来吃饭，厨师只有 1 人，也就是当时正从学徒位置往主厨位置爬的托马斯·霍利斯。他做的可能是比较基础的菜品，而且可能是事先做好了送过去，加热一下就能吃了。说来讽刺，维多利亚自己盖的这栋小屋没有用阿尔伯特的设计或构思，这里标志着丧夫之痛即将结束，也标志着她第二段统治时期的开始——孤单一人，年届中年，和想要把她踢出去的大臣们不合，不再躲在家里掉眼泪，重新站上公众生活的舞台发光发热。 150

巴尔莫勒尔堡一直是王室的私有财产，至今也在被王室使用。而奥斯本宫归国家所有，后来成了海军训练学校和康复中心。伊丽莎白二世于 1954 年批准奥斯本宫对外开放，现在由英格兰遗产委员会管理。王室餐厅还是金光闪闪的，但在 20 世纪 60 年代，厨房被改成了车库，之前的壁炉如今被凄凉地弃置在一块油渍斑斑的地板后面，周围的瓷砖上用黑色马克笔写着“非请勿入”。 151

第七章

身为人母

维多利亚和阿尔伯特有9个孩子，分别生于1840年至1857年。就许多方面而言，他们是很典型的上流社会父母，忙于自己的生活，每天只和孩子互动几小时。女王不像她的母亲，没为任何一个子女喂过母乳，倒是请了许多奶妈。多数奶妈顺利完成了6个月的哺乳工作，没招致什么恶评，也似乎没留下什么不良影响。长子爱德华的奶妈后来杀了她自己的6个孩子，这起案件还挺令人震惊的，但她在爱德华的人生中毕竟只占了微乎其微的一部分，女王只当是运气不好。维多利亚的教养能力备受争议，这些争议的依据主要是她对自身感受的描述。她怨恨怀孕，认为怀孕剥夺了女性的自由。她那个阶层的未婚女性时时受到监护与看管，但结婚带来了某种程度的自由。已婚女性的行动较为自由，而且可以和人谈论在当时被认为不适合未婚女孩的话题。到了19世纪50年代，维多利亚已是戴了一副美化了的眼镜回顾整段婚姻，19世纪40年代初期她与阿尔伯特的激烈口角被她抛到九霄云外。她不满结婚之后这么早就怀孕这么多次，害她未能和阿尔伯特多享受几年二人世界。她写道，怀孕是“苦难、折磨与惨剧”。她承认自己觉得“动弹不得，像是被剪去了翅膀”，并称这整个过程为婚姻的“黑暗面”[①]。阿尔伯特证实了这一点，尽管他的描述看起来不怎么同情她。1857 年比阿特丽斯出生之后，他写道：“维多利亚像囚犯似的算着每分每秒。”[②] 除了身体虚弱，维多利亚有时还要对抗忧郁情绪，维多利亚很期待她的产后感恩礼拜。产后感恩礼拜是她生产后初次去教堂的正式典礼，她将之视为“刑期”结束的象征。每一次，她都把产后感恩礼拜当成庆祝顺产及重立婚约的仪式。直到潮流改变之前，她都会身穿婚纱、披戴头纱出席。

19 世纪，生孩子是一件很危险的事，难产在那个年代是女性的头号杀手（烧死次之，所以在厨房工作的女佣常常禁止穿衬裙和大裙撑）。在维多利亚统治时期，她为女性做的少数无可非议的事情之一，就是拥护在生产过程中使用氯仿麻醉。她生最后两胎都用了氯仿麻醉，并断然驳斥与生产之痛相关的谬论，例如那是夏娃 153
被逐出伊甸园应受的惩罚，或母亲所受的磨难有助于与宝宝建立感情。产后还是要花时间恢复，维多利亚通常会暂时放下国务两星期。她也会改吃病人养病吃的食物，尽管在长女维多利亚［昵称薇姬（Vicky）］出生之后，她表示自己“胃口好极了”。[③] 她所有的月子餐都有鸡汤、牛肉茶和白煮鸡，尽管她也吃各式各样的米布丁和意大利通心粉。1848 年，路易丝（Louise）出生之后，从维多利亚吃的食物明显可见她产后复原的进展：4 天的汤汤水水和鸡肉，接着有 6 天多加了烤牛肉，到了第 11 天有巧克力蛋奶酥，第 12 天有

---

① Roger Fulford, *Dearest Child: Letters between Queen Victoria and the Princess Royal, 1858 - 1861*, London: Evans Brothers, 1964, 77 - 78.

② Kurt Jagow, ed., and E. T. S. Dugdale (trans.), *Letters of the Prince Consort, 1831 - 1861*, London: John Murray, 1938, 272.

③ QVJ 1 December 1840.

一道听起来一团混乱的“bouding von schwartz brod”[①] 配巧克力酱。产后两周，她坐回自己在王室餐桌前的位子。晚年，她总是自豪地回忆起自己重新振作起来的能力，对自己当时五味杂陈的感受避重就轻。她的小女儿比阿特丽斯在生头胎前几天不出席晚宴，产后还花了三周半复原。维多利亚斥之为闹情绪，不以为然地表示：“直到产前一天，我可是都固定出席晚餐（真的很不舒服时例外）。亲王也从来不准我待在房间里，除非我极为难受。”[②]

柑橘酱松饼卷（Pancake with Marmalade）[③] >>>

将 1/4 磅的面粉过筛，连同 4 个鸡蛋放入盆中搅拌均匀，加 1 品脱牛奶或鲜奶油，磨少许肉豆蔻。煎锅中下入 1 块奶油（只需少许），锅热后下入 2 大匙面糊，让面糊覆盖整个锅面，置于火上煎，煎到一面上色后翻面，两面煎好之后，将松饼倒在一块布上。反复持续到面糊煎完，接着抹上杏桃果酱或其他果酱，再将松饼利落卷起，置于烤盘上，均匀撒上糖粉，用烤板[④]烤出焦糖表面，把松饼卷送上桌时下
154 方垫以餐巾。上述松饼卷是普通的松饼卷，可不用果酱。[⑤]

---

① bouding 疑为法文 boudin，黑布丁之意，指血肠。von 为德文介词。schwartz 为德文，黑色之意。brod 一词在苏格兰盖尔语中则有“最佳精选部位”或“尖锐物品”等含义，故作者说这个菜名“一团混乱”。——译者注

② Michaela Reid, *Ask Sir James: The Life of Sir James Reid, Personal Physician to Queen Victoria*, London: Eland, 1987, 68.

③ 详见附录。

④ 烤板（salamander）为 18 ~ 19 世纪的烹饪工具，是一个连接铁把的铁板，使用方式为手持铁把，将铁板送入火焰中加热至烤红，再将发热的铁板举到食物上方，不与食物接触，近距离烘烤铁板下方的食物，直至将食物表面烤至焦黄或焦脆。本食谱即指以此种方式将撒在松饼上的糖粉烤成焦糖。——译者注

⑤ Alexis Soyer, *The Modern Housewife*, London: Simpkin, Marshall and Co., 1849, 346.

她觉得产妇和幼儿的生理状态就像动物一样：“我想……在这样的时刻，我们就像一头牛或一只狗，身而为人却只剩动物本能，没有乐趣可言。”尽管她也承认她“太苛求了点儿”。她重点描写 155
怀孕不适，写得仿佛她要崩溃了似的[①]。这一切都是写给她的长女薇姬（长公主即后来的普鲁士王后）看的，女王一心劝告薇姬不要像她一样接连怀孕，所以或许有点言重了。薇姬婚后几乎是立刻就怀孕，当时的她只有 18 岁，维多利亚的反应是“这是一个噩耗”。基于女王从薇姬 14 岁起就极力促成她嫁进普鲁士王室看来，女王之所以有此反应，可能因为有些内疚。事实也很遗憾地证明她是对的，薇姬在生长子的过程中差点死于难产。也因为漫长而痛苦的分娩过程，她的长子、后来的威廉二世（Kaiser Wilhelm Ⅱ）生下来就有一只手臂萎缩。女王后来承认她过分夸大了她的感受——薇姬说她“厌恶小宝宝”时，她捍卫自己道：“你很清楚我不厌恶小宝宝（如果他们很漂亮的话，我反而很喜欢他们），但我确实受不了世人把他们捧上天，也受不了他们动物一般的状态。我尽量忽视他们种种令人反感的表现。”[②]

事实上，女王似乎就像任何母亲一样，时而恨不能掐死这一帮阵容越来越庞大的小淘气，时而对他们每一个都充满疼爱之情。年过半百的侍女丽陶顿夫人把一切都看在眼里，她描述女王对她的第一个孩子“就像所有年纪轻轻的母亲”，担心她的女儿没有长高，老是对女儿的状况大惊小怪。女王很关心孩子们的饮食，尤其在他们断奶之后。比较大的几个孩子无疑比后来的弟弟妹妹背负更多的担

---

① Roger Fulford, *Dearest Child: Letters between Queen Victoria and the Princess Royal, 1858 - 1861*, London: Evans Brothers, 1964, 115.

② Roger Fulford, *Your Dear Letter: Private Correspondence of Queen Victoria and the Crown Princess of Prussia, 1865 - 1871*, London: Evans Brothers, 1971, 18.

156 忧。薇姬自幼就有消化不良的问题，她的父母凡事过度介入只让问
题更加恶化："我怀疑她受到过度的关注与治疗，维多利亚与阿尔
伯特老是给她最贵的，殊不知便宜普通的食物和做法往往更健康。
薇姬现在主要食用驴奶、葛粉和鸡汤，而且他们小心翼翼地测量分
量，生怕超过她的肠胃负荷，我个人认为她时时处于挨饿的状
态。"父母常为她起争执，维多利亚对阿尔伯特嘶吼说她但愿没有
嫁给他，阿尔伯特则在他的字条上指责他的妻子让孩子饿肚子，表
示孩子如果出现意外都是她害的。1842 年，丽陶顿夫人接手育儿
事宜，在她经验老到的指引之下，维多利亚与阿尔伯特总算停止争
吵了。父母双方都还是积极参与，看孩子们洗澡（或者光溜溜地
扭来扭去，他们的母亲看得很高兴），送孩子们上床睡觉，和孩子
们玩游戏。维多利亚在日记中明确表示她对人丁兴旺的喜悦，以及
她看着每个孩子长大的自豪。她致力于让孩子们的童年不同于她和
阿尔伯特的童年，亲子出游的行程有时走平民路线，有时走高雅路
线，如去戏院和歌剧院，外加在温莎堡举办钢琴演奏会和戏剧表
演。哑剧（pantomime）曾被 17 岁的维多利亚评为"吵闹又低
俗"，当时她极力表现得像个大人，一心想让世人觉得她可以统治
国家，如今她带孩子看哑剧看得津津有味。他们也参观过杜莎夫人
蜡像馆、动物园，还看过一场印第安土著秀（Red Indian show）。[①]
除了魔术表演，他们定期举办儿童派对。当然，他们是 19 世纪的
157 贵族，所以严格的教育不可或缺，目的是要培养未来的统治者和统
治者的妻子——就算不是小国的统治者，也是豪门的权贵。孩子要
是不乖，挨打是家常便饭。

在所有的宫殿之中，奥斯本宫和家庭生活的关系最密切。新家

① Paula Bartley, *Queen Victoria*, Abingdon: Routledge, 2016, 133.

一建成，屋里就塞满了孩子。草坪上有一座帐篷，让他们可以在里面玩。每个孩子年满 3 岁就开始和父母共进早餐。如果没有宾客，他们也会和父母一起吃午餐，而奥斯本宫往往没有客人。他们渐渐不再吃鸡肉、羊肉、浓汤、面包、米饭、面条等标准的幼儿食品，开始吃一些比较有趣但还是相对清淡的菜肴。到了 14 岁，他们就可以和大人一起用餐，食用法式料理，为食用温莎堡和白金汉宫更高级的菜肴做准备。在奥斯本宫，孩子们想怎么吵闹就怎么吵闹。维多利亚常在日记里提及他们有多“野”，字里行间充满疼爱。很显然，他们也会互相挑衅。那是一个充满了全新体验和度假气氛的地方。[①] 就是在奥斯本宫，6 岁大的威尔士王子爱德华（一直被家人昵称为伯蒂[②]）生平第一次和阿尔伯特一起打猎。他们也认识了一些食物背后的科技：“午餐之后，我们和孩子们去看冰窖工程，看得啧啧称奇。工人在上面把冰大卸八块，从一个开口把它丢下来，我们跑到下面去看冰掉下来，像下雨一样。”[③] 冰窖是很简单但很高明的设备，由一口深井构成（深12～30 米是稀松平常之事），有时分成一个个垂直的区域，当中可以密实地装满冰块。底 158
部通常有排水孔，顶部如果不是嵌进山坡里，就是一个砖砌的低矮半圆形结构。几道厚重的门隔绝外界的暖空气，里面的冰块可以常年不化，以备果冻定型和冰激凌冷却之需。每座王宫各有一座冰窖，冬天王室会雇用额外的人手将结冰的湖水和河水凿成冰块运过来。根据厨房学徒加布里埃尔·屈米的描述，这些人“裹着厚大

① HRH the Duchess of York and Benita Stoney, *Victoria and Albert: Life at Osborne House*, London: Weidenfeld & Nicholson, 1991.

② 爱德华全名为阿尔伯特·爱德华（Albert Edward），昵称伯蒂（Bertie）。——译者注

③ QVJ 14 December 1846.

衣，戴着厚手套，拿着铁锹和铲子，凿出一块块的天然冰”[1]。

复活节，孩子们在早餐桌周边寻宝，找寻彩绘白煮蛋。这种习俗是阿尔伯特在德国的习惯，并在英国普及起来。寻完宝，他们接着去奥斯本宫的农场看绵羊剃毛。[2] 冬天，他们玩你演我猜的游戏，到彼此的衣橱里搜衣物，玩变装游戏玩得不亦乐乎：

> 快 7 点的时候，我们玩你演我猜的游戏给阿尔伯特看，玩得很开心。break 的部分由薇姬和爱丽丝（Alice）表演，她们先是谈论花香，最后爱丽丝把那些花扯下来，我扮成一个生气的老奶奶走进去。fast 的部分是两个筋疲力尽的孩子（薇姬和伯蒂倒在地上）和一位女士（我）带着她的两个孩子（爱丽丝和阿尔弗雷德“Alfred”）。这位女士给她的两个孩子喂食，帮助他们恢复体力。最后 5 个孩子共进早餐[3]。薇姬站在一把椅子上，写着一些诗句。薇姬、爱丽丝和莲琪（Lenchen）女
> 159 扮男装，套上男孩的夹克，戴上男孩的帽子，莲琪穿了爱丽丝的长裤，看起来很好笑。伯蒂和阿飞（Affie，即阿尔弗雷德）男扮女装，几乎让人认不出来。莲琪玩得很开心，而且她的样子太滑稽了。这整个游戏是我想出来的，我也写了前两个部分的对话内容。[4]

1850 年有了一个新的开始。孩子们以往都和母亲一起从御菜

---

① Gabriel Tschumi and Joan Powe, *Royal Chef: Forty Years with Royal Households*, London: William Kimber, 1954, 71.

② QVJ 20 April 1848.

③ 英文的早餐（breakfast）由 break 和 fast 组成，break 有破坏之意。——译者注

④ QVJ 19 December 1848.

园摘水果，他们的玩具包括一组组园艺工具。但现在女王在日记中记录道：“我们给孩子们看了那块地，那块地以后就是他们的菜园。”① 从衣服到鞋子，他们有整套的种菜衣装，园艺工具上有他们各自姓名的缩写，这些工具以后就收在连同菜园一起建造的仓库里。每个孩子都有自己的菜园，大部分是用来栽种蔬菜的。他们种一模一样的东西，包括浆果和各种蔬菜。阿尔伯特亲王会严格检查成果，并按这些农作物的市价支付酬劳给孩子们。在后来的岁月里，路易丝忆起她冲到菜园，大吃草莓、红醋栗和豌豆的情景。他们种萝卜、马铃薯、甜菜根、香芹、红醋栗和覆盆子，以及红萝卜、芜菁、豆类、欧洲萝卜、芦笋、洋葱、朝鲜蓟和两排花。② 他们也种玉米和葫芦，用来做玉米干和葫芦干。1855 年，薇姬把这两种作物各送了一些给留在温莎堡的伯蒂，好让他做成玉米灯和葫芦灯。1851 年加盖了一座果园，他们又多了一个乐趣与零食点心的来源。维多利亚写道：“他们的菜园……对他们每一个人来讲，都是快乐的一大源泉。”③

接下来还有更多的高兴事。1853 年 5 月，女王在日记中记录 160
道：“我们和 7 个孩子去他们的菜园，要在那里为他们盖一栋瑞士屋（Swiss Cottage），他们为小屋铺下第一块基石。”④ 在场的有 13 岁的薇姬、12 岁的伯蒂、10 的爱丽丝［小名阿丽（Alee）］、9

---

① QVJ 24 May 1850.

② HRH the Duchess of York and Stoney, *Victoria and Albert: Life at Osborne House*, London: Weidenfeld & Nicolson, 1991, 107; Jehanne Wake, *Princess Louise: Queen Victoria's Unconventional Daughter*, London: HarperCollins, 1998. 有关瑞士屋的信息主要来自 2009 年英格兰遗产委员会一份未发表的研究报告，该报告作为重新向大众介绍瑞士屋的一部分，采用了孩子们的书信内容、与英格兰遗产委员会管理人员的谈话以及各种内部报告。

③ QVJ 26 October 1850.

④ QVJ 5 May 1853.

岁的阿尔弗雷德（阿飞）、7岁的海伦娜（Helena，小名莲琪）、6岁的路易丝［小名露露（Loo-Loo）］，以及4岁的亚瑟（Arthur）。利奥波德（Leopold）要到次月才会出生，向来被昵称为宝贝（Baby）的比阿特丽斯要到4年之后才会出生（这时薇姬已订婚）。写过很短一段时间日记的伯蒂详述了建造工程，年纪较长的男孩们帮助工人一起工作："我们那天通力合作（这里指的只有我和阿飞），盖长15英尺（约4.5米）、高17英尺（约5米）的瑞士屋。"[①] 小屋是正统的瑞士屋，以阿尔卑斯山的木屋为样本，[②] 只不过是在英国建造，用的是美国进口的木材。木屋的组件可能是在别处预制，后由当地的木匠在两位王子的热情协助下搭建。这种风格的木屋在当时十分流行，英国的庄园豪宅里纷纷冒出它们的踪影，尽管它们一般不是要用来让上流阶层的孩子表现得像"瑞士农夫"。[③] 以奥斯本宫的瑞士屋而言，一方面建造瑞士屋的灵感可能来自阿尔伯特的家族度假地罗西瑙（Rosenau），阿尔伯特和维多利亚1845年在那里的一栋瑞士屋里待过。另一方面灵感也可能来自维多利亚同母异父的姐姐费奥多拉，费奥多拉为她的孩子们盖了一栋游戏屋，她在1851年写道："我在归孩子们所有的庭园里盖了一栋小瑞士屋……给他们自己用，里面有一个房间和一个厨房。"[④] 奥斯本宫的瑞士屋规模比较大，有厨房和

---

① Prince of Wales, "Lettes Diary", 1853，英格兰遗产委员会在内部一份未发表的研究文献中加以引述。

② 瑞士屋为盛行于瑞士及其他阿尔卑斯山地区的一种木结构建筑，原来的用途是当作季节性的乳品坊，夏季时放牛人住在山上的瑞士屋里制作奶油、乳酪等乳制品，冬季带着牛和乳制品下山，山上仅留空屋。——译者注

③ 摘自英格兰遗产委员会内部的一份介绍瑞士屋活动的报告。

④ Swiss Cottage Quarter, Osborne House, Conservation Management Plan（2012, unpublished）.

洗涤室，一楼的储藏室可能也兼作乳品坊，此外还有一个 4 间宿 161
舍供驻屋人员使用。楼上有 3 个房间、1 间盥洗室，可从连接到阳台的外部楼梯进入，阳台环绕小屋。其中 1 名园丁托马斯·沃恩（Thomas Warne）和他太太露易莎（Louisa）住在宿舍，露易莎是女管家，托马斯看管孩子们的菜园，在他们不在时照顾他们的蔬菜，并教他们种菜的技巧。同时几乎可以确定露易莎负责厨房，她不只教王子和公主煮他们自己种的菜，还教他们做各式各样的菜肴。孩子们变得和沃恩夫妇非常亲近，他们亲昵地以“沃小恩”称呼露易莎。1881 年，她因癫痫发作死在小屋，女王写道：“我们的每个孩子都爱她。无法想象没有她的日子。”[①] 露易莎的鳏夫临死前，维多利亚和比阿特丽斯去看过他，这对夫妇的墓碑也由王室出钱，墓碑上写着：“纪念敬爱的托马斯·沃恩（69 岁，逝于 1881 年 12 月 27 日）及露易莎·沃恩（65 岁，逝于 1881 年 9 月 19 日），沃恩夫妇在奥斯本宫瑞士屋服务了 27 年，并逝于该地。”接任的乔治·斯通（George Stone）和朱丽亚·斯通（Julia Stone）于 1882 年 1 月入职，专门“负责照顾瑞士屋、菜园及可能在那里的动物，并为女王和王室提供一般的协助”[②]。那里确实前后有过许多的动物，包括至少 3 只瞪羚、比阿特丽斯的安哥拉兔、1 只浣熊、1 群鸭子，至少有一阵子也养过 1 只吉娃娃，女王形容它为“稀奇的小东西，从墨西哥来的迷你小狗，活像 1 只微型意大利灵缇，沃恩太太要负责照顾它”[③]。伯蒂在 1842
年送给丽陶顿夫人 1 对矮脚鸡，它们几乎可以确定是来自瑞士屋 162
的兽栏，这表示孩子们煮的鸡蛋是他们自己养的母鸡下的。

① QVJ 19 September 1881.
② RA VIC/MAIN/Z/204/144.
③ QVJ 15 May 1856.

瑞士屋于1854年女王生日当天宣布完工启用，孩子们立刻占据了那里。楼下的厨房和洗涤室装备完善，有从外部水塔抽水进来的内建水槽、漆成白色的橱柜和餐具柜、基于卫生考虑铺上瓷砖的墙壁和地板，以及一座风格在英国当时很少见的铸铁炉。铸铁炉是由布鲁塞尔五金商杰·马蒂斯（J. Mathys）制作的，杰·马蒂斯享有相当于英国王室认证的比利时认证，并参与过1851年的万国博览会。在万国博览会上，英国王室买了很多东西，也获赠了很多东西。这座铸铁炉的尺寸是一般铸铁炉的3/4，所以对小朋友来说很理想。它可能是万国博览会上的展品，也可能是利奥波德舅舅送的礼物。它有两层烤箱、一个带有水龙头的热水锅炉，以及一个配有小型发条烤肉叉的烤肉配件。厨房里也有一组铸铁煤炭灶，它的尺寸不大，适合个子矮的人使用。洗涤室则有点火式的加热板和一座内建的锅炉。对于不够高或不够沉稳的孩子而言，由于不能让他们接近火源，维多利亚请人用木头制作了玩具铸铁炉，加入玩具杂货铺的行列，让孩子们在楼上玩。玩具杂货铺正面挂着“史普拉特氏女王陛下杂货铺”（Spratt, grocer to her Majesty）的镀金招牌，将坊间店铺复制得有模有样，内有一箱箱、一篮篮、一柜柜的食物，食物还标了价。柜台上有小小的茶叶罐、果酱罐以及一组小小
163 的天平秤。这间杂货铺既是玩具也是教具，呼应了维多利亚女王小时候玩的娃娃屋，维多利亚和侍从教孩子们认识食物的来源和宫廷外的生活，并学习基本的算术技能。

楼下最后一个给孩子们的房间是一间储藏室，地板有排水设备，墙壁铺有瓷砖。瑞士屋停用之后，厨房和洗涤室保留了下来，储藏室的遗迹如今则所剩不多，所以比前两者更难重建。然而，因为厨具中有制作乳品的设备，女王和亲王又对乳品制作很感兴趣，所以这间储藏室可能也不时兼作乳品坊之用。从公主时期到女王时

期，凡是维多利亚待过的庄园宅第，她都对参观乳品坊很热衷，阿尔伯特则是在浮若阁摩尔宫[1]盖了一栋富丽堂皇的典型乳品坊。虽然制作乳品已不再被闲着没事的贵族女性当成一种流行活动，但在18世纪女人打扮成牧羊女做奶油玩很流行。乳品坊是干净、安全的环境。在任何一座庄园豪宅，乳品坊也一直是上流社会的宾客参观路线上的热门景点。它们往往是装饰华丽的独立建筑，远离其他较为脏乱的仆役区。薇姬显然很熟悉乳品制作的流程。1863年，她写信跟母亲说她为自己建了一间乳品坊，因为牛奶的质量糟到毁了她的茶和咖啡。她买了两头牛，雇了其中一位园丁的太太饲养她的牛。然而，她摆出一副权威的姿态，对他们的技术很不以为然地抱怨道： 164
“他们用的是深陶盘，而不是牛奶静置锅，结果简直就没有鲜奶油可捞，因为鲜奶油只有在相对扁平的器皿中才会浮上来。”[2]

瑞士屋的厨具比较偏向于糕点厨具，而不是辛苦制作正餐的用具。举例而言，这里有很多饼干模。这里的设备来自许多提供宫廷厨房设备的供应商，牛津街（Oxford Street）的威廉·J. 波顿（William J. Burton）就供应了很多设备，包括锡制的模具、珐琅锅、用来架在煤炭灶上烤肉的烤架（这里的“烤”是现代美式英语的定义——从下方用火烤，一如19世纪对这个词的普遍用法）[3]、夹式威化饼烤盘、热巧克力壶和研磨器、打蛋器、酥皮滚刀（用来为派皮塑形和修边的工具）以及烘焙烤盘。但也有班宁

---

① 浮若阁摩尔宫（Frogmore House）位于温莎堡南部的温莎小公园（Windsor Home Park）内，最初因园内沼泽区青蛙遍布而得名。——译者注

② Roger Fulford, *Dearest Mama: Letters between Queen Victoria and the Crown Princess of Prussia, 1861 - 1864*, London: Evans Brothers, 1968, 210.

③ 如前所述，烤肉叉手动或自动旋转的烤肉法被称为 sipt roast。此处将肉置于烤肉架上，从下面用火烤的方法，英文则称之为 grill。故作者在此处特别解释词义之差。——译者注

顿氏（Benningtons）的锅、模具和火烤相关用具，这家供应商的账单金额高达34英镑10便士，种类包括一个“亮铁法式煎蛋卷锅”（bright iron French omelette pan）、数个精美的布丁模具和果冻模具、香料盒、更多的烤肉架、炖锅，以及一个松饼盘。盖尔德银器公司（Garrard and Co.）供应了为数不多的银汤匙。白金汉宫附近的木器商理查德·奥德威（Richard Ordway）做了筛子、扫帚、清炉具用的刷子以及柠檬榨汁器。跟其他供应商一样有王室认证的弗丁、史达通与布罗夫（Faulding, Stratton and Brough）则供应了一匹匹的布料，用来做桌布、窗帘、餐巾和抹布。[1] 1854年7月18日，女王记录道：“我们信步闲逛，来到孩子们的菜园，他们欢天喜地地在那里为瑞士屋的一应物件拆箱。”到了8月，他们已经自
165 己煮午餐并将瑞士屋展示给来参观的访客。次年，他们确定了每天在瑞士屋待一段时间的作息时间表，主要是在冬季和夏季。1855年1月，樱桃萝卜收获了，他们配面包抹奶油一起吃，而且很有自信地烤了个蛋糕，献给德国化学家、马麦酱（Marmite）的发明人利比希男爵（Baron Liebig）。

生日是孩子们用旗帜和彩带布置小屋的借口，也是花一整天时间沉浸在烹饪世界的好由头，尽管烹饪水平有待商榷。1858年5月，爱丽丝写信给阿尔伯特亲王道：“我们今天要在瑞士屋做菜。亲爱的爸爸，真希望你能在这里尝到我们做的菜，虽然我怕你觉得我们的厨艺不怎么样。”[2] 这没什么奇怪的，尤其是她的个人习惯可能不太可取时。几天之后，莲琪郑重其事地写信向她父亲报告：“昨天下午，爱丽丝在瑞士屋煎了松饼。我一口都没吃，因为我刚

---

[1] RA PPTO/PP/QV/PP2/6/4622.

[2] Alice to Prince Albert, 29 May 1858，摘自英格兰遗产委员会一份未发表的报告。

好和妈妈在外面。亚瑟告诉我，她煎好之后用脏兮兮的煤炭夹碰了松饼。”① 从厨具来看，松饼和油炸馅饼②很受欢迎：烤肉架很新，铸铁煎锅则像经过火吻。最常使用的厨具显示孩子们的烹饪实验主要涵盖下午茶、轻食或消夜类的菜肴——酥皮点心、蛋糕、煎蛋卷、油炸馅饼、卡士达酱、布丁和饼干。同年夏天，他们也做了威化饼和舒姆淋淇（Schneemilch）——一种以蛋白和鲜奶油为原料的德式甜点，他们在 1855 年拜访费奥多拉和她的孩子时学的。费奥多拉的孩子们也被鼓励从事类似的劳务活动，包括园艺在内。她曾写道：“你真该看看伊丽莎（Eliza）在葡萄园忙着采收葡萄的样子，她抡着一把小镰刀砍啊砍。查尔斯（Charles）也试着采了一些，不过葡萄基本上是直接进到他嘴里，而不是集中到桶里。”③ 166
他们有时也会做菜招待父母和其他宾客，在这种情况下，他们就会准备一顿下午茶，要么把茶点摆在楼上的餐厅，要么放到外面的草地上。1861 年，女王描述了一次典型的聚餐：“等得有点久，驾车到瑞士屋，和阿尔伯特碰面……孩子们把忙了一上午的成果摆出来供我们享用。我们全都坐下来喝下午茶，包括比阿特丽斯和‘小萝卜头’们，女士们也特地前来。”④

维多利亚去世后不久整理出来的厨房库存清单中，在厨房窗前的抽屉里有一本手写食谱，据推测孩子们可能就是按照这本食谱做菜。那本食谱失传已久，但美食作家伊丽莎白·克雷格（Elizabeth Craig）在 20 世纪 50 年代出版了一本宫廷烹饪书，她在书中讲了

---

① Lenchen to Prince Albert, 3 June 1858，摘自英格兰遗产委员会一份未发表的报告。

② 油炸馅饼（fritter）为面糊内包水果、蔬菜或肉类油炸而成，英式做法多以苹果、菠萝、香蕉等水果类油炸馅饼为主。——译者注

③ RA VIC/MAIN/Y34/10, Feodora to Princess Victoria, 21 October 1834.

④ QVJ 11 July 1861.

一个朋友的故事，那位朋友见过并抄录了属于维多利亚女王的两本食谱，维多利亚把这两本食谱送给一名管家。这是一个口口相传的故事，但如果是真的（而且这件事听来确实合情合理足以采信），那么这两本食谱是各式剪报和抄写本的综合体，其中一本开头有题字，写道："1831 年给维多利亚公主的生日礼物。" 1831 年是她开始写日记的前一年。根据克雷格这位送了她书中几份食谱的朋友所说，维多利亚和她的后代在 1831 年至 1887 年增补了一些内容进去。日期是吻合的，克雷格重现的少数带有附注的食谱也符合宫廷生活的整体模式。其中一份"兔肉的煮法"食谱，显然是 1835 年 1 月"国王威廉四世伯父给的"，而威廉四世的菜单无疑满是兔肉
167 食谱的痕迹，尤其是汤品。① 让孩子们在瑞士屋大展身手，背后有寓教于乐的目的。寓教于乐的痕迹在其他一些维多利亚手写的断简残篇中也依稀可见：奶酪配小片的面包皮"对消化不良的毛病有好处"，奶酪蛋糕则是"从我的古老食谱上抄来的"，"跟他们为安妮·博林（Anne Boleyn）王后做的一样"。1836 ~ 1837 年，每当生病或节食的紧张时期，她似乎也通过积极寻觅食谱来分散注意力，尤其是一些不寻常的食谱，例如活体派（animated pie，中空的酥皮盒子烤好之后装进活体动物，到了把派切开来吃的时候，动物就会飞出来或跑出来），这是来自"我从一本古书上摘录的笔记"。1836 年 2 月写道"我喜欢的一种饮品"，以 2 品脱山泉水、1 个蛋黄、1 颗柠檬的汁、9 大匙白酒、糖和柠檬糖浆调成。我们无从得知这些食谱是真是假，但克雷格显然相信她的朋友，而且如果这些食谱不存在，策划这种恶作剧也未免太费心了。至于维多利亚

---

① Elizabeth Craig, *Court Favourites: Recipes from Royal Kitchens*, London: Andre Deutsch, 1953.

和她的孩子们是否真的写下了这些食谱，除非这些食谱从它们的藏身之处蹦出来，否则我们也不可能有定论。然而，势必曾有这样一本笔记存在，王子和公主也势必把他们的食谱写了进去。而且，在多数家族里，把一本书代代相传下去是固有的传统。所以，尽管维多利亚似乎不曾参与家里的烹饪活动，但她极有可能与家人分享了从亲友和烹饪书上收集来的食谱。

瑞士屋为孩子们提供了一个消耗精力的好渠道。除了菜园和厨房，年纪较长的男孩们也帮忙盖了一座小小的堡垒，当作 1856 年 168
给母亲的生日惊喜。莲琪后来为毗邻的营房立下基石。所有的孩子都在里面玩，玩游戏似乎不分性别。如同维多利亚的许多孙子、孙女，利奥波德王子的女儿爱丽丝也去过瑞士屋，她日后回忆道："奥斯本宫也唤起我美好的回忆。它很独特，至今仍留在我的脑海里。它和温莎堡的味道不一样，但完全是温莎堡不可或缺的一部分……我们以前总在瑞士屋和那可爱的小堡垒里玩。"[①] 瑞士屋楼上有一间充当博物馆的房间，孩子们都被鼓励要对它有所贡献。他们收集了贝壳和骨头，并在 1855 年保存了肉豆蔻和丁香"每一个生长阶段"的标本。[②] 屋里也收藏了数量众多的动物标本，包括阿尔伯特的一只宠物灰雀和一些化石。到了长大开始四处游历之后，孩子们也会寄东西回来给弟弟妹妹：阿飞寄回富有异国情调的兽首和两只象腿，狩猎探险的战利品证明了他在非洲追随父亲的脚步。1863 年，收藏品多到房间里无法容纳，于是在隔壁建了一间类似风格的博物馆。

小屋和屋里的厨房对孩子们的人生有很大的影响。薇姬在

---

① 出自英格兰遗产委员会一份关于瑞士屋的未发表的内部报告。

② Affie to Bertie, 6 January 1855. 出自英格兰遗产委员会一份未发表的报告。

1858年嫁进普鲁士皇家。1857年12月，女王感伤地写道："可怜的薇姬在奥斯本宫的最后一天，她去和她心爱的瑞士屋告别，心情
169 很沉重。"[①] 2个月后，身在德国的公主写信给她母亲：

> 坦白说，昨晚想到你们要去心爱的奥斯本宫，唯独我不能去，我哭得很伤心。我心爱的美丽房间，我心爱的窗景，还有我心爱的瑞士屋、菜园和我离开那天种下的那棵树——与我息息相关的一切，后天你们都见得到，我却只能遥想，只能怀念，只能看着照片哭。有时候，我不敢相信自己离你们那么远，因为我分分秒秒都想着你们！[②]

1860年，她收到来自奥斯本宫的速递包裹，包裹里装的是樱草花。弟弟妹妹也寄了食物包裹给她，那是他们在瑞士屋厨房挥汗努力的成果。1863年，她复制了自己儿时的安乐窝，为她的孩子盖了私有菜园，让他们"像野兽似的"在里面玩，连带盖了一座避暑殿。她一直保有对园艺的兴趣。1867年，她写信给维多利亚说自己"收集了一篮子我们的小菜园里种的水果，代表这个小菜园的收获……上星期寄出去了。希望包裹安然无恙地送到，让你们尝尝。我的园丁恐怕很心碎，因为这些水果看起来比尝起来要好。水果是以法式农法种植，长在……矮树上。"[③]（女王在回信中附和

① QVJ 18 December 1857.

② Roger Fulford, *Dearest Child: Letters between Queen Victoria and the Princess Royal, 1858 - 1861*, London: Evans Brothers, 1964, 73.

③ Roger Fulford, *Dearest Mama: Letters between Queen Victoria and the Crown Princess of Prussia, 1861 - 1864*, London: Evans Brothers, 1968, 207 - 208; Roger Fulford, *Your Dear Letter: Private Correspondence of Queen Victoria and the Crown Princess of Prussia, 1865 - 1871*, London: Evans Brothers, 1971, 159.

了她的说法。）薇姬和她母亲之间有成千上万封书信，两人变得比薇姬出嫁之前还亲近。

维多利亚承认自己对青少年很头疼，尽管她一直都觉得小娃娃和幼童很可爱。1856 年，她试着向薇姬解释： 170

> 在年纪较长的孩子身边，我没有特别满足或安慰……我很少觉得和他们的互动轻松愉快……背后有各种原因。首先，只有阿尔伯特和我在一起时，我才会觉得自在和快乐。其次，很多事我都习惯自己一个人做。再次，我一个人孤零零地长大，习惯了大人的圈子，从不曾和年轻一点的人相处。最后，我还是不习惯薇姬几乎已经长大的事实。在我眼里，她跟以前一样还是个孩子，必须管好她，不能和她变得太亲密。①

母女间的书信涵盖的主题很广，但在薇姬离开后，女王一开始惦记的主要是她的服装、佣人和食物。一如往常，压力大的时候，“吃”就成了关注的焦点，她焦虑地写道：“你住得怎么样？吃得怎么样？”薇姬给维多利亚寄了她的菜单，解释说她 9 点或 10 点 15 分吃早餐，“就像在家里一样”。晚餐时间一般是下午 5 点，比她习惯的早很多，所以她不吃午餐，这导致女王忧心忡忡地劝告她：“从早上 9 点多到下午 5 点都没吃东西，我想这样恐怕不好吧？我建议再也不要这样做了，免得你头晕或肚子饿，至少吃片饼干或干面包皮。我猜你夜里会喝杯茶？”② 后来，她俩互相吐露对体重

---

① Arthur Ponsonby, *Henry Ponsonby*, *Queen Victoria's Private Secretary*: *His Life from His Letters*, London: Macmillan, 1942, 85.

② Roger Fulford, *Dearest Child*: *Letters between Queen Victoria and the Princess Royal*, *1858 - 1861*, London: Evans Brothers, 1964, 44.

的担忧。1859 年，女王最爱的苏格兰高地仆从约翰 · 布朗说他觉
171 得她体重增加了。在她眼里，约翰 · 布朗向来直率得讨人喜欢，于是她在信中说她想“量一量体重，因为我一直以为自己很轻”①。与此同时，薇姬则说自己在 1867 年寄的一些照片中看起来很胖，但接着她又改口说自己其实挺瘦的。②

王子和公主不免受到母亲爱吃的影响，至少其中几个孩子也有样学样。伯蒂长大后成了像母亲一样的老饕，被取了“小腹翁”（Tum - Tum）的绰号。薇姬小时候吃得很多，尽管长大后并未过胖，她母亲日后形容她是“填鸭似的吃”③。至于比哥哥姐姐都受宠的比阿特丽斯，在餐桌前则是明目张胆地表现失态。3 岁时有一次，她想吃布丁却被阻止：“不可以哦，吃了对宝贝不好。”她竟学女王的口气说：“可是宝贝爱吃布丁呀，亲爱的。”另一次，她把脏手往黑色的洋装上擦，受到训斥却回嘴说天黑又看不到，她母亲因此命令她从房里出去，受了刺激的她一边快步走出门，一边说：“我可是为了女王陛下才下楼的，真是忘恩负义。”④ 只喝鸡汤和羊肉浓汤的伙食显然不合宝贝的意。与此同时，身在普鲁士的薇姬却对小时候的家乡美食念念不忘。她专程派了一名厨子到温莎堡受训，强调他必须有机会到厨房、糕饼室、甜点房等所有部门，把

---

① Roger Fulford, *Dearest Child: Letters between Queen Victoria and the Princess Royal, 1858 - 1861*, London: Evans Brothers, 1964, 211.

② Roger Fulford, *Your Dear Letter: Private Correspondence of Queen Victoria and the Crown Princess of Prussia, 1865 - 1871*, London: Evans Brothers, 1971, 125.

③ Roger Fulford, *Dearest Child: Letters between Queen Victoria and the Princess Royal, 1858 - 1861*, London: Evans Brothers, 1964, 125.

④ Augusta Stanley's letters of 18 July 1860 and 15 January 1861, cited in Matthew Dennison, *The Last Princess*, London: Weidenfeld & Nicholson, 2007, 19.

不同的东西都学一遍。①

阿尔伯特死后，瑞士屋的功能渐渐有了改变。孩子们长大了、结婚了、离家了，所以留下来的人去那里做菜时少了几丝节庆气氛。他们还是会用瑞士屋的厨房，尤其在生日时：1866 年，比阿 172
特丽斯的 9 岁生日，利奥波德和比阿特丽斯在那里煮东西；1871 年，一样是为了庆生，比阿特丽斯和女王的几位侍女一起烤了蛋糕，办了一场生日宴。后来，公主和王子还会带他们的孩子来这里做菜，只不过游戏屋的功能逐渐被取代，瑞士屋成了一个方便吃饭的地方，此外也被女王当成一处僻静的书房。1855 年，女王首度记录说把那里当成办公的地方。她在被称为女王房（Queen's Room）、现在是餐厅的房间里，把餐桌当办公桌用，或者将一应设备挪到外面的草地上。但到了 19 世纪 70 年代，办公已成为它的主要功能。

如同奥斯本宫，瑞士屋现在由英格兰遗产委员会管理。数十年来，有几个固定的房间开放给民众参观，铜锅用链条拴了起来，孩子们在这里玩乐的迹象不复存在。2012 ~ 2014 年，瑞士屋历经重大的保存及改造工程后，以儿童友善空间的形式重新开放，一个个房间诉说着维多利亚孩子们的故事。菜园和博物馆都还在，馆内的展示品依旧附有原本的手写标签。楼上的餐厅布置成维多利亚时代下午茶的场景，现代游客只能在楼下，前身是瞪羚栏舍、现在是小咖啡厅的地方，凑合着喝喝茶、吃吃蛋糕。 173

① Roger Fulford, *Your Dear Letter: Private Correspondence of Queen Victoria and the Crown Princess of Prussia, 1865 – 1871*, London: Evans Brothers, 1971, 99.

第八章

日常饮食

维多利亚女王是一个很能吃的女人。1861 年以后，再也没有顾忌的她体重迅速飙升，外交事务大臣在 1868 年评论道："（维多利亚女王）一切都好，就是变得胖极了。"[①] 19 世纪 70 年代，她在众多画像、照片和雕像中呈现的圆滚身材已经成形。我们很难判断她确切的身材比例，维多利亚时代的潮流变了很多，礼服的腰线往下挪，克里诺林裙撑和巴斯尔裙撑轮流风行，拿她现存的礼服或她穿着礼服的画像来比对意义不大。只要穿上紧身马甲，她的腰围轻轻松松就可以少几厘米，而大蓬裙的设计是为了凸显缩进去的小蛮腰和挤出来的大胸脯。[②] 然而，紧身马甲的作用有限，尤其是在她肆无忌惮狂吃的情况下。不管是法式用餐风格、俄式用餐风格，还是介于两者之间的某种用餐风格，女王的餐桌上总有吃喝不尽的食物。19 世纪 80 年代，菜肴是依序送上桌，一般固定上六轮，外加甜点和满满的旁桌上的菜肴。虽然这种惊人的吃法一直使她消化不良，但她还是铁了心地大吃大喝。她到底吃了什么？很多人列举

---

① Peter Arengo - Jones, *Queen Victoria in Switzerland*, London: Robert Hale, 1995, 44.

② 她可以轻松穿小 2 英寸的衣服，而且还整天穿着紧身马甲走来走去，丝毫不觉得难受。她可是从 8 岁就开始穿马甲，早就习惯了。更何况她的马甲是为她量身定制的，并且有人协助她穿上。

过她爱吃的食物，通常包括巧克力蛋糕、蔓越莓挞以及传说中的褐色温莎汤（它到20世纪才出现，而且很长一段时间都只是一个烹饪笑话）①。这些说法的依据总是同样的资料，原始资料则主要是来自19世纪90年代一些有点谄媚的书籍。然而，如同食物史上常见的情况，这份“女王的最爱”清单广受引述，成了铁一般的事实。同样的道理，维多利亚号称爱吃清淡食物这一点也有待商榷。尽管山珍海味占了她饮食的绝大部分，但她确实较常针对粗茶淡饭品评一番，频率远比前者高。但谁会特别评论对自己来讲稀松平常的食物？从海员的伙食到农夫的食粮，她确实有机会就会尝试老百姓吃的食物，而且常常自称吃得津津有味，但每天的宫廷菜单里照样有大鱼大肉，并且没有特别纳入粗茶淡饭。她吃的食物和她爱吃的食物不免随着年龄和经历有所改变，任何一份菜单或任何一则逸闻都不能用来当证据，将她终其一生最爱的食物一概而论。从女王的日记和信件来看，她终生爱吃水果这件事确实特别明显。她吃的 175
好极了，菜色与任何贵族、俱乐部或19世纪末坊间餐厅的不相上下。传说中，维多利亚时代的食物很普通，烹饪不得当，而且有赖当季食材，又是以最原始的设备烹调。当时势必也有差劲的厨师，就和现在一样。旅人的游记也显示当时绝对有难吃的食物。但在宫廷里，有一帮能干的厨师，厨房有齐全的设备（只是有时工作环

---

① 褐色温莎汤常被描述为女王最爱的食物，但这种汤在19世纪根本不存在。最早提到这种汤的文献来自1930年，这种汤被广为人知是在20世纪50年代，也只是戏剧表演中的一个笑点。有资料显示它是典型的双关语，融合了上流社会一种由来已久的汤品和一种叫作褐色温莎（brown Windsor）的肥皂。撇开文字游戏不谈，它后来真的成了一道汤，主要是和意图听起来很高贵的简陋供膳宿舍有关。弗兰卡坦利的食谱书《现代厨师》（*The Modern Cook*）中有关于英式汤品（English soup）的篇章，他在该篇章中收录了温莎汤（不是褐色的），但这道汤很少出现在王室菜单上。

境很差），还有维多利亚时代千变万化的食材，烹饪水平绝对不差。侍臣抱怨用餐速度的原因之一是他们来不及吃“上菜上得那么快的美味佳肴”。

印度风味鸡肉咖喱（Curry of Chickens, à l'Indienne）[1] >>>

以奶油炒鸡肉丁或禽肉丁，炒到表面焦黄后移至炖锅中。将 3 个大洋葱及 2 根芹菜切丝，连同 1 瓣大蒜、1 把西芹、1 片肉豆蔻衣和 4 颗丁香置于另一个炖锅中，慢火炒到整锅菜呈现淡褐色，下 1 大匙厨师制作的咖喱肉酱及比例相当的面粉，以上全部混合在一起，加 1 品脱高汤或卤汁调稀，边煮边搅，让酱汁滚约 20 分钟。用毛筛[2]或滤布过滤煮好的酱汁，然后把酱汁倒进装有鸡肉丁的炖锅中。小火慢炖，直到肉丁软化，本道印度风味鸡肉咖喱即可依前例上菜（淋
176 上酱汁，一旁放置白饭）。[3]

女王每天的菜单列在皇家史料馆的御膳记录当中，这些菜单清楚地呈现了维多利亚统治初期宫殿里的用餐情形。然而，大概在 1858 年之后，御膳记录就不完整了，而且巴尔莫勒尔堡或奥斯本宫的菜单没有包含在内（奥斯本宫倒是存了一份 1897 年的御膳记录）。不出所料，某些菜肴固定出现，某些菜肴来回替换，每日三餐皆是如此。女王的早餐很丰盛：1838 年 9 月，女王吃了“一顿

① 详见附录。

② 毛筛（hair sieve）为一种传统过滤工具，底部为兽毛交织而成的滤网。——译者注

③ Charles Elmé Francatelli, *The Modern Cook*, 9th ed., London: Richard Bentley, 1855, 983. *这份食谱为节选，“前例”指原食谱在此之前介绍过的其他鸡肉咖喱的做法。——译者注

很好的早餐，有羊排和马铃薯泥等”[①]；1848 年 6 月 10 日“女王陛下的早餐”则是羊排和牛排。御膳记录上，女王的早餐还包括鱼、蛋、培根、烤肉以及偶尔出现的蔬菜。尽管维多利亚晚年早餐只吃一个白煮蛋的说法广为流传，但她的早餐总是有很多选择，而她的日记也显示她吃得津津有味。她通常会和家庭成员共进早餐。1875 177
年的某天早上她与 3 名家庭成员吃了香肠、马铃薯、烤鳕鱼、水波蛋汤，以及冷盘、热盘皆有的烤禽肉。1890 年 5 月，厨房则为她呈上培根蛋、香煎龙利鱼、禽肉冷盘、火腿和牛舌。我们没道理假设有人会向厨房点自己不打算吃的东西，毕竟王宫不是饭店。再者，尽管剩菜在意料之内（而且受到鼓励），但女王一般并不赞成浪费食物。1898 年，在《女王的私生活》这本禁书赞扬女王的小胃口一年之后，厨房为她呈上了芦笋煎蛋卷、烤鸡、培根、龙利鱼、酥炸鳕鱼和冷盘肉。早餐桌上看不见白煮蛋，[②] 也看不见另一道传说中的菜肴——咖喱。维多利亚时代，贵族等级的早餐演变成某种热食的自助餐，有肉、蛋，也有吐司和琳琅满目的面包。内廷有一间独立的早餐室，内廷人员理应早上 9 点半准时到早餐室用餐。1847 年，女王的侍女有烤牛肉、烤禽肉、香肠配腰子可以选

---

① QVJ 20 September 1838.

② RA MRH/MRHF/MENUS/MAIN/BP/1847 (10 June 1848); RA MRH/MRHF/MENUS/MAIN/BP/1888 (5 March 1890); RA MRH/MRHF/MENUS/MAIN/BP/1898 (10 May 1898). 本章所有菜单皆取自这些御膳记录，包括 RA MRH/MRHF/MENUS/MAIN/WC/1837, RA MRH/MRHF/MENUS/MAIN/WC/1847, RA MRH/MRHF/MENUS/MAIN/BP/1837, RA MRH/MRHF/MENUS/MAIN/WC/1856, RA MRH/MRHF/MENUS/MAIN/BP/1856, RA MRH/MRHF/MENUS/MAIN/BP/1876, RA MRH/MRHF/MENUS/MAIN/BP/1853, 以及皇家史料归于 RA MRH/MRHF/F&V/PRFF/1819 – 1900 和 MRH/MRHF/F&V/ENGT/1760 – 1884 等档案之下的菜单和英格兰遗产委员会收藏的 1897 年奥斯本宫御膳记录。

择，而这是相当典型的早餐菜式。[①] 此外也有各种面包、饼干、酱汁和粥，粥是在维多利亚发现了苏格兰早餐之后引进宫中的。不需待命的人员也可以选择在自己的房间吃早餐、午餐和下午茶。

尽管用餐风格有变，但是晚餐菜单和许多菜肴显示出固定不变的迹象。由于多数厨师的任期很长，厨房的库存很多，菜品重复性很高的现象就不令人意外了。至少直到 19 世纪 60 年代，情况都是如此。尽管有些纸制菜单保留了下来，但是那时御膳记录比较零散，而这些菜单也显示出许多类似之处。甚至到了 19 世纪 80 年
178 代，几乎可以确定维多利亚已经采用俄式用餐风格，而且许多原有的厨师已经退休，菜单也有些改变，菜名听起来更精致（一如既往，全都以法文命名），并且人们更依赖酱汁或装饰菜来区别不同的菜肴，而不是按制作方式或类型来区分菜肴。举例而言，19 世纪 40 年代和 50 年代的菜单有关于可乐饼、油焖肉丁和炖煮类菜肴的记录，关于蔬菜则只有球芽甘蓝（choux de Bruxelles）或菊芋（topinambours）的简单记录——因为紧身马甲会束缚人，容易令人胀气的蔬菜如此盛行实在令人不可思议。到了 19 世纪 90 年代，人们在菜单中对菜肴加了额外的描述，例如波尔多酱（bordelaise）或曼特农酱（maintenon）。蔬菜类菜肴的例子有“白花菜泥，以模具定型，撒满面包粉”（timbale de choux - fleur à la Polonaise），以及“球形朝鲜蓟下铺春季时蔬”（fonds d'artichauts printanieres）。在某种程度上，这种现象纯粹反映了法式料理在 19 世纪末规范化的趋势。在建立起一套规范的过程中，菜单变得更精致，之前只以主要食材命名的菜肴有了更具体的描述，不但阐明了酱汁和装饰菜里有什么，而且把制作方式写得一清二楚，让厨师和用餐者都一目

① RA MRH/MRHF/MENUS/MAIN/BP/1847.

了然。摆盘的方式也有所改变，因为俄式用餐风格的常见做法是将一大盘食物端到用餐者旁边，从这一大盘食物中为用餐者呈上一人分量的菜肴，法式用餐风格较常见的做法则是用餐者从放在桌上的菜肴中拿取自己那一份。19 世纪末，得到食谱推广的菜肴确实变得更讲究。中产阶级是食谱的主要读者，他们也因食谱而对这些讲 179
究的菜肴趋之若鹜。尽管许多食谱和书上的菜肴受欢迎的时间很长，从 19 世纪 40 年代一直到 90 年代经久不衰（弗兰卡坦利的《现代厨师》于 1846 年出版，至少到 1911 年才停止再版），但在 19 世纪最后 25 年，书上新推出的食谱和之前明显不同。这些书写得更详细，而且言之凿凿。维多利亚的厨师不会受到球杆形模具之类华而不实的东西影响，跟风把他们以肉冻装饰的鸡肉慕斯做成高尔夫球杆的造型。[1] 虽然菜肴本身的改变很小，但是它们在菜单上的呈现方式还是受到了烹饪潮流的影响。

维多利亚吃的主要是法国菜，她的菜单一贯以法文写成，不时向英国和德国传统致敬。她的日常三餐和英国各地上流阶层吃的是同一类型：重口味、多肉食、制作耗时、食材昂贵。菜单内容大多数按照维多利亚即位前的 19 世纪模式书写，这种模式历经用餐风格的变化，在有钱人的世界中保留下来，一直沿用至第一次世界大战。每餐从汤品开始，有浓有淡任君挑选。浓汤有时被称为泥汤（purée），厨师一般用小火慢炖，直到蔬菜化为菜泥，接着再用滤布过滤。在这一过程中，菜泥被包在一块布中，两端各有一人握住，一起拧这块布，直到菜泥从细小的网眼中渗出。这种做法需要几个人一起完成，另一种做法是用单人就能操作的过滤筛，过滤筛

---

① Mrs. de Salis, *À La Mode Cookery*, London: Longmans, 1902.

180 是一种网眼很细的布筛，两种做法最终得到的结果是一样的。弗兰卡坦利尽管有点不光彩地离开了宫廷厨房，但他的书打着王室的招牌。他推出了一道名为“维多利亚马铃薯浓汤（potato soup à la Victoria）”的食谱，这道浓汤饰以马铃薯丸、芦笋尖和切成钻石形状的四季豆。他的菜泥食谱包含芜菁、栗子、豌豆、春季香草、芦笋、红萝卜和扁豆。1847 年 12 月 29 日，王室餐桌上出现了一道白萝卜浓汤。而由于“女王陛下承认自己禁不住马铃薯的诱惑，厨房以各种想象得到的方式为她制作以马铃薯为原料的菜肴”[1]，马铃薯浓汤就成了固定出现的汤品。

清汤以法式清汤[2]为基础，送上桌前再加上装饰菜，装饰菜就漂在清澈的汤上。牛肘汤（jarret de veau）在御膳记录上出现过数次，这是一种浅色清汤，看似简单却须花数日熬煮，过程复杂又费事，所以由厨房里的第一小厨负责。主厨往下 6 个位阶才是第一小厨，但这绝非一个资浅生手能胜任的职位。女王餐桌上和内廷人员餐桌上的汤品通常一样，所以一般来讲，第一小厨一天要煮 8 ~ 20 人食用的汤。家畜肉（指所有不是野味或家禽的市售肉品）每天被送进宫里，1837 年家畜肉的主要供应商是 J. 阿姆菲尔德（J. Armfield）。维多利亚统治时期的头两周，他就供应了将近 4000 磅（约 1814 千克）的牛肉、2500 多磅（约 1133 千克）的羊肉、2000 多磅（约 907 千克）的小牛肉，以及 400 多磅（约 180 千克）的羊羔肉。除此之外，他还供应 200 多磅（约 90 千克）的板油、36 个牛
181 肝、3 个牛头、204 只牛蹄、28 副小牛胸肉、12 副羊蹄、7 块四分之一（约 90 千克）圈养羊的肉、10 根羊脖子、3 根牛尾以及 4 个牛

① Anon., *The Private Life of the Queen*, 1897, 140.

② 法式清汤即 consommé，参见本书第四章。——译者注

脑。[1] 这是供全体宫中人员食用的肉量，他们吃得很好。至于牛肘汤，这种汤由一副牛肘制成，这副牛肘连同添味的牛肉和鸡肉，一起被置于一口大铜锅里煮，煮开后取出鸡胸肉，留待之后使用。汤沸腾时，表面会有大量浮沫或渣滓，必须以汤匙细心捞除。把浮沫捞干净之后加入蔬菜，一般是红萝卜、西芹和洋葱。调味料也会在这个时候加进去，包括丁香、不可或缺的盐和胡椒等。接下来，整锅汤就以低温熬煮 3 ~ 4 个小时，直到肉变软。在有铸铁炉的一般人家里，掌厨的人会把汤锅移到铁炉后侧比较凉的地方，但在宫廷厨房里可能是移到一个附属的房间。此时这道汤只做了一半，因为它还需要过滤，过滤之后放凉以备净化。净化至少需要 1 小时，做法是将碎蛋壳和备用的鸡胸肉（此时绞碎成肉泥）拌进冷汤里，接着慢火煮。火候的控制是关键。火候控制得当，蛋壳绞肉混合物就会凝结成块，将所有让汤混浊的杂质吸附进去。理论上，最后这锅汤的表面会形成厚厚一层难看的蛋皮，用滤布就能轻易滤除这层蛋皮，留下清澈见底的清汤。如同厨房里的许多工作，这件事可耗费数小时，在熬煮过程中厨师也必须很有耐心。其中一位学徒加布里 182
埃尔·屈米就记述过，有一场大型宴会主厨从宫廷厨房外找了一名厨师来帮忙，结果这个人被主厨赶去重新净化红酒冻。那道红酒冻以鱼汤为基础。主厨毫不留情地斥责那个人："好的红酒冻……应该像一滴威士忌，干干净净，没有半点杂质。威 - 士 - 忌，你知道那是什么吧？知道的话，就去把红酒冻做得像威士忌一样清澈。"[2] 接

---

① RA MRH/MRHF/GOODSREC/KITCHEN/MAIN/1837.

② Gabriel Tschumi and Joan Powe, *Royal Chef: Forty Years with Royal Households*, London: William Kimber, 1954, 43. 屈米说这场宴会是为了纪念维多利亚女王 1897 年即位 60 周年，真实情况有可能如他所说，但若是如此，他就把主厨的名字给搞错了，而且宴会的菜单上没有出现这道菜。一如往常，他可能把它记成后来的其他宴会了，但清汤务必正确净化的大原则是一样的。

下来就是装饰汤品：米饭常用来装饰汤品；把煮汤用的肉做成蔬菜造型或小巧的一口肉丁，也是常用的装饰方法。此外还可用面包丁或椭圆形的小肉丸装饰汤品。可以围绕汤品摆一圈面包丁。把椭圆形小肉丸做成肉泥，再把肉泥过筛、混入鲜奶油和蛋一起煮。有时为了视觉效果会将装饰菜上色，1838 年 2 月和 3 月，厨房收到了西班牙番红花色、胭脂红色（一种鲜艳的红，取自胭脂虫的壳）和“法国绿”的染料。[1]

也有一些以米和大麦为原料的汤品，显然在王室餐桌上很受欢迎。整个维多利亚时代，这些汤品千篇一律，反复出现。有些口味相对平淡，比如几乎每周制作的奶香大麦浓汤（crème d'orge）。有些则工序繁复，和它们看似简单的名称不相符。弗兰卡坦利在书中收录了一道白酱饭泥汤（cream of rice soup）食谱，做法是将纯白的饭泥轻轻倒进汤盅里，汤盅内则立着 12 份清蒸鸡肉卡士达。[2]鸡肉卡士达以模具定型，塑造出完美的形状。

如同大量使用小火慢炖的肉来制作汤品，厨房也依赖各式各样的高汤。这些高汤以不同的肉类、骨头和蔬菜熬成，精致细腻的程度也各有不同。用来为总管室或仆役食堂煮汤的基本高汤的材料可
183 能是骨头和一些制作过程中去掉不用的食材以及一般的蔬菜皮。但内廷成员要喝的汤品有鱼高汤、鸡高汤、牛高汤、羊高汤和野味高汤，依菜单而定。缺乏冷藏设备无所谓，每天的高汤需求量都很大，厨房的基本任务之一就是确保汤锅里煮出源源不断的高汤，而且随时都有已经完成净化的高汤可用。18～19 世纪，高汤在法式

① TNA LS8/298 未以薪金支付的债权人名单，1838。

② 当时的鸡肉卡士达（chicken custard）的基本做法是：把煮熟的鸡胸肉剁碎过筛成肉泥，加入高汤、鸡蛋及盐、胡椒、肉豆蔻粉等调味料，入模以清蒸或烘烤的方式定型。——译者注

料理中的重要地位发展出“便携式”的高汤或汤品。在这些汤品的食谱中，肉、骨头和兽蹄经过炖煮和过滤，最后的成品浓缩到可以倒进模具里定型，放干之后变得像塑胶一样硬，旅人可随身携带，丢进水里溶解后就成了一碗汤。它有个别名——“小牛肉胶”（veal glue）。

汤喝完接着吃鱼，用餐者一样有两种选择，有时不止两种。酥炸小鱼在整个维多利亚统治时期一直深受人们喜爱。以第一轮菜肴的这道鱼鲜料理而言，一般皆以炸鱼为主，通常是炸鳕鱼或炸龙利鱼，更高级（当然也更昂贵）的鱼鲜是多宝鱼。1899 年 5 月有一道多宝鱼鱼柳条配红酒酱（前述波尔多酱），但多宝鱼一般的制作方式是用整条鱼来煮，再配以一种酱料上菜。水煮多宝鱼（turbot bouilli）是另一道屡见不鲜的菜肴。爱德华时代早期一份“维多利亚水煮多宝鱼”（boiled turbot à la Victoria）的食谱简单扼要地说明了这道菜的做法：“以湿布擦拭鱼身，将鱼置于鱼锅中，加水盖过鱼身，放入洋葱、丁香、香芹、醋和适量的盐。将水快速煮滚，直
到鱼煮熟为止。”[1] 这份食谱提到了一件关键设备，水煮多宝鱼没 184
有这件设备就做不成，而这件设备再加上多宝鱼的价格，使这道菜肴成为高级料理。多宝鱼锅（turbot kettle）是独一无二的专用锅具，钻石形的锅身适合多宝鱼的形状，锅往往很大又很重，尤其是在装满食物的时候。这种锅专为每条要价 25 先令的多宝鱼设置，多数鱼价不过区区几便士[2]，如今多宝鱼锅还摆放在温莎堡编了号

---

① Charles Herman Senn, *The Century Cookbook: Practical Gastronomy and Recherché Cookery*, London: Ward, Lock & Co., 1904, 255.

② 旧制 1 先令（shilling）相当于 12 便士（penny），英国现行货币已无先令。——译者注

码的锅架上。[1] 尽管早期的御膳记录没有相关细节，但是水煮多宝鱼应搭配酱料一起食用。前述食谱记载了一种用鸡蛋增加稠度、以辣椒和龙蒿调味的酱料，它其实是以高汤做成的咸味卡士达酱。这个例子中的装饰菜则是龙虾球和香芹。如同肉类，鱼鲜也是每日被送进宫廷，只不过分量小得多，因为只有女王和内廷人员食用。以一餐来讲，一条多宝鱼就足够了。1837 年 7 月，在与前述一样的两星期间，有 8 条多宝鱼被送进宫里，鱼货单上另有 55 磅（约 25 千克）的鲑鱼、18 磅（约 8 千克）的虹鳟鱼、91 条鳕鱼、36 只龙虾、7 盘鲱鱼和 1 只螃蟹。

截至 19 世纪 70 年代晚期，御膳记录的菜单还列了替换菜。1875 年 5 月之后，可能是随着用餐风格转为俄式，鱼鲜变为首副菜。替换菜和首副菜很不一样，就许多方面而言，后者是一餐当中咸食部分的高峰，集复杂、精致于一身，一律由主厨亲自制作（或至少从头到尾全程监督）。相比之下，替换菜通常是火烤或炖煮的肉食，有时搭配蔬菜。这些肉往往穿油（larding），例如 1837 年 12 月御膳记录中的一道“有孔肥母鸡配松露酱”
185 （poularde piqué financière）就有穿油相关的附注。如今多数人用烤箱，不再把生肉架在开放式的火炉上烘烤，但在科技改变烹调习惯之前，穿油是很常见的做法。油滋滋的培根（有时也会用蔬菜，例如小黄瓜）被缝在一块脆骨或者鸡肉上，营造出赏心悦目的视觉效果，既好看又能使食物口感更佳。这种技法也可为比较干涩的肉增添油花，例如雉鸡肉。某些菜肴会用一条长长的培根或蔬菜，一条条培根精心缝到生肉上，成品的整体效果就像一件砖造建筑或几何花纹的布料。这件差事可以放心交给较低级的小

① TNA LS8/298.

厨或较高级的助手，更为资深的人员则负责制作首副菜。整个维多利亚统治时期，肉品的货单上都看得到切好的现成肥肉条。

维多利亚的首副菜很多，而且种类包罗万象。羊排出现的频率很高，以至于很难找到没有这道菜的菜单，而且维多利亚幼时对羊肉的喜好显然持续了一生。19 世纪 40 年代，首副菜也包括鸡柳条和鱼柳条。然而，因为 19 世纪 40 年代厨房换过两位主厨，所以首副菜的种类增加了（但仍有羊排），现在多了龙虾饼、小牛胸肉、贝夏梅酱意大利面、丘鹬沙尔米［沙尔米（salmi）是半熟肉泥混合酱料，以网油包覆后水煮］、骨髓酥皮挞、蔬菜炖肉、鱼肉慕斯丸、油焖肉丁、奶酪通心粉，以及偶尔出现的焗烤百灵鸟。其他菜 186
肴可能包括小牛肉配小黄瓜、雏鸡以及其他野味或家禽胸肉柳条，通常搭配一款酱料，酱料中含有精心裁切的有造型的蔬菜。1880 年以后，模制菜肴似乎更受重视，例如可乐饼（croquette）、炸肉饼（rissole）和筒形咸糕（timbale）。就法式料理而言，筒形咸糕的语义很模糊。其中一个版本是用菜泥或肉泥，中间填入松露、鲜奶油或各种肉类。这种咸糕的模具为圆筒状，咸糕的顶部和侧边通常饰以切片蔬菜或松露，将切好的蔬菜先放进模具里，再从上方将肉泥填入。肉泥需花数小时以大型杵臼捣成，确保质地绵密、入口即化，有时也需过筛。按压肉泥过筛并不容易，对体力来讲是很重的负荷（对筛子来讲也是）。肉泥中心会留空，水煮或清蒸一段时间，接着再把馅料加进去，好让馅料保持鲜美，避免煮过头。另一种筒形咸糕则由做成鸟巢状、先炸过的意大利面装饰菜组成。在维多利亚时代的菜品中，装饰菜可不像现代饮食中炸薯条旁边的西红柿般可有可无，而是组成每一道菜肴的要件。维多利亚时代晚期，装饰菜对一道完整的法式料理而言尤其不可或缺，不但常常呈现在菜名当中，而且往往极其烦琐，做得非常精致。以意大利面筒形咸

糕为例，其中一种装饰菜是两份酥炸兔肉柳条切成奖牌状，连同相
187 当于它们1/3重的松露，加到西班牙式（espagnol）酱汁中。西班牙式酱汁是一种味道鲜美（umami）的酱料，需花数日制作，由牛肉、西红柿和其他蔬菜浓缩而成，是维多利亚时代菜品的要素，味道鲜美得令人难以置信。[①] 法文timbale还有咸派的意思。法国没有等同于英式立体咸派（raised pie）的糕点。英式立体咸派有厚实的热水派皮[②]和满满的内馅，派皮里或者塞满了去骨鸟肉和野味，或者堆了层层叠叠的肉类和蔬菜。法式料理确实有各式各样的咸派，但最接近英式立体咸派的食物，法文称之为pâté chaud或令人混淆的timbale。这些咸派不是由主厨制作的，而是由糕饼厨师制作，包括阿尔方索·古夫在内。他哥哥写的《宫廷料理全书》就收录了timbale咸派，所用食材从通心粉到野兔肉、从鲟鱼到鸡肉，种类多得令人眼花缭乱。与多数英式立体咸派不同，古夫指示厨师要把派顶切掉，露出内馅，并以额外的食材装饰派的顶部，体现了多多益善的精神。巴尔莫勒尔堡一份日期不明（但有可能是19世纪80年代）的女王陛下晚餐菜单上就出现了一道这种类型的鸡肉咸派[③]。糕饼厨师也负责制作所有挞类美食，以及后续上菜流程中类似的烘焙食品。

咖喱是另一种首副菜，要么是小牛肉咖喱，要么是鸡肉咖喱，后者更为常见。在整个维多利亚统治时期，香料货单上会定期出现

---

① 褐色酱汁、贝夏梅酱、白汤酱、红色酱汁、荷兰酱为法式料理五大母酱。——译者注

② 热水派皮（hot - water crust）是将水和油脂一起加热再混入面粉制成。热水派皮坚硬强韧，故可做成包有满满馅料的立体咸派，相对于一般扁平状的咸派而言，英式立体咸派外形犹如大蛋糕。——译者注

③ RA MRH/MRHF/F&V/PRFF 1819 - 1900. 食谱取自Jules Gouffé, *Le Livre De Cuisine*, Paris: Hachette, 1893。

咖喱粉。如同本章开篇附上的食谱，英式食谱中有许多咖喱依赖现成的综合香料，而市售咖喱粉早在维多利亚即位之前就已出现。1854 年，女王的咖喱粉来自一位名叫 B. 亚伯拉罕斯（B. Abrahams）的专卖商。1854 年 5 月，他供应了一打的瓶装咖喱 188
粉。干货属于香料类。香料、糖、果干及其他食材的货单很长，购自 L. 拉什顿（L. Rushton）和查尔斯·雷顿（Charles Layton）等杂货商。查尔斯·雷顿后来成立雷顿兄弟商行（Layton Brothers），其在整个维多利亚时代都是宫廷厨房的供应商。19 世纪 40 年代的订单上有杏仁、红醋栗、丁香、肉桂、姜、肉豆蔻衣、数种葡萄干、肉豆蔻、几种糖、粗粒杜兰小麦粉和无籽葡萄。其他定期补货的商品还有葛粉（增稠酱汁）、甜胡椒、杏仁酱、巧克力、无花果和木薯粉。相同的供应商有些也供应油品，油品类商品有小扁豆、米和米谷粉、意大利面、酱油、鳀鱼、鳀鱼精、大麦、酸豆、酸黄瓜、综合生豆、鱼胶（一种果冻定型剂，取自鲟鱼胆囊）、各种番茄酱、西红柿糊、三种芥末酱、橄榄油、生菜色拉油、胡椒、卡宴辣椒、盐、种类繁多的原味醋和加味醋，到了 19 世纪 40 年代还有数加仑的德国酸菜。记录上也有供应给甜点房的糖纸（wafer paper），以及浸湿后拿来给瓶罐封口用的动物囊袋。英国和其他国家有贸易往来，宫廷厨房定期订购的商品种类足以反映这一点。

随着王室宫殿的数量增加，再加上宫廷里的食品需求大致定型，主要的供应商纷纷获得王室认证。如此一来，他们便能自豪地打着女王陛下供应商的名号。多数部门合作的供应商相当广泛，一来可确保王室恩泽广布，二来也让厨师有最优质的农产品可选。有些供应商的总部就位于各处王宫附近，尤其是生鲜类产品的供应 189
商。有些供应商则主要把货送到温莎堡，这些货物再从温莎堡转送到其他宫邸。温莎堡的账本包括冗长的物流费用，农产品被装入大大小小的篮子、袋子、箱子浩浩荡荡地送至全国各地。1854 年上半年，家畜肉有 19 位不同的供应商，包括名字取得刚好的 W. 吉布利特（W. Giblett）。家禽肉则有 8 位供应商，其中威廉·芬奇（William Finch）的名字略逊吉布利特先生一筹。[①] 这些供应商当中有几位是女性：供应肉品的安·史达宾（Ann Stubbing）、为奥斯本宫供应禽肉的安妮·吕特（Anne Lutte）、为白金汉宫供应禽肉的哈丽特·汤森德（Harriet Townsend）。海产供应商有 11 名，包括一名牡蛎商和一名龟肉专卖商。24 家油品商当中有 6 家和杂货商重叠，例如 C&B 食品公司（Crosse and Blackwell）和福特纳姆梅森百货（Fortnum and Mason）。另一个大家耳熟能详的名字是川宁（Twinings），川宁是两家茶叶供应商之一，供应了 5 种不同的茶品。还有更多的供应商供应了面包、水果、蔬菜、蛋、鲜奶、鲜奶油、奶酪、培根、火腿、牛舌、威化饼以及大量的啤酒、葡萄酒、雪利酒和威士忌。最后，伦敦首屈一指的甜点商冈特氏和布里奇曼氏（Bridgeman's）定期供应蜜饯、饼干、罐装腌渍水果，偶尔也供应蛋糕。[②]

一顿饭进行到此时，如果采用法式用餐风格，第一轮的各道菜肴会被撤掉，用餐者可以稍事休息，接着侍从再送上第二轮菜肴。如果宫廷采用俄式用餐风格，有时会上一道冰沙，用以清除口中余
190 味，接着最主要的菜肴——烤肉就“登场”了。用烤肉叉烤肉既没效率又占空间，完全是以时间和空间换取极致的美味。烤肉的食

---

① 姓氏“吉布利特”的英文 Giblett 发音及拼写都与 giblet 类似，giblet 指的是菜品所用的动物内脏，故作者说他的名字取得刚好。姓氏“芬奇”的英文 Finch 另有“鸟雀”之意，作为禽肉供应商的名字也有一语双关的趣味。——译者注

② 19 世纪 40 年代的资料参见 RA MRH/MRHF/GOODSREC/KITCHEN/MAIN。供应商及其供应产品的完整名单参见 TNA LS8/314。英国国家档案馆（The National Archives）的资料只到 1854 年为止。

材是当季的野味，包括丘鹬、沙锥鸟、鹧鸪、雉鸡、雷鸟、鸻和百灵鸟，它们都曾出现在不同时期的菜单上。更稀奇的珍禽异兽可能来自法国或苏格兰，包括圃鹀、小嘴鸻、松鸡和鹬。野兔也是常端上桌的野味。没什么野味的季节人们就吃鸭、阉鸡（将鸡阉割可使鸡肉更肥嫩，如今在英国已经是不合法的了）、火鸡和鹌鹑。上菜时烤肉的头脚俱在（除了火鸡之外，厨师一般会切掉火鸡的颈部以上和脚踝以下的部分），把火鸡捆成特定的姿势，有时将肝或胗塞在翅膀底下。切烤肉是一门艺术，而且长久以来都被视为绅士的标志。内廷有一名资深男侍为用餐者侍肉，尤其是当宫廷采用俄式用餐风格时。旁桌上还有更多的冷盘烤肉，女王在位期间都保有这样一张旁桌。在特殊的场合中，咸派、猪肉冻和冷盘牛舌也会被端上旁桌，以供用餐者饿的时候食用。实际上这些菜肴往往成为剩饭，赏给楼下等得饥肠辘辘的工作人员。基于用餐的程序，内廷人员似乎不可能经常享用旁桌上的菜肴，至少到19世纪80年代为止都是如此。维多利亚和阿尔伯特常常两个人私下用餐，这时他们就会把第一轮的替换菜和首副菜合并，接着直接跳到次副菜，不吃烤肉。阿尔伯特死后，维多利亚固定采取这种用餐方式，甚至在相对大型的聚餐上，直到19世纪70年代为止（尽管烤肉有时是旁桌菜肴的一部分）。

王室餐桌上的野味很多是在王宫周边地区猎取的，但宫廷会额 191
外订购更多。阿尔伯特对狩猎的热爱必须从更宏观的角度看待，因为这件事涉及王宫的管理和餐桌上的食物来源。除了只有一座小花园的白金汉宫以外，其他王宫有一组猎场看守人看管林地。他们每个人都必须是神射手，才能为有时徒劳无功的王室宾客补充不足的猎物。毕竟客人们把打猎当运动，并未把厨房的需求放在心上。厨师很快就会赶到现场辨别猎得的鸟的种类，要是拖得太久，这些猎物就连拿来做汤都不配。对烤肉来讲，肉的外观至关重要。如果要端上一只烤全鸟，它的脖子和脚可不能断掉，头部得保持原样，胸部也要完好无缺。鹿和其他四足猎物一样需要小心照料，温莎堡的猎场看守长约翰·科尔（John Cole）去世时，讣闻上赞扬他道："他最伟大的功绩……是在早餐之前猎得6头鹿，全都是击中头部，鹿身保持得很完整。他甚至很巧地一枪打死了两头雄鹿，而且完全没有伤及不能损伤之处。"① 侍臣、亲戚以及地方上的猎人也都会进献野味给女王。她暂居布莱顿行宫之时，野味清册上记录了来自新森林（New Forest）王室所有地、里奇蒙宫（Richmond Palace）、温莎堡、邱宫、汉普顿宫和布莱顿猎场（Brighton Hunt）的野兔、鹧鸪、兔子、鹿、沙锥和黑琴鸟，以及塔维斯托克勋爵（Lord Tavistock）送的两头野鹿、塔维斯托克夫人（Lady Tavistock）送的雄鹬和雌鹬（小型水鸟，现在猎杀鹬是违法的），以及其他众多馈赠者送的猎物。诺福克公爵（Duke of Norfolk）给她两只幼天鹅。
192 用幼天鹅所做的菜肴是当时最奢华的肉类菜品之一。

如同许多其他类型的食物，野味的种类比今日多。（我们看待动物灭绝危机的态度更为谨慎，对于所谓的美食也有不同的看法，前人爱吃的东西常让我们觉得匪夷所思。）吃天鹅肉是有钱人专属的权利，但并非女王专属。的确，大众普遍以为女王拥有全英国所有的天鹅，但这件事没有法律依据。现在，天鹅受到各种法律条文的保护，但直到20世纪30年代以前，报纸上还找得到贩卖幼天鹅的广告。诺福克天鹅尤其受欢迎，先把小天鹅养得肥肥的，再趁其年幼时吃掉。维多利亚就算吃天鹅也吃得不多，但从19世纪50年代的一连串骚动来看，她确实在泰晤士河上养了天鹅：有两只天鹅脱逃了，结果被一个人误抓，这人以为那两只天鹅是他家逃掉的天

① RA VIC/MAIN/Z/203/111，讣闻来自 *Land and Water*, 25 December 1869。

鹅。抓走之后，他把天鹅送到禽肉贩子那里。女王的两只天鹅就在一团混乱中从禽肉贩子手上被抢救回来。此外，养在切特西[①]的一群天鹅入侵鲁肯伯爵（Earl of Lucan）的土地，他气得写了一封信，愤恨地威胁要“射杀6只天鹅，把尸体丢在地上。每周五射杀6只，直到最后只剩6只为止。我对这件倒霉事已经太有耐心了，这次我要摆脱它带给我带来的痛苦”[②]。显然，王室得花钱雇人看守天鹅。至少直到19世纪70年代，食谱上都还看得到烤天鹅食谱，尽管这道菜在维多利亚统治初期就已越来越不流行。

在维多利亚统治初期，烤肉被端上桌之后会上另一道替换菜，通常是蛋奶酥或一道传统国菜，例如英式果干碎肉派（mince pie）[③] 或德式黑面包布丁（schwarzbrot pudding）。后来在19世纪70年代，大约是采用了俄式用餐风格时，这道替换菜被合并到下一 193
个上菜流程中，也就是极为精致的次副菜。次副菜有两类：蔬菜类和甜食类。蔬菜类次副菜展现了御菜园的收获，但厨房总会从外面买额外的蔬菜补充自家的不足。同样，甜食类次副菜往往会有水果，包括菠萝、草莓、梨、苹果、覆盆子、杏桃等，主要来自御菜园，并辅以外来的货源，尤其是在19世纪30年代和40年代。女王即位时，御菜园的状况并不理想。御菜园分散八处，分别位于肯辛顿宫、邱宫、汉普顿宫、里奇蒙宫和温莎堡。温莎堡有四处离得很远的御菜园，园长光是骑马巡视一圈就得花半天时间。数十年来，园丁们怨声载道，在菜园日志上抱怨的人有之，通过书信向管

---

① 切特西（Chertsey）为泰晤士河流经的一个小镇。——译者注

② Vera Watson, *A Queen at Home*, London: W. A. Allen, 1952, 115.

③ mince pie中文常译为百果馅派，但传统上这种派的主要食材为碎肉，外加几种切碎的果干。厨师尤其爱用牛舌，到了19世纪则习惯使用烤牛肉。——译者注

钱的人反映的人有之，获得的改善却少之又少，而且通常只是亡羊补牢。维多利亚即位之后立刻组成了一个委员会，彻查御菜园的情况。委员会的调查报告显示出御菜园衰败、萧条和疏于照料的惨况。不过，报告显示了19世纪40年代人们对于御菜园的期望，并清楚显示女王的餐桌是多么与节令脱节。甚至是在进行调查的2月，委员会成员期望看到可以送上桌的成熟水果，结果看到的却是："吾王坐拥各式各样的温室，一字排开长达900码（约822米），但在1837年1月和2月，这些温室竟没种出一颗草莓或葡
194 萄，甚至到了3月也没什么收获。"他们没看到收获，倒是发现了特别滑稽的乱象。御菜园有数千米的墙壁供浆果攀爬生长，有占地几英亩（1英亩≈4047平方米）的温室培育藤类农作物、瓜类农作物和菠萝，还有基本上源源不绝的马粪可为温床①加温，以利栽种芦笋、叶菜类和香草类农作物。然而，厨房却固定从别处订购御菜园本身就有的农作物，接着又疲于应付管理不善导致的供过于求，例如1837年8月的221个菠萝和2900根小黄瓜。② 御菜园的糟糕状况使委员会对人员的招募或留用很苦恼，而这整个乱象愈演愈烈。

维多利亚时代，管理得当的菜园可是绝佳的场所，一年到头借助于各种控制开花结果的技巧，或者催熟，或者延迟生长，四季都可提供当季的蔬果。许多大型菜园有炭火锅炉间，将墙壁烘得热乎乎的，也为温室注入热蒸气。砖墙是不可或缺的，依据砖墙的朝向和土壤类型，农艺手册说明了每一面墙上最适合栽种的植株。多数

① 温床（hot bed）为具有加温作用的苗床，热源来自发酵粪肥。——译者注

② Susan Campbell, "The Genesis of Queen Victoria's Great New Kitchen Garden", *Garden History* 12, no. 2, 1984, 112.

菜园也有蘑菇棚和砖造冷床[1]，以及哈密瓜圃和小黄瓜圃，专用温室的种类更是令人眼花缭乱。就连规模较小的菜园也能做得很好：马粪在腐烂的过程中释放出大量热能，而在一个依靠马匹的国家，菜园从来不缺可作为堆肥的马粪，蔬果在最严酷的环境中也能靠粪肥生长。当时普遍食用的蔬果种类比现今多，而且包括一些奇花异果，如欧楂和野李子、泽芹和海甘蓝，很多蔬果21世纪的现代人 195
可能听都没听过。［欧楂属蔷薇科苹果亚科，需要放软（也就是部分腐烂）才能吃；野李子是李子的一种；泽芹是一种根茎类蔬菜；海甘蓝则是甘蓝的一种，像大黄一样要用倒扣的花盆盖起来遮光，促使它长出白嫩的长茎，接着将又白又嫩的长茎捆成一束，水煮后淋上酱料食用。海甘蓝尝起来不像现代人常吃的羽衣甘蓝，而且口感比较像芹菜，没有我们熟悉的那种甘蓝般锐利的叶缘和坚硬的菜梗。］维多利亚时代的人是了不起的蔬果培育家，不断培育出新品种的蔬菜和水果，所以不管什么菜园，总有适合生长的蔬果，不管个人口味如何，也总有令人满意的蔬果。1883年，皇家园艺学会（Royal Horticultural Society）的记录上，光是苹果的品种就超过1500种。[2] 更有甚者，维多利亚时代的人也创立了英国人独有的分类法，把苹果分成烹饪用和生食用，较为古老的品种多半是两者都适用。御菜园没有沦为废墟的借口，也不该导致女王的餐桌上“新鲜水果的供应量还不如多数的贵族宅第”。[3]

然而，情况已经发生了改变。肯辛顿宫的御菜园被卖掉了，如

---

① 相对于温床，冷床（cold frame）为利用天然太阳光，不采用人为加热方法的苗床。——译者注

② Jenny Uglow, *A Little History of British Gardening*, London: Pimlico, 2005.

③ Susan Campbell, “The Genesis of Queen Victoria's Great New Kitchen Garden”, *Garden History* 12, no. 2, 1984.

今长埋在一整条街炙手可热的房产底下［这条本来叫作女王路（Queen's Road）的街道，现在名副其实地被称为肯辛顿宫御菜园街（Kensington Palace Gardens）］。邱宫的御菜园最后变成植物园（Botanic Garden），成为现在对外开放的大片园地的一部分。汉普顿宫的御菜园彻底荒废了。温莎堡则有一座全新的合并菜园，占地
196 总计 27 英亩（约 10 公顷），完工时将是“全欧洲最完美的菜园……以一流的农法为王室餐桌供应最优质的蔬果”[1]。在设计它时考虑到王室成员来访，在园长的房舍里另有提供给王室成员的客房，在客房里可以俯瞰底下的农作物，农作物以一座喷泉为中心，一排排种得井然有序。园长的待遇与主厨相当，而且有资格分得宾客留给宫中人员的赏钱（小费）。[2] 御菜园清册显示出御菜园供应给厨房的大量蔬果，包括 1869 年：37 配克（74 加仑）菊芋、138 捆芦笋（每捆有 100 枝）、111 篮半打装的甜菜根、16800 根主要菜园栽种的胡萝卜、284 根温室栽种的胡萝卜、1080 座支架上长的小黄瓜、603 篮一打装的菊苣、719 篮半打装的莴苣、5208 磅（约 2362 千克）的老马铃薯和 2882 磅（约 1307 千克）的新马铃薯[3]，外加 254.5 磅（约 115 千克）的温室马铃薯、415 捆水萝卜和 254 捆温室水萝卜、132 株外面菜园种的大黄和 110 株来自温室的大黄、858 篮来自温室的“小沙拉”（small salad），以及 92 根被遗忘的奇花异果——婆罗门参（scorzonera，婆罗门参是一种根茎类的蔬菜，貌似牛蒡，切开或削皮时会渗出黏液，黏液会从白色变为褐色，处

---

[1] Susan Campbell, "The Genesis of Queen Victoria's Great New Kitchen Garden", *Garden History* 12, no. 2, 1984, 116.

[2] RA MRH/MRH/H/H/2/16, Vails distribution list, 1895. 当时的园长名叫欧文·托马斯（Owen Thomas）。

[3] 新马铃薯（new potatoes）在马铃薯相对不成熟时采收，老马铃薯（old potatoes）在马铃薯长到最大时采收，它们的口感和淀粉含量不同。——译者注

理起来很麻烦）。必要时，宫廷厨房仍会从外面购买额外的农产品。1854 年，新菜园的产能早就达到顶峰，王室付给蔬果商的款项仍包括数以百计的芦笋、白花菜、胡萝卜、马铃薯和芜菁，以及更多特别的蔬菜，包括墨角兰、龙蒿、菊苣、四棱豆、酸模和数量大得惊人的西洋菜（当时极盛行用西洋菜来装饰菜肴）。水果的收成显然 197
更符合需求，因为外来的水果大多以柑橘类为主，包括数以千计的血橙、橘子、柠檬和柳橙。此外，宫廷厨房也定期订购草莓，包括名字取得刚刚好的“英国女王莓”（British Queen）。[①]

从煎炒烹炸、配以酱料，到不可避免的模具定型和多层焗烤，蔬菜类的次副菜制作方式不一而足。成品背后花费的功夫非菜单上的简单菜名所能尽述。只要是能做出形状的东西都会被拿来雕琢一番，就连菠菜也有造型。菠菜以冬季菜肴之姿出现在菜单上，制作起来远比表面上烦琐。甚至在送到厨师手上之前，女佣就得先把菜梗挑干净，把菜叶洗上数次，沥干水分之后再以盐水煮熟，然后将其丢到冷水中（以保持色彩鲜艳），接着轻轻挤干，力道要控制得当，免得损毁菠菜。负责的厨师（可能是其中一位助手级厨师）接着将菠菜捣成泥，再仔细按压过筛，之后就放着备用。到了要用的时候，厨师再把菠菜下锅加热，锅里有奶油、肉豆蔻和少许肉汁，肉汁用了大量原汤的牛蹄，肉汁浓稠油亮。最后把菠菜泥利落地摆在加热过的餐盘上，饰以面包丁上菜。许多蔬菜配上普遍称为融化奶油酱（melted butter）的酱料，但名称可能会造成误解，这种酱料是少数源自英国本身的酱料之一，但它不是融化的奶油，而是奶油跟面粉和成的面糊，加水调到酱汁的浓稠度，并加大量的醋和柠檬汁，最后再加更多奶油和调味料。这种酱料美味极了，但绝 198

① 1854 年未支付薪金的债权人名单参见 TNA LS8/314。

不只是把奶油融化那么简单。弗兰卡坦利做这种酱料做得很好，他指出："虽然很简单，只要做得好，融化奶油酱依旧是一种很实用也很美味的酱料。但一般做得不好，它太常被当成一种无关紧要的配料丢给助手去处理，结果普遍不如人意。"[①] 他接着列了一份冗长的酱料清单，都是以相同的原则为基础，包括一种用来搭配芦笋的奶油酱。这种奶油酱常用来取代荷兰酱，本质上是前述的融化奶油酱加上鲜奶油。

蔬菜和其他各种咸味次副菜同时上菜，例如鸡肉沙拉、奶酪面包棒、鸻鸟蛋、炸薯条和煮熟的牡蛎。但咸食不是唯一的，这些菜肴会被甜食类的次副菜包围，有可能是巧克力泡芙、蛋白霜、甜甜圈、牛奶冻和菠萝布丁中的任何一种。水果则以酥皮馅饼（Vol-au-uents）、水果挞、果冻、奶酪和布丁等形式上菜。这里面没有一道是比顿太太和伊丽莎·阿克顿[②]版的家常简易菜品，相反的，食材经过模具定型、挤花、装饰、调味、定型、过滤、捣泥等，成品已经升华为可以吃的艺术品，看不出原始食材的样貌了。显然，简单的食材做出了辉煌的贡献，厨师的好手艺则保证约克夏布丁（Yorkshire pudding）一定是正统的英国菜肴，而在它旁边的法国菜绝对足以媲美任何巴黎当地的菜品。[③] 菜单虽以法文写成，拥有英国国菜地位的菜肴则向来是用英文写在菜单上，主要包括烤肉、布丁、立体咸派和猪肉冻。维多利亚的餐桌也有受到德国影响的迹
199 象，德国香肠和德国酸菜都经常出现在补货单上。

---

① Charles Elmé Francatelli, *The Modern Cook*, 9th ed., London: Richard Bentley, 1855, 17.

② 比顿太太指伊莎贝拉·比顿（Isabella Beeton），她和伊丽莎·阿克顿（Eliza Actons）皆为维多利亚时代的家常食谱书作者。——译者注

③ Benita Stoney and Heinrich Weltzien, eds., *My Mistress the Queen: The Letters of Frieda Arnold, Dresser to Queen Victoria*, London: Weidenfeld & Nicolson, 1994, 55.

甜食类的次副菜多数归甜点部门负责。甜点部门远离热烘烘的主要厨房，位于一个明亮的八角形房间里。供应商定期给宫廷供应四种类型的糖，甜点部门是这些糖以及大量坚果和香料的主要客户。1854 年 5 月，E. 克利福德（E. Clifford）的申请款项明细包括 4 磅（约 2 千克）五香粉、24 磅（约 12 千克）约旦杏仁（Jordan almond，我们沿用至今的标准甜杏仁）、4 磅苦杏仁（添味之用，含有少量氰化物，故需小心使用）、2 磅（约 1 千克）冰糖、2 磅丁香、150 磅（约 68 千克）醋栗、1 磅（约 0.5 千克）葛缕子、2 磅可可豆、肉豆蔻和肉豆蔻衣各 1 磅、96 磅（约 44 千克）葡萄干、936.5 磅（约 425 千克）单一精制糖、66 磅（约 30 千克）加倍精制糖、30.75 磅（约 14 千克）三倍精制糖[①]，还有另外 186 磅（约 84 千克）的里斯本糖（Lisbon sugar）、18 磅（约 8 千克）苏丹娜葡萄和 4 磅粗粒杜兰小麦粉。这不是全部，惠廷曼氏（G. R. & H. Whittingham）供应了总计 906 磅（约 410 千克）各种不同的糖类，外加 46 磅（约 21 千克）的杏仁、96 磅的醋栗和 13 磅（约 6 千克）的麝香葡萄、48 磅（约 22 千克）的标准葡萄、数磅更多的香料、6 磅（约 3 千克）弗莱氏（J. S. Fry & Sons）巧克力，以及 2 磅可可粒。糖的数量这么庞大没什么好惊讶的，从牛轧糖到蛋白霜，许多甜食要用到糖，大型宴会又很流行糖丝篮和气势磅礴的糖膏雕像。1837 年 7 月，女王在白金汉宫的第一晚，她吃了嘉妮丝牛轧糖（nougats garnis）。于勒·古夫（Jules Gouffé）几年后出版的《甜点之书》（*Livre de Pâtisserie*）当中有一个女王牛轧糖（nougats à la reine）的食谱，嘉妮丝牛轧糖可能是

---

① 单一精制糖（single refined sugar）、加倍精制糖（double refined sugar）、三倍精制糖（triple refined sugar）指分别经过一次、两次、三次精制程序制作的精制糖。——译者注

这道食谱的改进版。这种牛轧糖的做法还挺标准的：杏仁悬浮在糖
200 浆之中，煮至硬脆[1]后趁热定型。对外行人而言，做牛轧糖难如登天，尤其因为它很快就会定型。古夫建议厨师应该两人合作制作这种牛轧糖。女王牛轧糖用的是整颗糖衣杏仁，半数染成粉红色，半数染成白色，外加染成白色的糖衣开心果。他建议将牛轧糖放进六边形的模具中定型，六个边交替放置粉色杏仁牛轧糖和白色杏仁牛轧糖，趁热沿着接合处把开心果压进慢慢变凉的牛轧糖中。接下来就可在侧边挤上糖霜，或者装上一个造型糖雕。女王出宫远游时，甜点房定期给女王寄包裹。1897 年 9 月，寄给她的甜点包裹里有 16 个巧克力海绵蛋糕、16 片翻糖饼干、1 盒威化饼、1 盒夹心巧克力、12 个原味海绵蛋糕、1 块米饼、1 个公主蛋糕、1 盒饼干、1 盒滴形炼乳糖[2]和 18 片扁平手指饼干。[3]

可能对付热腾腾的糖还不够具有挑战性，甜点房也负责制作许多奶酪和果冻。奶酪和果冻也属于甜食类次副菜。当时，这类甜点是借助鱼胶或牛蹄提炼的吉利丁来定型，后者更常使用，所以账册中才会有一堆牛蹄账单。这类甜点要花数日熬制，甚至比高汤更费工，净化和过滤所费的工夫和制作高汤所费的工夫不相上下，此外多了一点用酒和糖来添味的步骤，并且暗藏放凉之后无法凝固的风险，而最后的成品不仅要凝固，而且要带有弹性。这种最基本的酒冻被当成基础食材，用来做一些不可思议的别致甜点。这些甜点往往有专门的模具，让厨师可以把未凝固的奶酪或果冻填进去。到了

---

① 此处硬脆（hard crack）为制糖术语，指制糖过程中，糖浆达到 150 摄氏度左右，此时将糖浆滴入冷水中测试，糖浆会马上凝固呈现硬脆状态，并发出类似玻璃碎裂的声音。——译者注

② 炼乳糖（tablet）为苏格兰传统甜点，以砂糖、炼乳、奶油制成。——译者注

③ Anon.，*The Private Life of the Queen*，1897，117.

19 世纪末，厨师用这些模具还可以做出精雕细琢、各式各样的立体美食。然而，比起维多利亚时代晚期食谱书作家天马行空的发 201
明，王室日常菜单上的果冻可能比较朴实。19 世纪 90 年代，女王就像 1835 年在坦布里奇韦尔斯养病时一样，爱吃其貌不扬的普通果冻，包括柳橙果冻在内。果冻也会被单独装在玻璃杯中，如果女王采用法式用餐风格，这些果冻杯就会被放在点心架上呈现。1838 年 8 月至 9 月，宫廷向玻璃商订购了 288 个玻璃杯。1852 年，白金汉宫的厨房整修时，则向班宁顿氏订购了 48 个不同大小的普通模具，外加一个“庙顶模”和一个“铜制缠头巾中空模”[1]。

果冻需要冰块协助凝固。冰块也是制作冰品的必备要件。冰品是另一类标准的甜点，也由甜点房制作，像冰激凌半球（iced bombe）或冰激凌布丁（iced pudding）之类的冰品，也常常被当成甜食类的次副菜。那些当成餐后甜点的冰品用于清除口中余味，到了用餐者酒足饭饱之后才会以小分量呈上，而且通常只是装在冰桶中，让用餐者自行取用。冰激凌布丁[2]则稍微费工一些。制作基本的混合物本身并不难：冰激凌无非是由卡士达酱或甜味鲜奶油和面粉混合而成，水冰则是用水、糖浆和调味料做成。冰沙也会出现在餐桌上，而且一般会用到酒。制作冰激凌用的是一种圆底、有盖的冷却锅，冷却锅放在一个装满冰块和盐的木桶中，盐可以迅速将冰
块降至零下 20 摄氏度。冷却后将冰激凌放进冰桶中，冰桶一阵一 202
阵地旋转，甜点师傅不时将盖子打开，刮掉桶壁上冻结的部分，确

① 参见 TNA LS8/312，档案里还有很多不同模具的订单，虽然宫殿里已经有非常多厨房用具了。19 世纪时称为“缠头巾”（turk's cap）的烹饪模型，形状犹如现在的咕咕霍夫烤模。——译者注

② 冰激凌布丁即冰激凌半球，两者指的是同一种冰品，因外观呈半圆形、形状像传统英式布丁而得名。——译者注

保最后做出来的成品柔滑细致。维多利亚时代的冰激凌口味很多，而且比今日常见的口味更特别。当时的冰品相关书籍中，首屈一指的是阿格尼斯·马歇尔（Agnes Marshall）的《冰品之书》（*Book of Ices*），书中提到的冰激凌口味有小黄瓜、香柠檬、香蕉、枸橼、橙皮、榛果、榅桲、茶、玫瑰水、西洋李子、栗子，以及可能没那么诱人的咖喱口味。她的下一本书《花式冰品》（*Fancy Ices*）更是精彩呈现出技术、时间和科技结合之下的无限可能。她的书不应被视为了解宫廷冰品的指南，因为她的客群不只是那些企图心强和想要炫耀的人，还有那些没时间又欠缺古老技艺的人。这些人很乐意购买她的食谱所需的众多专属食材，以及已经调配好的现成材料（这些可通过向马歇尔本人邮购获得）。然而，别忘了，简单的名称不代表简单的食谱：马歇尔的冰激凌半球看似制作简单，但装饰的程度足以使人忽视冰激凌本身，装饰材料包括糖丝篮、铁线蕨，还有用水果造型的模具做的彩色水冰。宫廷厨房做的冰品很多，需要多套冷冻设备。1838 年 9 月，厨房以 5 英镑 10 先令的价格，向约翰·罗伯茨（John Roberts）买了 4 个有盖冷却锅，随锅搭配名
203 称取得很妙的冰桨[①]。冰桨是冷却锅专用的搅拌工具。冰块则来自王宫内部，尽管偶尔也从外面补货。买来的冰从北美和格陵兰运到英国，存放在国王十字区（King's Cross）的巨型商用冰窖中。

用餐过程中，面包从头到尾都在桌上。以女王的餐桌而言，桌上放的是一个个法式小餐包（French rolls）。厨房虽有面包房，而且雇了两位烘焙师，但他们显然不能满足全体宫中人员的需求，厨房总是会从外面购买面包。1854 年的账册列了 24 家不同的供应

---

① 英文中，冰桨（spaddle）借船桨（paddle）这个词的拼写取名，这种工具的造型像船桨一样，故作者说名称取得很妙。这个词现在已经不用了。——译者注

商，有些只供应少数品类，有些则主要供应酵母，有些供应酿酒酵母，也有些供应称为德国酵母（German yeast）的新式压缩酵母（今日大概被当成“新鲜酵母”出售）[①]。也有一些供应商供应了面包脆片、蛋糕、松饼或饼干，包括弗兰卡坦利在《现代厨师》一书中附了食谱的阿尔伯特饼干（Albert biscuits）。还有一些厂商主要供应面粉，但1854年的账册中绝大多数是面包账单，供应的面包有白吐司、农舍面包、辫子面包、餐包、花式面包（fancy bread）（作为早餐食物），以及名字取得引人遐想的“头和屁股”（tops and bottoms）面包。说句公道话，不是宫里的面包师功力不够，面包是维多利亚时代英格兰的主食，需要很大的量才能喂饱在宫里居住和工作的人，尤其是那些吃白吐司和农舍面包的低级仆役。

几乎可以确定低级仆役是啤酒的主要消费者。1854年，啤酒来自16家不同的供应商，包括惠特贝瑞（Whitbread）和巴斯（Bass）。低级仆役也喝最便宜的茶（也就是混合茶）以及穷人的标准饮品——水。较为高级的仆役喝到的则是葡萄酒，尤其是女王 204
的贴身仆役。葡萄酒是一桶一桶送来的，包括摩塞尔气泡酒（sparkling Moselle）、波尔多红酒［包含克莱（Claret）、拉菲堡（Château Lafitte）和玛歌堡（Château Margaux）］、香槟及其他许多种葡萄酒。雪利酒也极受内廷人员欢迎，此外还有波特酒、马德拉酒、白兰地，以及各种利口酒，包括橙皮酒、杏仁甜酒、金箔酒和樱桃白兰地。威士忌也是一桶一桶订购，连同苏打水和气泡矿泉水——这两样既被视为调酒的原料，也被当成健康饮品。厨房购入各种不同等级的葡萄酒、波特酒和雪利酒，上等货供应给女王，次

---

① 现今压缩成块状的酵母。商品名称往往以“新鲜酵母”（fresh yeast）标注。——译者注

等货给地位较低的人，所以后者喝到的是和多数中产阶级家庭相当的饮品。酒窖里的存货相当充足，1841 年的库存有将近 11.2 万瓶。饮用量也很大，虽然维多利亚没有酒鬼的名声，但她饮酒也不节制。婚后初期，阿尔伯特主要的顾问斯托克马男爵坚持要他限制他妻子的喝酒习惯，因为“身为女王，一餐不该喝掉一整瓶酒”。19 世纪 50 年代，宫廷的人在饮酒上已经变得比较节制：平均每人一餐配半瓶葡萄酒（所以是一天喝一瓶）①。尽管内廷人员怨声载道，但是阿尔伯特仍试图呈现出王室饮酒不过量和不乱花钱的形象。然而，许多酒的价格有点破坏这种亲民的形象。而且，凡是对王室餐桌上的日常饮食有点认识的人，都会觉得他们的一国之君绝
205 对是高高在上的，稳居英国社会金字塔顶端的宝座。

---

① 斯托克马男爵的说法和酒类消耗量的数据，参见 Charles Ludington，“Drinking for Approval：Wine and the British Court from George Ⅲ to Victoria and Albert，in Danielle de Vooght”，ed.，*Royal Table：Food，Power and Status at the European Courts after 1789*，Farnham：Routledge，2016，57－86。

第九章

奢华盛宴

身为贵族，维多利亚必然吃得很好。然而，身为女王，吃饭这件事可不只是一日三餐而已。应酬是工作的一部分，端上桌的菜肴是让人刮目相看的机会，吃吃喝喝乃促进友谊之必要。饭局上的外交远比官方的政策、官员签署的条约、推选出来的代表等复杂而深刻。平常在宫里和 3 个人或 30 人用餐是一回事，但不管维多利亚喜不喜欢，她也是多数国宴的焦点，尽管到了晚年，她对这件事厌恶至极。国内外的人们都想和女王共进晚餐。随着年纪越来越大，她尽可能仅以公爵夫人之姿微服出游，避开做客和做东的交际应
酬。但身为女王以及后来的女皇[1]，她最终还是得接受做样子、充 206
场面是女王的部分职责所在的事实。

应接不暇的各国元首很早就大驾光临，甚至 1837 年 7 月，维多利亚任内第一份宾客名单出现在御膳记录上时，记录上有许多王子、公爵，偶尔也有国王。自然而然，利奥波德舅舅也迫不及待地越过英吉利海峡，来看现在已经贵为女王的外甥女。1837 年 9 月，他待了三个星期之久。维多利亚欣喜若狂，乐得向舅舅炫耀她的新身份——不只身为女王，也身为终于能在她的新家当家做主的女主

---

① 维多利亚后来也成为印度女皇，详见本书第十一章。——译者注

人："我最亲爱的利奥波德舅舅和露易丝舅妈在7点抵达，他们俩都很好，一副精神奕奕的样子。亲爱的舅妈看起来好极了，身材发福了些。我和妈妈领着全宫廷的人去门口迎接。对我来讲，有我最亲爱的亲戚在我的新家陪着我，那种幸福和喜悦真是无法言喻。我带他们去他们的房间，接着匆匆换装准备吃晚餐。我们晚上8点开饭。"[1] 这次来访既是家族聚餐，也是官方正式的国事访问。维多利亚和舅舅、舅妈及肯特公爵夫人每天一起共进早餐，没有什么专为利奥波德举办的隆重舞会或宴会，但每晚都有大型聚餐，尽管吃的是平常就已经很丰盛的宫廷菜肴，没再特别多做菜肴。在国家元首用餐的场合中，绝大多数聚餐是稀松平常的，食物与平日别无二致。维多利亚招待过很多不同地位和政治党派的客人，
207 温莎堡和白金汉宫的每一顿晚餐都很重要，每一道菜肴都要显示出她尊贵的地位。每年王室餐桌前的座上宾的人数都很惊人，光是1841年就有超过11.3万人。然而，还是有一些贵宾被赋予更特别的地位。[2]

千层猪头配肉冻（Boar's Head with Aspic Jelly）[3] > > >

从肩部切下培根猪[4]的头部，从喉部下方开始仔细去骨，接着将猪头摊开，置于1个大型陶盘上，抹上下列食材……抹好之后，倒上1夸脱波特酒酒糟，于阴凉处放置两周……密切观察，每日翻面，使

① QVJ 29 September 1837.

② Christopher Hibbert, *Queen Victoria, a Personal History*, London: HarperCollins, 2001, 346.

③ 详见附录。

④ 培根猪（bacon hog）又称腌肉型猪，为适合用来做培根或腌肉的猪种。——译者注

> 其浸渍在释出的卤水中。
>
> 到了要着手制作之时，将猪头从卤水中取出，用冷水彻底洗净，再用干净的布吸去表面所有水分，擦干后摊开置于烹饪台上。接下来，将猪颊凹凸不平的部位削掉，把削下来的肉切成细长条状，连同猪舌、厚培根、松露（按肉冻做法处理）。接着在猪头内侧铺上一层五香碎肉（和肉冻用的材料相同），厚约1英寸（约2.5厘米），五香碎肉上再铺猪舌、培根、松露，并撒上开心果仁（需去皮），重复铺一层五香碎肉、一层猪舌等食材，直到猪头内侧被填满，撑出猪头的形状。以针和细麻绳缝合猪头，确保馅料不会掉出来。再以一块强韧的布包裹猪头，这块布事先均匀抹上奶油，猪头装进去之后将布缝好，以保持猪头原来的形状。将包好的猪头放进一个椭圆形大炖锅中……炖锅置于火炉上；一沸腾就将浮沫撇掉，接着移到小火上（盖上锅盖，锅盖上放一些火红煤炭），继续慢炖或慢滚约5小时……① 208

1844年6月来访的俄国沙皇是第一位真正的贵宾，相关接待事宜带来了莫大的考验与折磨。在日记中，维多利亚写到自己是如何每天巡视为沙皇和他的随从准备的宫室。她列出哪些画要挂在哪里，并记录窗帘的细节。沙皇的行程与萨克森国王（King of Saxony）的行程撞期，维多利亚在接待后者时自在得多。沙皇大驾光临的第一晚，她留下的记录透着淡淡的不安，可见接待陌生人给她带来很大压力。

> 穿着正式晚礼服的沙皇领我入内，我坐在他和萨克森国王中间。沙皇眼里有一种怪异的神色，几乎可以说是眼神狂乱，

---

① Charles Elmé Francatelli, *The Modern Cook*, 9th ed., London: Richard Bentley, 1855, 377 - 379.

> 看着令人不舒服。但他的礼仪很完美，举止高贵大方。然而，我感觉他不是一个快乐的人，而且好像有点不自在。他难得露出笑容，就算笑了表情也不亲切。整体而言，在我看来，他给人的印象还好，阿尔伯特认同我的看法。我们举杯祝沙皇健康，他回敬我道："la sante de Sa Majesté la Reine。"[①] 他说得相当流利，说完吻了我的手一下。[②]

她渐渐适应了与他相处，并如同利奥波德和其他重要国宾来访
209 时一样，她不只和他共进晚餐，尽管有时情况尴尬。宫廷生活有一套还比较固定的作息："沙皇的守时颇令人难为情，因为今天 8 点不到他人就在大廊[③]了，昨天用晚餐时他很早就到了。我们 9 点跟他和萨克森国王吃早餐。"[④] 比较年长的孩子们通常会参加这样的早餐会，或者紧接着在餐后像变魔术似的冒出来，为席间增添轻松氛围，并营造一种和谐友好的假象。政治是不可避免的话题："就在午餐之前，沙皇到楼上阿尔伯特的房间，接着领我下楼到小会客厅，我们在小会客厅跟他和萨克森国王吃午餐。沙皇开始谈到政治，而且把话说得很直白……午餐结束后，起身时他吻了我的手一下，请我原谅他说了这么多，但他实在不想错失任何获得理解的机会。"然而，把沙皇安全送出英国之后，在真正开心聚餐的场合，这对王室夫妻和萨克森国王立刻开始为沙皇的统治方式和他发表的政治理念表示遗憾。[⑤] 如同多数访客一样，沙皇被带去参观了整座

---

① 此处沙皇以法文说"祝女王陛下身体健康"。——译者注
② QVJ 2 June 1844.
③ 大廊（Grand Corridor）为白金汉宫中通往中国风早餐室的廊道。——译者注
④ QVJ 4 June 1844.
⑤ QVJ 7 June 1844.

温莎堡，包括鸟舍、农场、狗舍、花园、厨房和餐盘室。他也很明白他们的用心。1844 年 6 月 7 日，他不只和女王一家共进早餐，还和萨克森国王共进午餐，也出席了共有 39 人参加的晚宴，并在晚上 10 点 45 分，参加在白金汉宫王座厅举办的舞会，受邀者多达 259 人，[①] 舞会也供应轻食点心。当时的女王怀着她的第 4 个孩子，怀孕 6 个月的她在舞会结束后表示自己很累。不过，这一切的努力似乎是值得的。针对这种集体共进每一餐的待客之道，以及在合乎 210
王室规矩下尽可能住得很近的做法，阿尔伯特曾一时感触良多地与维多利亚聊起："阿尔伯特谈到我是多么得天独厚，不只能亲眼见到沙皇和其他大驾光临的贵宾，还能借由生活在一起更了解他们，远超过正式场合上的肤浅接触。他们很高兴受到这种款待，并因此更重视我们，而不是把我们当成泛泛之交。"[②] 本质上，维多利亚把沙皇当成朋友来对待，这在当时的欧洲并不稀奇，但比起她任内晚期只邀请来客共进晚餐、吃完饭就拍拍屁股走人，这时她做了更多促进外交的工作。

维多利亚对国事访问不只应付得来，而且能够乐在其中，4 个月后法国国王路易·菲利普（Louis - Philippe de France）来访时，维多利亚已经做好了接待他的准备。英国王室曾在前一年造访法国，那是 1520 年以来首度有英国君主访问法国，而且维多利亚对整趟行程赞赏有加。现在她有机会回报在诺曼底（Normandy）受到的款待了，路易·菲利普客居温莎堡期间，王室餐桌前有多达 435 人就餐。[③] 10 月 9 日，维多利亚和阿尔伯特带领路易·菲利普一行人参观温莎堡，照例包括厨房在内："主厨莫华（Moroy）被

---

① QVJ 7 June 1844；RA F&F/SVIN/1844：关于晚餐的部分记录。

② QVJ 9 June 1844.

③ RA F&V/SVIN：state visits to England 1841 - 1899.

介绍给他，莫华是巴黎人，法国国王非常亲切地与他谈话。”[①]［莫华是从1842年起担任主厨的皮埃尔·莫雷（Pierre Moret），维多利亚可能只是按照发音写下他的名字。］当晚，他们在圣乔治厅（St.
211 George's Hall）盛大的晚宴上品尝了莫雷的拿手好菜，较为高级精致的菜肴，包括龟肉汤、多宝鱼、穿油鹿柳条、小牛头、松露阉鸡、羊蹄酥盒、松鸡肉、莴苣菜卷、朝鲜蓟、香槟酒冻、菠萝果冻和水煮杏桃配米布丁。他们在前一天也吃了龟肉汤、多宝鱼和鹿肉，以及非常费工的穿油兔腰子，还有一道帕马森起司锅。最后这一道不是20世纪70年代滑雪完填饱肚子用的那种起司锅[②]，而是一种奶酪卡士达咸派，相对于一堆甜味烘焙食品（包括鲜奶油内馅的甜甜圈和橙花口味的饼干在内）来说，这种帕马森起司锅属于咸食类食品。烹饪最耗时的是龟肉汤，它是奢华盛宴上的经典菜肴，因为它展现了主厨深厚的功力。主厨要知道怎么把一只活生生的乌龟剖开、清除内脏，并把它做成一道美味佳肴。有时候，龟鳍被用作另一道菜，在招待法国国王的时候，龟鳍就被做成第一轮菜肴中的一道替换菜。龟肉汤刚流行，因为它贵得不得了，所以在企业的筵席上很受欢迎。它展现出英国的贸易实力，而且据说是乔治四世最爱的菜肴之一。龟肉汤不仅限于招待地位很高的贵宾，但它也不是半夜突然想吃就吃得到的食物。1840年，厨房总共送上了4锅龟肉汤，其中一锅重达140磅（约64千克）[③]。晚宴一如往常采取法式用餐风格，但在诸如此类的盛大宴会上，常见的情形是各种菜肴沿着餐桌以固定的间隔重复放置。单从菜单看不出来谁吃了多

---

① QVJ 9 October 1844.

② 此处指源自瑞士的习俗，冬天滑雪之后人们围坐在热乎乎的起司锅边取暖并填饱肚子。——译者注

③ RA MRH/MRHF/GOODREC/KITCHEN/MAIN.

少，而一连串的书信暴露出王室宴会的隐忧。在这次国事访问行前，比利时王后露易丝（Queen Louise of Belgium，路易·菲利普的女儿、利奥波德的太太）写信恳求维多利亚，不要让路易·菲利普跟他们一起吃早餐（就算他很想这么做），而且，每天的第一餐 212
或任何点心都只给他喝鸡汤，但她补充道："你不可以告诉他是我交代你这些事情。"她接着写道："我们很确定……你和阿尔伯特会照顾他，把他交给你们我很放心……令家母不安的是，一旦放任他，他就会不知节制，按她的话说：le jeune homme[①]，骑马、跑来跑去，什么都做，好像他只有 20 岁似的。坦白地说，她也很怕他会吃太多。"[②] 英国宫廷成员向来是出了名的吃太多，路易·菲利普的妻女在他行前才会忧心忡忡。

安排国事访问的工作向来很累人，但其中又有些事情更伤神。阿尔伯特去世前，维多利亚完整参与的最后一场重量级国事访问，是 1855 年拿破仑三世（Emperor Napoleon Ⅲ）来访的那一次。那时，路易·菲利普已经退位逃到英格兰，女王将克莱尔蒙特庄园借给他住，结果一住到那里，他就因为蓄水池功能不良而铅中毒了，最终客死异乡。他的家人以难民身份留在英格兰，女王和他的遗孀保持着朋友关系。拿破仑三世大驾光临之前，女王一样为了房间大费周章，埋头于各种准备工作。当路易·菲利普的遗孀来访时，她对这种尴尬的处境也不是毫无察觉。

> 她真的很善良也很周到，说她深深感受到我的好意。我对她的遭遇感同身受。看着她坐在空荡荡的马车里，由 4 匹可怜

---

① le jeune homme 是法文，意思是年轻男人。——译者注

② Arthur Benson and Viscount Esher, *The Letters of Queen Victoria*, vol. 2, London: John Murray, 1908, 22 – 23.

的马拉着离开，我们俩都很难过。想到她曾贵为法国王后，也才不过6年之前，她还过得风风光光，如今那种盛况都属于别
213 人了——再过3天，我们就要恭迎法国皇帝[①]到来，而她的亡夫在此受过一样的礼遇！那个诡谲多变的国家已经改朝换代，今昔对比令人痛心。[②]

这次国事访问很顺利，白金汉宫和温莎堡都举行了大型活动。温莎堡的滑铁卢画廊（Waterloo Gallery）为此匆匆改名，虽然只是暂时改一下，之后又改回来了。维多利亚喜不自胜地写道："这次访问，这场盛会，如同这世上所有办得很漂亮的事情一样，完美落下帷幕。它就像一个精彩、愉快的美梦，日后将永远牢牢烙印在我的脑海中。整体而言，它留下一个令人满意的愉快印象。一切都进行得很顺利，没有半点阻碍或差池——好天气、好心情，什么都好。两个伟大国家坚定的结盟与密切的关系使举国上下充满热情与喜悦。两国若不友好，天下便无太平可言。"[③] 与之前一样，在国事访问特有的盛宴上，菜肴一般是那些千篇一律的高级料理，但在1855年4月17日有两道绝无仅有、造型惊人的烤肉。这两道烤肉分别被做成大鸨和孔雀的造型。大鸨是一种大型鸟类，身高可达一米，不管是活生生的大鸨，还是烤熟了的大鸨，都令人印象深刻，当时大鸨在英国已经灭绝了。孔雀则很少被做成菜肴，尽管烤得酥脆的孔雀肉衬着一圈令人屏息的羽毛也很令人震撼。第二轮菜肴主要是装饰华丽的糖丝篮和奖杯状的糖雕，尽管除了这些极尽奢华之

---

① 路易·菲利普于1830年加冕为法国国王，于1848年退位，同年拿破仑三世当选总统，次年称帝，成为法兰西第二帝国皇帝。——译者注

② QVJ 13 April 1855.

③ QVJ 21 April 1855.

能事的菜品以外，也有一些菜肴似曾相识，仿佛是在1844年那次法国访问见过，包括小牛头、多宝鱼、穿油小牛胸肉、饼干，以及杏桃做成的次副菜——这次是做成酥皮馅饼。此外，还有龟肉汤、 214
松露阉鸡和菠萝布丁。

1855年4月20日，在一场音乐会结束后，厨房也为多达600人供应了自助式的消夜。这是除了晚餐之外的另一餐，类似大规模的消夜舞会。整个维多利亚统治期间，宫廷都会举办这种宾客众多的消夜舞会。消夜舞会不只是国事访问标准的娱乐项目之一，也是平常会有的娱乐项目，例如维多利亚每年的生日庆典上会举办消夜舞会。到了这个时期，尽管现场也有桌子，但在消夜舞会上大多数人是站着吃，而且食物主要是冷盘。整个维多利亚统治期间，消夜舞会菜单的变化不大，总是从两道汤品开始，接着上各式各样的菜肴。一如大型的晚餐，菜肴沿着长长的餐桌以固定的间隔重复摆放。无论是1838年维多利亚的19岁生日（500人）、1855年拿破仑三世的音乐会消夜（600人），还是1871年6月有1800人参加的消夜舞会，食物的种类都差不多：油焖鸡肉丁、冷盘烤肉、牛肉冻、龙虾沙拉、鸻鸟蛋、冷盘火腿和牛舌（有时做成肉冻）、罐装禽鸟肉①、三明治、立体咸派、水果塔、蛋白霜、饼干、果冻、法式牛奶冻（set creams）、蛋糕、牛轧糖和酥皮馅饼，② 此外还有炫技的大型糖艺作品或摆盘精致的肉类菜肴。类似的菜肴（尽管规模较小）也出现在外出篮里，在王室成员或贵宾去戏院、普森赛马场（Epsom racecourse），或女王去奥尔德肖特军营（Aldershot

① potted game为英式传统料理方法，主要是将肉类煮熟之后加奶油装罐封存。——译者注

② RA MRH/MRHF/MENUS/MAIN/BP/1838, RA MRH/MRHF/MENUS/MAIN/BP/1871, RA MRH/MRHF/MENUS/MAIN/BP/1855.

Military Camp）招待外宾观赏英国军队阅兵等场合，侍从都会带上这样的大篮子，好为游览伦敦的王室贵宾提供丰盛的午餐和消夜。

215 阿尔伯特去世后，待客模式变了。没逃到巴尔莫勒尔堡疗伤时，维多利亚就充满防卫地守护着温莎堡，不让人靠近这座回忆的“地牢”。访客不再被安排住在温莎堡，相反，宫中人员有必要时就会分为两队，同时照顾女王和她的客人。白金汉宫会有一小队从主要团队分出来的厨师，负责招待安置在那里的宾客。接待国宾的责任经常落到威尔士王子肩上，威尔士王子是出了名的和蔼可亲又幽默风趣，他把接待工作做得很出色。而女王避之唯恐不及的王宫实际上变成某种豪华饭店和派对场地，许多访客根本没见到她就离开了。但她渐渐走出伤痛，从 1864 年起主持御前会议，并在 1866 年主持国会开幕大典。不可否认，她不得不这样做。阿尔伯特去世后，她无疑经历了某种形式的精神崩溃。阿尔伯特去世后几年，她一直十分脆弱。身为女王的例行公事令她挣扎不已，1863 年她写道（她有以第三人称指代自己外加下划线的独特书写习惯）：“她觉得那几乎是出于职责，为了她的身心健康好，避免她陷入更深的疲惫与忧郁。天知道她一点也不想为了自己的健康好，因为她只想看到自己的生命快快结束。但她觉得如果她要活下去，那么她有一天势必要完全改变这副光景。”她的大臣和孩子既同情她又沮丧，因为尽管她的身体一如往常硬朗，但她混乱的心绪不见得有人能懂。诚然，爱丽丝公主不是最有同情心的倾听者，她表示：“女王
216 向她承认她不敢好起来，就仿佛好起来是一种罪，她害怕开始享受骑她的苏格兰小马之类的。”[①] 来自家人、大臣和媒体的压力越来

① Peter Arengo - Jones, *Queen Victoria in Switzerland*, London: Robert Hale, 1995, 17 - 18.

越大，1867年，她终于被说服在温莎堡招待土耳其苏丹吃午餐。这顿午餐标志着新阶段的待客方式之始，比之前更低调，但与贵宾共进午餐依旧是维多利亚应对每次重大国事访问免不了的义务。虽然她承认自己在午餐结束后“筋疲力尽、难受极了”，因为事前她一直很紧张，又很思念阿尔伯特，但这次访问确实振作了她的精神。在日记中，她观察入微地记录道：

> 17人就座，桌上摆满黄金餐盘，我坐在首座，苏丹坐在我右边。他吃大部分食物，但滴酒不沾（我很高兴看到他不喝酒）。在我看来，他似乎切肉切得很吃力，因为一般都有人替他切好。他不高，虎背熊腰、身材结实，容貌清秀、高贵、宜人，笑容可掬，一头白发。他和其他人都穿着深蓝色的大衣和长裤，这是土耳其现在的潮流。他们头戴土耳其毯帽……乐队在午餐进行间演奏，有6位风笛手……苏丹向我表示此行很愉快，住在白金汉宫很开心。他还说想向我致谢，谢谢英格兰为土耳其所做的一切。①

每一个像这样的场合都有乐队演奏。乐队就在餐厅外的阳台上。阳台只能从室内过去，所以乐手在客人抵达之前就必须各就各位。这件事通常都安排得天衣无缝，访客也常常称赞乐队和苏格兰高地风笛手。但偶尔难免出差错，至少有一次，他们得向宫里的消防队 217
求助，借用他们的梯子让乐手从外面爬上去，估计还得背着沉重的乐器。他们错过了国歌，但赶在女王开始喝汤时就位，奏起序曲。②

---

① QVJ 13 July 1867.

② Kathryn Jones, *For the Royal Table: Dining at the Palace*, London: Royal Collection Enterprises, 2008, 105.

国家元首总有大批随从同行，厨房不只要准备正式的宴会，也要为许多仆从和护卫供应伙食。他们通常和英国人分开用餐，所以内廷需要准备分开的餐厅，也需要为仆从和护卫准备暂居的客房。有时就连白金汉宫都不够大，涉及 1873 年波斯王纳赛尔丁（Naseral - Din, the Shah of Persia）那次国事访问的账本显示：包括查尔斯·姜布里斯和约翰·蒙特福德两位大厨在内的几位厨师，为了让出空间给波斯王的仆从，在波斯王访问期间必须寄宿他处。那次国事访问问题百出，尽管主要是在事前规划上，而不是在实际的访问过程中。两国的筹备人员缺乏正式沟通，英国的筹备人员只好依靠私底下的传言和来自目击者的书信——看过波斯王此行前用餐情况的人向筹备人员通风报信。他的到访因而令人诚惶诚恐。听说他很“野蛮”，一份稍显过激的情报慷慨激昂地评论道：“他目中无人、傲慢无礼，想迟到就迟到，彻底无视他不想与之交谈的人，以猴子般（而且常常很不卫生）的把戏自娱：为初升的旭日献上
218 一只公鸡，恬不知耻地把湿淋淋的双手往旁边绅士的西装燕尾上擦。”① 传言也说他欲求不满，一部分是因为他们在俄国莫名遭到暴民攻击之后，他的妻妾被送回国了。来自德国的情报则说：“欧洲上流社会的淑女还不习惯波斯王无拘无束的轻率态度，王室成员感觉受到冒犯。波斯王一行人在王宫落脚，搞得富丽堂皇的宫室一片狼藉，内廷人员大为不悦。波斯王的随从习惯买东西不付账，柏林的商家也是群情激愤。”而且，用餐时，很难叫他不“大嗓门吓人，或把手指伸进菜肴里，或把食物嚼一嚼又从嘴里拿出来端详，或把不合胃口的食物往餐桌下丢”。每天送去他房里的 10 只活禽鸟和小羊羔究竟要拿来做什么，也很令人担心。（他真的要拿来献

① Augustus Hare, *The Story of My Life*, vol. 4, London: George Allen, 1900.

祭吗?) 针对这些担忧，外交部的报告恐怕没有帮助。报告称："波斯王陛下一般独自用餐，并偏好将食物摆在地毯上，为此须准备一条可移动的地毯，英国仆从将食物送到门口，再由波斯王的仆从放到可移动地毯上。在大约 4 平方码（约 3.3 平方米）的上好彩色皮革上铺一块桌布，这一切都放在房间的地毯上。波斯王不喜欢自己动手切肉类食品。米饭、羊肉、禽肉是他最爱吃的东西。他的口味很重，食物要微辣。"[①] 有些人可能对波斯王的表现有点失望，他在 6 月 20 日于温莎堡和女王共进午餐，事前他们一方面互相赋予对方各种荣誉勋位，另一方面又互相较量戴了多少珠宝。维 219
多利亚在前一天亲自去御菜园的温室查看午餐要吃的水果（"桃子和樱桃歉收"）。波斯王则说他差人把《高地日记选集》翻译成波斯文让他拜读，维多利亚听了自是心花怒放。针对他的餐桌礼仪，维多利亚唯一的评论是他"整顿午餐从头到尾吃水果，自己动手拿摆在他面前的菜肴，边吃边配冰水喝"[②]。而他则是对"美味可口的水果"赞赏有加，但他对利奥波德王子短至膝上的苏格兰裙有点吃惊。[③]

这次接待背后的情况比较紧张。由于厨房只有一小组从主要团队分出来的厨师，但食物的分量或质量并不会因此降低，因此宫廷支付了额外的薪酬给某些厨师。访问过程中，在不用出席各个贵族或企业组织宴请的饭局时，波斯王确实不出所料独自在他房里用餐，他的菜单就像标准的王室晚餐菜单：汤、鱼、替换菜、首副菜、烤肉、次副菜。他也尝到一些英国经典菜肴，包括葡萄干布

① Vera Watson, *A Queen at Home*, London: W. A. Allen, 1952, 221.

② QVJ 20 June 1873.

③ Nasir al - Din Shah Qajar and J. W. Redhouse (trans.), *The Diary of H. M. The Shah of Persia During His Tour through Europe in 1873*, London: John Murray, 1874, 179.

丁。以经典国菜招待外宾似乎已经变成了一种习惯——19 世纪 90 年代，暹罗王（King of Siam）被招待吃烤牛肉和约克夏布丁。既要展现英国辉煌的饮食文化，又要把这些菜品做得符合帝王水平，想必是充满挑战的差事。除此之外也有其他问题：波斯王抵达英国国土时，按照惯例被安排在多佛（Dover）的总督饭店（Lord Warden Hotel）下榻，后来双方却因产生的费用有所争执。总督饭
220 店的老板故态复萌，他在 1855 年就曾假造给拿破仑三世订购的鲜花和旗帜的账单，这次他则声称自己误解了有关波斯王午餐的指示，他现在必须收取混乱不清的指示产生的费用。午餐很奢华：波斯王和威尔士王子共 2 份每人 4 英镑的顶级午餐、20 份每人两英镑的一级午餐、80 份每人 1 英镑的二级午餐，外加 30 名仆役的午餐。用餐过程中，桌上总有水果和鲜花，供应给众人（除了仆从之外）的酒包括香槟、波尔多葡萄酒、利口酒、玛拉斯奇诺樱桃酒和橙皮酒。[1] 最终一切尘埃落定，但当财务部在 1889 年复核此行花费时，财务部的工作人员恼怒地发现自己不只付了膳宿和额外雇用人手的费用，也赔偿了“凭空消失的餐盘”。[2]

偷偷带走餐具是国外旅游的纪念方式之一，但遍尝异国风味、体验不同习惯也能留下永久的回忆。女王第一次访问法国是在 1843 年，访问期间她和阿尔伯特住在厄堡（chateau d'Eu）。厄堡是路易·菲利普的家庭住宅，他们就跟路易·菲利普及其家人同住。她住得很愉快，就是在这段经历的影响之下，他们买了奥斯本宫当私家宅第。位于诺曼底乡间的厄堡风格相对简朴。维多利亚的一位侍女夏洛特·康宁（Charlotte Canning）觉得这整座城堡老旧

---

① TNA LC2/92：1873 年波斯王来访时留下的账单；Watson，*A Queen at Home*，121。

② TNA LC2/119：关于国王 1889 年访问的信件。

得很有味道，她形容这里的马车是“最迷人的四轮马车，介于路易十四（Louis XIV）时代和汉普顿宫的马车之间”[①]。厄堡的用餐 221
习惯令人困惑。侍女已经在她们房里吃过点心，并且盛装到女王房里待命，路易·菲利普全家再一起过来，陪同女王和她的侍女去吃丰盛的早餐：“所有人手挽着手走上楼，像是要去吃晚餐似的，来到横跨三四个房间的长桌前……早餐从汤品、各式各样的熟肉和酒开始，还有鸡蛋，接着是甜食，然后是茶、咖啡、热巧克力和面包抹奶油。集一日三餐于一餐。”[②] 午餐和晚餐重复一样的流程，晚餐是晚上7点吃（对英国代表团来说非常早），而且“做得无懈可击”，尽管面包出现了一点问题：“为什么路易·菲利普把一堆各式各样的面包和面包脆片放在一旁？我们的女王不知该拿她那一大条法国面包如何是好。餐桌不干净，大家的面包、面包屑和脏污从头到尾都留在桌上，一直到甜点吃完。”[③] 维多利亚也注意到差异：“服务非常好，但上菜和用餐方式因人而异，像国王和王后就自己切肉。”[④] 但她完全认同男男女女全体一起离席的做法，餐后没有一个漫长的空闲时间让男客人喝醉、使女客人无聊，每个人都要找机会上厕所。回到英格兰之后，她试图实施类似的政策，但被劝告这样做会引起人们反对，最后只好决定缩短男女两边分开的时间。对于不是王室成员的人来说，法国的餐后聚会就跟英格兰的一样沉闷枯燥：“晚上……王室成员自己进入一个房间。我们及时被叫去待

---

① Virginia Surtees, *Charlotte Canning: Lady in Waiting to Queen Victoria and Wife of the First Viceroy of India, 1817–1871*, London: John Murray, 1975, 95.

② Virginia Surtees, *Charlotte Canning: Lady in Waiting to Queen Victoria and Wife of the First Viceroy of India, 1817–1871*, London: John Murray, 1975, 97.

③ Virginia Surtees, *Charlotte Canning: Lady in Waiting to Queen Victoria and Wife of the First Viceroy of India, 1817–1871*, London: John Murray, 1975, 96.

④ QVJ 2 September 1843.

命……美丽的茹万维勒小公主（Princess de Joinville）把我们逗得很高兴；她无聊得发慌，不时起身动来动去，像是无法忍受这一切，一会儿跑去跟某个人说悄悄话，一会儿跑去给自己倒杯水，接着再
222 回到她的座位上。”[1] 维多利亚一点也不觉得枯燥，能够和地位相当的人无拘无束地待在一起，她觉得聊起天来既开心又放松。回来之后，她评论道：“我从来不曾生活在一个和我地位相当的家人圈子中，我可以和他们平起平坐、彼此熟悉，我很想念那种愉快的交流。”[2] 其中一个亮点是外出到厄堡的腹地游览，女王与家人参观了教堂和公园，停下来吃桃子，在优美的田园景色中聚在一起野餐，女王描述那场野餐是“那么美，那么愉快，那么充满诗情画意”[3]。事情不像她所想的那么随性和淳朴，因为一切都是经过精心的规划，一如夏洛特·康宁所言：“我相信路易·菲利普很爱这种郊游活动，设备相当齐全，每个人都有折叠椅可坐，还有一两个帐篷和一大张餐桌，全都打包好带走，而且短时间内就可以全部摆好，速度快得惊人。”《伦敦新闻画报》以典型的轻松散文风格报道此事：“40 个细颈玻璃酒瓶（deeanter）的葡萄酒和一壶壶敞口醒酒瓶（carafe）的水穿插放置在英国风的餐桌上，餐桌中央茶点一字排开，有肉、肉酱和最珍奇的甜点。事实上，每一样都是珍馐美馔，每一样都使用了昂贵的食材。”[4]

在这次成功的跨海之旅的鼓舞下，接下来的行程是去德国和比

---

① Virginia Surtees, *Charlotte Canning: Lady in Waiting to Queen Victoria and Wife of the First Viceroy of India, 1817 - 1871*, London: John Murray, 1975, 96.

② QVJ 9 September 1843.

③ QVJ 6 September 1843.

④ Virginia Surtees, *Charlotte Canning: Lady in Waiting to Queen Victoria and Wife of the First Viceroy of India, 1817 - 1871*, London: John Murray, 1975, 102; *ILN* 16 September 1843.

利时，两者都是维多利亚固定造访的国家。她尤其喜欢吃点心的时光："我们下楼到名为彩绘室的房间里喝茶，采用了德国风格的下午茶喝法，公主们坐在桌边，桌上没有桌布，只有各式各样口味绝佳的蛋糕，王后的女伴为我们泡茶。"[①] 茶和蛋糕成为她每天生活中的重要部分，尤其是在她的晚年——就在同一时期，下午茶在英 223
国民间也成为固定的社交仪式。[②] 她也爱喝咖啡，再三评论道咖啡就跟蛋糕和花式面包一样"好极了"，她还和阿尔伯特的哥哥埃尔尼斯特（Ernest）一起狂饮热巧克力。[③] 和之前一样，她玩得很开心，不仅因为和家人在一起，而且因为能稍稍卸下防备。夏洛特·康宁也见证了此行的点点滴滴："我听到大家对女王跳舞跳得很尽兴表示赞赏。我看她真的玩得浑然忘我，因为她放开来和她的表亲们又是旋转，又是跳跃，一刻不停直到舞会结束。"康宁困倦地感叹道："王室子弟的体质和我们果然不一样啊。"[④] 不过，像这样的欢乐时光不免要穿插比较单调乏味的任务，女王经过的城镇的人们竞相献殷勤，包括在霍肯海姆（Hockheim）有一座葡萄园以她的名字命名（这座葡萄园连同当初为了纪念兴建的典型哥特式建筑还存在）。虽然女王常将频繁的饭局贬低为"和官员共进的令人窒息的午餐"，但有时就连康宁也对这些饭局印象深刻。在根特（Ghent），"午餐安排得很好，厨师花很大工夫准备了山珍海味，

① QVJ 15 August 1845.

② Annie Gray, " 'The Proud Air of an Unwilling Slave' : Tea, Women and Domesticity, c. 1700-1900", *Historical and Archaeological Perspectives on Gender Transformations : From Private to Public*, Suzanne Spencer - Wood, ed. , New York: Springer, 2013. 下午茶在 18 世纪出现，但过了很久才被人们接受。一旦下午茶流行，自然就有相关书籍为下午茶的喝法立规矩。

③ QVJ 19 August 1845; QVJ 21 August 1858.

④ Virginia Surtees, *Charlotte Canning : Lady in Waiting to Queen Victoria and Wife of the First Viceroy of India, 1817 - 1871*, London: John Murray, 1975, 133, 158.

其中有一道烤金鸡，把鸡头和鸡尾重新接了回去，此外还有很多油腻的令人恶心的圃鹀”[①]。她对1845年在霍恩洛厄（Hohenlohe）的经历也表达了肯定，那次是女王去拜访费奥多拉，她们“心血来潮从大街上买来热乎乎的香肠当午餐，女伴G和我留在外面的一个房间，我们累得半死，很高兴能分到一点吃的，那些食物真的
224 非常好吃”。确实，维多利亚不放过任何一个尝鲜的机会，她对同一趟游历的描述洋溢着活力：“在那里吃了一些轻食点心，派人去市场买了‘Bratwürst’[②]，那是科堡的‘spécialité’[③]，好吃得不得了，还喝了点科堡啤酒，好喝得不得了。”[④] 同样，这里的用餐时间也和英格兰不同，早餐是上午9点开始，晚餐是下午4点开始，地方上的习惯可能令人大吃一惊。在布吕尔（Brühl），夏洛特·康宁就尝到了苦头。他们一行人在汽船上，望着波光粼粼的河面吃晚餐：“甲板下，船舱里装饰了植物，灯火通明，满桌食物。8名身穿蓝色礼服、戴着白色大理花的女士送来茶、咖啡和某种腌渍食品，我本来以为是橙花或夹心巧克力之类的，不吃好像很没礼貌，于是我吃了一点，发现竟然是鱼肉，吓我一大跳。”[⑤]

对没有防备的人来讲，因为文化差异再加上时时都得作秀的压力，维多利亚访问陌生国度可能遇到很大的问题。弗里达·阿诺德的家书有时就像夏洛特·康宁的回忆录一样，字里行间透露着疲

---

① Virginia Surtees, *Charlotte Canning: Lady in Waiting to Queen Victoria and Wife of the First Viceroy of India, 1817 - 1871*, London: John Murray, 1975, 112, 114.

② 德文，指“德国油煎香肠”。——译者注

③ 法文，指“特产”。——译者注

④ Virginia Surtees, *Charlotte Canning: Lady in Waiting to Queen Victoria and Wife of the First Viceroy of India, 1817 - 1871*, London: John Murray, 1975, 158; QVJ 23 August 1845.

⑤ Virginia Surtees, *Charlotte Canning: Lady in Waiting to Queen Victoria and Wife of the First Viceroy of India, 1817 - 1871*, London: John Murray, 1975, 155.

惫。而且，维多利亚的内侍和仆从无疑工作得很辛苦。1855 年，英国王室回访拿破仑三世时，他们下榻位于巴黎郊区的圣克卢（St. Cloud），并前往爱丽舍宫（Palais Elysée，现今法国总统的官邸）拜访拿破仑三世，也去了戏院、歌剧院和在巴黎市政厅（Hôtel de Ville）举行的一场大型国宴舞会。回圣克卢途中，阿诺德一度在马车上睡着了，落得必须在匆忙着装和仓促吃饭之间借气泡水和香槟提神，她说香槟“在法王的内廷就像水一样泛滥”。紧 225
凑的日程让她筋疲力尽：“在圣克卢的日子仿佛永无止境，所见所闻多得令人眼花缭乱，但一切又很快就过去了。我们很少在半夜两三点之前上床睡觉，半夜就像在家乡的白天一样有一堆事要做。”女王精力旺盛：“我从没见她累过，她总是保持警觉，随时做好准备。”[1]

侍女有她们自己的麻烦。她们至少定时有三餐可吃，但男侍的自私又让人反感。玛丽·毕缇尔（Mary Buteel）抱怨法国男侍训练得很糟，用餐时“他们似乎不像我们的男侍般知道怎么做事，举例来说，你不断听到背后有五六个人在为某件事争执，还听到凶巴巴的一声‘白痴啊！’听起来就像事情没安排好，不如预期顺利……不时也会看到一只戴着白手套的手伸到餐桌上，用很原始的方式收拾桌上的食物碎屑”。有个男侍发现松露“在汤匙里不听话”，就直接用他的手抓了送上。女王的另一位侍女丘吉尔夫人（Lady Churchill）被问及用餐情形时，也表达了类似的困扰：“她说她坐下来吃早餐时，很惊恐地发现她的餐盘边有 3 只酒杯。她婉拒了葡萄酒，接受了自己只有冷水可喝的事实，但到了最后侍从才端上茶或咖啡，这一餐都快结束了！她补充道，法国人不懂英国人为什么下午还吃东

① Benita Stoney and Heinrich Weltzien, eds., *My Mistress the Queen: The Letters of Frieda Arnold, Dresser to Queen Victoria*, London: Weidenfeld & Nicolson, 1994, 99 - 108.

西，她试着解释说我们的早餐不像他们的早餐，没有大鱼大肉和蔬菜等，而我们的午餐也不像他们的晚餐那么丰盛。"[①] 就连女王也尝到了一点苦头，只不过她是苦于8月的巴黎令人难耐的暑热。她没
226 碰到（或者没注意到）笨拙的男侍，反倒表示："一切都好，上菜上得安静轻巧，和可怜的路易·菲利普国王来的时候截然不同，现在的环境舒适、优雅多了。"驾车游览时，她很欣赏巴黎的街道和巴黎人悠然自得的生活态度："有人坐在他们的房子前面和咖啡馆外面喝东西，在我看来很新奇、很写意。"对于凡尔赛宫为她举办的舞会和随之而来的消夜，她也相当满意。这是1789年法国大革命以来的第一场舞会：

> 所有随行人员都进到消夜室之后，我们的队伍就开始前进。国务重臣等走在我们前面，我们经过几个漂亮的房间和一条长长的画廊，来到摆了消夜的剧场，场面相当壮观。整个舞台都被遮住了，400个人在40张小餐桌前就座，每张桌子可供10个人用餐，每桌各有一名侍女提供服务，各桌成员依皇后的指示与安排精挑细选过。数不清的水晶吊灯把整个空间照得金碧辉煌，此外还布置了许多花环。包厢里满是观众，有一组（看不见的）乐队在演奏。我们在中间包厢的小桌前坐下，只有我们自己和皇帝、皇后、两个孩子、拿破仑王子（Prince Napoleon）、玛蒂尔德公主（Princess Matilde）和阿德尔伯特王子（Prince Adalbert）。这是我们这辈子见过最华丽、最盛大的场面之一。[②]

维多利亚热爱旅行，欣然接受新的体验，尤其是在吃的方面。

---

① The Dean of Windsor and Hector Bolitho, *Letters of Augusta Stanley: A Young Lady at Court, 1849 - 1863*, London: Gerald Howe, 1927, 68, 75.

② QVJ 18 August 1855, 22 August 1855.

对她来讲，见她没见过的人也是乐事一桩。她不像肠胃过敏的阿尔 227
伯特，法国的食物导致他闹肚子。1858 年，他甚至利用独自参访科堡的机会，采用了禁食疗法。相比之下，维多利亚则把握每一次机会尝试新鲜美食。就像在巴尔莫勒尔堡和奥斯本宫去当地居民家“串门”一样，她在欧洲各地游历时也去拜访农夫和生产者。[1] 旅行本身就富有冒险的机会。女王去欧洲旅行不免要搭乘皇家游艇，皇家游艇也用于平常比较一般的行程，比如在奥斯本宫时行驶于索伦特海峡，以及在 1840 年往北行驶到苏格兰。厨师们很不喜欢在拥挤的船上厨房工作，食物的供应也有问题，而女王对动物的喜爱让问题雪上加霜：“我们吃得越来越糟，因为不管到哪里，商店都关门了，什么也买不到。船上有一头母牛，它给我们供应牛奶。在波特兰（Portland）港口，女王获赠一只绵羊，但她对它有了感情，所以只要她在船上就别想宰它。”[2] 船上常常酷热难耐，有一回，女王在牛棚的背风处纳凉，不经意闯了个小祸。船员错愕地发现她坐在酒桶上：“大人，拜托一下，酒桶堵住了。”“什么？”“酒桶堵住了。”“什么意思？”“大人，拜托一下，女王陛下就坐在酒桶上。”注意到自己引起的骚动，她赶紧起身走开，并要求他们送些酒来给她尝尝，就像她少女时期航行在索伦特海峡上一样。这次，她只淡淡地评论道：“酒要是烈一点会更好。”[3] 维多利亚是位不怎

① David Duff, *Victoria Travels*, 146; Kurt Jagow (ed.) and E. T. S. Dugdale (trans.), *Letters of the Prince Consort*, *1831 - 1861*, London: John Murray, 1938, 306.

② Virginia Surtees, *Charlotte Canning: Lady in Waiting to Queen Victoria and Wife of the First Viceroy of India*, *1817 - 1871*, London: John Murray, 1975, 90.

③ Kate Hubbard, *Serving Victoria: Life in the Royal Household*, London: Chatto & Windus, 2012, 88; Virginia Surtees, *Charlotte Canning: Lady in Waiting to Queen Victoria and Wife of the First Viceroy of India*, *1817 - 1871*, London: John Murray, 1975, 93.

么晕船的乘客，即使有些航程就连她也受不了，但一般而言，她总
228 是撑到最后还好好站着的人之一，或者该说是好好坐着："女王精神饱满地在她的亭子里吃早餐。在有遮蔽的明轮壳座位上，她要我在她旁边坐了至少3小时，她从头到尾兴致高昂，除了当中有5分钟受不了烤鹅肉的浓重气味——即使是在这时，一点点古龙水就能让她立刻恢复过来。看到阿尔伯特亲王、利物浦伯爵、阿伯丁勋爵（Lord Aberdeen）接连被熏得落荒而逃，她忍不住捧腹大笑。"①

随着铁路网扩大，连接温莎堡、奥斯本宫和巴尔莫勒尔堡的车站开通，王室和他们的随从越来越常乘火车在国内游历。虽然女王多数的国内行程是往返巴尔莫勒尔堡和伦敦，但维多利亚和阿尔伯特生前确实偶尔会光临各式各样的贵族宅第。他们在1861年去了爱尔兰。日记记载，在全英各地和企业团体的午餐穿插着乡间庄园的隆重晚餐，此外也有逛菜园、乳品坊和偶尔参观厨房的游记，内容五花八门。在史特拉菲尔德塞伊庄园（Stratfield Saye），年迈的惠灵顿公爵"像家人一样，亲自动手为我们侍菜，给了我们很大的分量，把挞类和布丁类美食混在一起，他很亲切、很细心"。在查茨沃斯庄园，令人印象深刻的则是约瑟夫·帕克斯顿②的玻璃温室，这是"意想不到的惊人杰作。"③ 与维多利亚在19世纪30年代国内旅行乘坐的马车相比，铁路让漫长的旅程更加舒适。尽管她下令火车时速不得超过40英里（实际的行驶

---

① Virginia Surtees, *Charlotte Canning: Lady in Waiting to Queen Victoria and Wife of the First Viceroy of India, 1817 - 1871*, London: John Murray, 1975, 109.

② 约瑟夫·帕克斯顿（Joseph Paxton），英国园艺家、建筑师及国会议员。他在查茨沃斯庄园打造的玻璃温室为当时世界上最大的玻璃屋。——译者注

③ QVJ 21 January 1845, QVJ 1 December 1843.

时速违背了这一点），而且她不时停下来吃点心，即便如此，她乘坐的火车还是可以比之前行驶得更快，而且所有人都在同一列车上。直到19世纪70年代之前，火车还没有餐车车厢。即使到 229
了19世纪70年代，餐车车厢的发展也很慢。一般而言，王室的火车如同其他的火车，会在某一站停下来让乘客下车吃东西，或停下来后有人将食物送上车给乘客。在频繁的巴尔莫勒尔堡之旅中，约克成了王室最爱的一个休息站。1849年，王室一行人受邀到约克车站的餐室用午餐（后来为谁该付账起了一点争执，最后女王说未来她会支付自己的餐费，这才平息了争端）。1854～1861年，他们则在约克车站的火车旅馆用餐。时间总是很赶，因为他们半小时要吃8轮菜（外加旁桌上的菜肴）。尽管如此，旅馆主人保证食物一定是王室菜肴水平：1854年为维多利亚准备的菜单上有皇家法式禽肉清汤（consommé de volaille à la royale）、女王奶香大麦浓汤（crème d'orge à la reine）以及维多利亚“普丁”（“pouden” à la Victoria）①。此事被刊登在地方报纸上。埃利诺·斯坦利的实况报道显示王室的内侍们在王室成员用餐时再次被排除在外。

> 第一天，我们在约克车站吃午餐。和王室同行的结果就是我们吃得很少，因为王室成员似乎不爱约克菜肴，不断改变主意把他们的盘子撤掉，试了一道又一道菜。这对在7点吃早餐的我们来说很折磨，因为看得到菜肴却吃不到。我们唯一的精神支柱就是想到宫里的侍从在我们的马车上放了精致的午餐盒。侍从不忍自己挨饿，也不忍见别人挨饿。我们看到餐盒里 230
> 有两大包松鸡肉和鹧鸪肉，外加饼干和葡萄，所以我们再不济

---

① 此处原始文献疑为“布丁”，可能是拼写有误。——译者注

> 也有这些东西可吃。但我们最后确实……喝了点牛肉浓汤，吃了点冷掉的牛肉，尽管我觉得松鸡肉未见得逊色。①

女王在欧洲大陆旅行时也遵循一样的模式，由御厨准备好几大篮炖菜和巨大的午餐盒，免得女王肚子饿。女王在途经的车站停下来享用正餐、茶和咖啡。

欧洲大陆火车之旅是维多利亚在阿尔伯特去世后养成的一个旅游习惯。虽然她在1862年去了科堡和布鲁塞尔，但此行本质上比较像一趟告别之旅，而且群众和缺乏隐私让她无法尽兴。到了1863年，她认为好好度个假对她有好处，于是决定要享受一下独处时光，呼吸一点新鲜空气。她铆足劲写了一封又一封信，克服万难，直到一切安排妥当，她在1868年到瑞士过了个暑假。她以肯特公爵夫人的身份微服出游，尽管她预期自己会被认出来，实际上也确实被认出来了，但她基本还能维持隐姓埋名的假象，而且成功避免出席任何大型社交活动。她力图营造一种轻松愉快的家庭气氛，只带一小批随从："女王可以接受最普通的菜肴。她会在她的小套房里用餐（或许除了早餐和午餐之外）。她只会带一名侍绅、一名侍女和一位医生，外加她的孩子和极少数的佣人。简而言之，
231 人员规模降到最小，她只带真正需要用到的人手。"② 最终成行的团队规模不像维多利亚在信里说的那么小。团队中有女王的专属导游约瑟夫·肯恩（Joseph Kanné），王室外出旅行多半有他陪同。

---

① Beatrice Erskine (writing as Mrs. Steuart Erskine), *Twenty Years at Court, 1842 – 1862: From the Correspondence of the Hon. Eleanor Stanley, Maid – of – Honour to Her Late Majesty Queen Victoria*, London: Nisbet & Co., 1916, 261; Hugh Murray, "Queen Victoria, York and the Royal Myths", *York Historian* 11, 1994.

② Peter Arengo – Jones, *Queen Victoria in Switzerland*, London: Robert Hale, 1995, 20.

约瑟夫·肯恩整理的旅客名单上则有女王、她的3个孩子、包括1位医生在内的7名内侍、孩子们的家庭女教师，以及包括大厨查尔斯·姜布里斯[①]在内的17名仆役。到了琉森（Lucerne）还有更多人加入这个团队。根据相关指示，粮食和设备则在出发前就被送到这个团队计划造访的各个地方。一份报纸激动地报道："几星期以来，供膳人员马不停蹄地学习以英国宫廷的方式烹饪食物。例如，三明治要夹黄油和火腿，切成完美的小方块，供王室一行人早餐时享用。这种三明治实属人间美味。"[②] 然而，以王室参访而言，这已经是很小的一支队伍了。1844年，维多利亚和阿尔伯特收下布莱尔城堡时，他们带了2名厨房文书官、7名厨师（包括糕饼厨师、烤肉厨师、甜点厨师和面包厨师各1名）等共114人过去。[③] 在琉森停留时，他们把瓦利斯宾馆（Pension Wallis）整个包了下来，却发现住在那里太热，于是又为了凉爽的空气搬到山上。住在山上有一些小问题，主要是对不常旅行的人而言，尤其是女王的医生"詹纳（Jenner）以前从未上过国外的盥洗室。他跑遍每一间盥洗室，但它们都令他作呕。他说这些盥洗室要重盖才行。当然，詹纳说得对。但他有点夸张了，因为在山上，除了一两个盥洗室之外，其他盥洗室并没有他认为的那么臭"。[④] 他们随后买了大量的浴厕清洁剂，但坦白地说，对于习惯19世纪40年代白金汉宫的人而言，这点臭味实在是小意思。 232

就是因为这次的瑞士之旅，维多利亚建立了后来的欧洲大陆假

---

① RA VIC/ADDC40. 他称姜布里斯（Jungbleeth）为（Jungbluth），这是他的名字常见的另一种拼法。

② Peter Arengo - Jones, *Queen Victoria in Switzerland*, London: Robert Hale, 1995, 47.

③ Blair Castle Account Book vol. 5/44.

④ Peter Arengo - Jones, *Queen Victoria in Switzerland*, London: Robert Hale, 1995, 74.

期特有模式——早上在庭园里消磨时光，吃吃早餐，处理一些事务，然后到周围的乡野或地方上的小镇游历。琉森湖（Lac Lucerne）上放了一艘明轮船供她游湖之用，长距离的陆上旅行女王则乘坐马车。女王经常喝下午茶，例如8月9日就“去外面，在一棵树下喝我们的下午茶，真是令人神清气爽”，8月12日则是“停下来在我们的马车上喝茶”，8月17日他们发现“到处都长了黑莓，我们把它们做成美味的黑莓挞”。他们也看到野生的蓝莓和蔓越莓。一如她在苏格兰的习惯，这些下午茶显得像是临时起意，尽管背后无疑有人做了必要的安排：“我慢慢走回霍夫曼（Hoffmann）生了一堆火的地方，我们坐在一道小斜坡底下的草地上，看着砂锅里的水沸腾，因为这一带没有烧开水用的水壶。我们喝了点好喝的茶，喝完就匆匆回到马车上。”她说她的胃口从来没有这么好过，觉得整个人又活过来了。她买了各种纪念品，包括要给孩子们的两只山羊，并决定即刻计划下一次假期。[1]

接下来数十年间，维多利亚到霍亨洛厄度过几次假。她同母异父的姐姐费奥多拉在遗嘱中给她留下一栋别墅，去霍亨洛厄度假时，她就以这栋别墅为家，但因为必须装模作样地见人和作秀她感觉不得安宁。她在巴韦诺（Baveno）和佛罗伦萨（Florence）享受了几次愉快的意大利之旅，还在旅行前学了意大利语，得意地写到她“和园丁的助手聊天，对我的意大利语学得这么好很自豪，能
233 够问他所有关于花草树木的问题，而且完全听得懂他说的话”[2]。她把握机会见识乡下人吃的食物，提到费里奥罗（Feriolo）镇外一群孩子在吃“minestra”——一种米饭和栗子做的菜肴。1889年，

① QVJ 9 August 1868; 12 August 1868; 17 August 1868; 31 August 1868 and 13 September 1868.

② QVJ 6 April 1879.

她也在法国西南部的比亚里茨（Biarritz）待过。在那里，她从度假的状态切换到一国之君的状态，成为第一个越过边界来到西班牙的英国君主，在那她见到了西班牙摄政王后。她们出席了圣塞瓦斯蒂安（San Sebastián）大广场上的一场舞蹈表演，尝了为她们奉上的茶："但还挺难喝的，我只稍微尝了一口。"[1] 虽然维多利亚很爱意大利，但她最为人所知的假期是1885年、1887年和1890年一连串的艾克斯莱班（Aix - les - Bains）之旅，以及她在法国蔚蓝海岸的假期：1882年她去了蒙顿（Menton），1891～1899年去了格拉斯、伊埃雷（Hyères）和尼斯（Nice）。艾克斯（Aix）是水疗圣地，因而被选中，尽管女王尽可能避开按摩和泡温泉，主要专注在喝茶吃蛋糕的行程上。1887年，她参观了夏翠丝修道院（La Grande Chartreuse），也在那里吃了点心。夏翠丝修道院以其同名利口酒闻名于世，尽管不再是在修道院酿制，但是时至今日仍出产这种酒。所以，当院方为维多利亚呈上葡萄酒时，她马上就要求说想尝尝夏翠丝香甜酒。生平第一次，她觉得酒太烈了点，于是"我吃了一些巧克力酱，结果把袖子弄脏了，又搓又洗又擦。可怜的取酒人站在对面，不安地搓着手并不停说：'天啊，真是对不起！'"[2] 场面很尴尬，但维多利亚的御用造型师照例忙着打理她的造型。她从艾克斯带回的纪念品是一只名叫贾克（Jacquot）的驴子。晚年，当她行动困难时，贾克就在英格兰和法国之间被运来运去，用来为她拉车。 234

在法国南部度过的假期对女王来说很重要。她特别喜欢这一区以及蔚蓝海岸，离开之后总是念念不忘。蔚蓝海岸的发展受到英国

① QVJ 27 March 1889.

② QVJ 23 April 1887.

很大的影响。夏天，那里蚊子很多，冬天则是王室游客多。[①] 为了迎接维多利亚的大驾光临，气势磅礴的维多利亚女王饭店（Hotel Victoria Regina）在尼斯落成。饭店里有电梯、冷热自来水、独立卫生间以及一个能处理所有突发情况的万能管家。为英国游客印制的蔚蓝海岸观光手册上显示，对于不想涉足太多法国场所的人来说，饭店内就有各式各样的设施可供选择。聪明的游客可以出去吃，也可以在饭店里吃。对于像女王这样轻装简从的人来讲，饭店有能为派对供膳的甜点师，也有做得出英式和德式面包的面包师。如同瑞士之旅，维多利亚只带了规模相对较小的一批随从。[②] 法国侦探泽维尔·保利（Xavier Paoli）奉命护送各国国君，确保他们的安全。维多利亚带的随从人数让他大吃一惊，但他不是圈内人，而且他的印象往往是错的。他在回忆录中写到有关维多利亚的部分，声称她带了一位“法国主厨 M. 费瑞（M. Ferry），以及三四位军官和一整组的厨房工作团队”。1855 年生于伦敦的奥斯卡·费瑞（Oscar Ferry），父亲是法国人，母亲是英国人，1891 年时他是第四大厨。利顿夫人（Lady Lytton）的说法比较可靠：“女王的一位厨师和饭店的一位厨师合作，做出来的菜肴实属一流。”[③]

如同之前的假期，维多利亚通常与内廷人员分开，只和一两位
235 家庭成员一起用餐。她坚持要吃全套的英式早餐，拒绝采纳蔚蓝海

---

① Mary Lutyens, ed. , *Lady Lytton's Court Diary, 1895 - 1899*, London: Rupert Hart - Davis, 94.

② John Murray, *A Handbook for Travellers to France*, 10th ed. , London: John Murray, 1867, 544 - 548.

③ Xavier Paoli and Alexander Teixeira de Mattos (trans.), *My Royal Clients*, London: Hodder & Stoughton, c. 1911, 338; RA MRH/MRHF/EB/4: Lord Steward's department to 1900; 1871 UK census; Mary Lutyens, ed. , *Lady Lytton's Court Diary, 1895 - 1899*, London: Rupert Hart - Davis, 99.

岸的习惯——早餐只吃一点轻食，午餐和晚餐的时间提前。吃完早餐之后，她或者乘车出门，或者在庭园里写信。接下来，她会“郑重其事”地吃她的午餐，下午再四处游历。[①] 她证明了自己是个乐此不疲的观光客，风雨无阻地出游，风尘仆仆地挂着微笑回来。当地的报纸记录了1895年3月16日送上女王餐桌的晚餐，用餐者有3人，食物包括白酱饭泥汤、烤龙利鱼、炸鳕鱼、松露鸡肉可乐饼和羊羔排配芦笋尖、炖牛肉通心粉、烤鸭、新鲜豌豆、巧克力蛋奶酥、草莓冰激凌以及各种惯有的冷盘肉，外加甜点。[②] 这些和温莎堡的食物并无明显差异，但她确实像往常一样勇于尝鲜，包括在海边碰到一名老妇人，女王拜她所赐尝到了马赛鱼汤。多年后，记录这则逸事的渔夫写到女王的好风度、明亮的蓝眼睛和抢眼的紫色遮阳帽，听起来完全是她的特色。[③]

她热情地参与当地的庆典。在花节（fête des fleurs）庆典上，她朝游行花车抛掷花束。在葫芦节（fêtes de cougourdons）庆典上，她买了精美的葫芦工艺品。“上去参观城堡，那里的美景再令人赞叹不过。接着回到修道院，这里正在举行葫芦节庆典，到处人山人海。我们度过了一个美好的夜晚，气氛欢欣鼓舞，群众兴致高昂。”（尼斯当地的特产是一种名叫cougourdon的葫芦，外形奇特。当地人一般会把瓜瓤挖掉，将空心葫芦做成装饰品或乐器。葫芦节 236
至今仍是尼斯的诸多庆典之一。）泽维尔·保利也在那里，以防有人把危险品做成葫芦：“第二次来访，她很惊讶有一大堆葫芦以她

① Xavier Paoli and Alexander Teixeira de Mattos (trans.), *My Royal Clients*, London: Hodder & Stoughton, c. 1911, 346.

② Michael Nelson, *Queen Victoria and the Discovery of the Riviera*, London: Tauris Parke, 2007, 84.

③ Elizabeth Longford, *Victoria*, London: Abacus, 2011, 563 - 564.

的徽章作装饰，或刻了向她致敬的文字……看我疲于应付那些小贩，尤其是和女商贩纠缠不休，女王笑了起来。”[①] 到了这时，喝下午茶已经成为例行公事的一部分，一如《伦敦新闻画报》在1897年的报道：“5点在路旁一些宜人的地点喝下午茶……已经成为一种习俗。”[②] 而维多利亚爱吃蛋糕的名声显然传开了，曾在1846年教她素描的爱德华·李尔（Edward Lear）希望她能去蒙顿附近拜访他，他在信中半开玩笑地写道：“众所周知，英格兰女王吃马卡龙蛋糕吃个不停，而且坚持要她的随从照做。”其中一次旅行，她带回一组盐盅，盐盅的造型是驮着篮子的驴子，满足了她对动物主题纪念品的爱好，但多了个不需要马厩饲养的好处。[③]

意大利和法国之旅组成了女王的春假，她很怕热，对暖和的地方能避就避。搭乘火车时，如果车厢内温度很高，列车员就会放置大量冰块。1861年之后，她多半在巴尔莫勒尔堡度过春末和初秋，夏天和圣诞节则在奥斯本宫度过。圣诞假期向来是她很期待的假期，就算维多利亚深陷丧夫之痛仍不忘举行庆祝活动。1862年，她感叹道：“平安夜曾有的欢乐已不复存在。”[④] 尽管如此，该尽的
237 职责还是要尽，家人之间要互赠礼物，王室还要分送蛋糕、玩具和布料给地方上的学童，这是每年固定的活动，外加出席工作人员的聚餐：“下楼到仆役食堂，食堂里为仆役和他们的太太布置了一棵圣诞树。女人全都获赠做衣服的布料，男人则每人分得一块肉以及一些布丁和蛋糕。”[⑤] 全体宫中人员共享圣诞大餐，大家都吃得到

---

① Xavier Paoli and Alexander Teixeira de Mattos (trans.), *My Royal Clients*, London: Hodder & Stoughton, c. 1911, 352.

② *ILN* 24 April 1897.

③ Anon., *The Private Life of the Queen*, 1897, 182.

④ QVJ 24 December 1862.

⑤ QVJ 24 December 1866.

烤牛肉、葡萄干布丁和火鸡肉。虽然地点从温莎堡挪到奥斯本宫，但欢度圣诞的宗旨不变。圣诞节前夕是送礼物的日子，人们从一早就开始送礼物送不停。早餐时，较为年幼的孩子可以到“礼物室”，从放在桌上的礼物当中选出一样。接下来到教堂，王室成员分送礼物给私仆。午餐时，奥斯本宫对外发放礼物。晚上 6 点，圣诞树亮灯，近亲属之间送礼，最后吃晚餐。最主要的圣诞大餐是 12 月 25 日的晚餐，共进晚餐的人以家人为主，圣诞树再次于晚上 6 点亮灯，如同元旦和主显节。维多利亚自豪地将圣诞树在英国的普及归功于自己，尽管之前就已有圣诞树存在，但通常只会在德国移民的家庭中看到——乔治三世的王后夏洛特①曾为地方上的儿童在点了蜡烛的紫杉树上挂糖果、果干和坚果。1848 年，《伦敦新闻画报》刊登了一张女王和亲王一家人的画，他们围着一棵挂满小礼物的圣诞树，画框外围则画了各种应景的物品，例如野兔、鹿、禽鸟、鱼、水果。秉持着维多利亚时代改造版新式圣诞节的精神，画中应景的物品当中也穿插宣扬美德的素描，主题是布施济贫和快乐玩耍的孩童。前维多利亚时代的圣诞节着重的是喧闹的饮酒狂 238
欢，而不是以家庭为中心的庆祝，尽管之前也有准备蛋糕的习惯。从旧式圣诞节到新式圣诞节，其中一个重要元素是主显节蛋糕的古老传统。主显节蛋糕从中世纪流传到 19 世纪，但此时失去了它的独特性，改称圣诞蛋糕②，变成圣诞大餐的其中一道甜点。在琳琅满目的圣诞节食物中，圣诞蛋糕一下子就被淹没了。主显节蛋糕是一种甜腻的水果蛋糕。在 1 月 6 日主显节那天，吃这种蛋糕是为整

---

① 夏洛特王后为德国裔，出生于神圣罗马帝国的梅克伦堡 - 施特雷利茨大公国（Mecklenburg - Strelitz）。——译者注

② 主显节为圣诞节后第 12 天，故英文称主显节蛋糕为第 12 日蛋糕（Twelfth Cake）。——译者注

个圣诞假期画下完美句号的庆祝方式。起初蛋糕里会有两种不同的干豆子各一颗，用来选出主显节国王和王后。到了维多利亚时代，这种角色扮演的游戏发展成一年一度的仪式，印制商竞相设计具有话题性与针对性的人物，这些人物被印在纸张上，可以剪下来放在帽子里，让参加派对的人抽出自己的角色。王室的进货明细上有这些纸娃娃和大量蛋糕的记录：1838 年向查尔斯·雷顿买了 21 个蛋糕和 3 打纸娃娃，向冈特氏买了 6 个蛋糕和 12 套纸娃娃，向布里奇曼氏买了 7 个附有成套纸娃娃的蛋糕；1844 年向查尔斯·雷顿买了 21 磅蛋糕和 12 套纸娃娃；1853 年则买了 3 个蛋糕和 6 套纸娃娃。这些可能是要分给内廷和宫中人员的，让他们再送给朋友，因为宫里的甜点房负责制作和装饰女王的蛋糕。《伦敦新闻画报》刊出 1849 年约翰·奇切斯特·马维特努力的成果，他做的蛋糕上方顶着田园风情夏日野餐的微缩模型——虽说是“微缩”，规模倒也
239 不小。主显节蛋糕盛极一时，有多种款式满足各种预算或幻想，“厨师以人类想象得到的所有形象做装饰，把雪白的糕点做成星星、城堡、国王、房舍、龙、树、鱼、宫殿、猫、狗、教堂、狮子、农妇、骑士、蟒蛇等形状，再涂上颜色，从生物到其他物品，造型多得数不清”①。然而，在 19 世纪初期达到巅峰的主显节蛋糕，到了 19 世纪 70 年代却大势已去。全国各地转而乐于接受圣诞蛋糕，面对这种改变，女王坚守固有的习俗。1880 年，她写道：“一如既往摆出主显节蛋糕，很漂亮的一个蛋糕，一片雪白，装饰了人偶等，由我的甜点师傅制作。”1892 年，她则提到：“会客厅摆了呈现狩猎场景的主显节蛋糕。”

主显节蛋糕不是唯一一种圣诞节专属美食。虽然 12 月 25 日的

---

① William Hone, *The Every Day Book*, London, 1825, 24 - 25.

王室菜单包含许多平常也有的菜肴，但圣诞大餐确实有不同于平常的特色。以 1855 年 30 人份的圣诞节晚餐为例，除了平常的汤品和鱼鲜（多宝鱼和酥炸龙利鱼，所以鱼鲜还算平常），替换菜当中有一道烤火鸡裹馅配直布罗陀肠，首副菜则有一道从温莎大公园（Windsor Great Park）钓来的鲤鱼。鲤鱼是德式圣诞大餐最受欢迎的菜肴，在今天的奥地利、波兰和东欧部分地区仍是广受欢迎的圣诞菜肴。其他首副菜包括必不可少的羊排（配菊苣），以及鹅肝派、松鸡肉、鹿肉和鸡肉配芦笋。圣诞节的次副菜或甜食类的替换菜当中，总会看到果干碎肉派（尽管不是仅限于圣诞节当天）。在 1855 年这顿圣诞大餐中没有葡萄干布丁，但后来的圣诞节菜单总少不了这一样。其他菜肴变了，但在 1900 年，餐桌上仍有多宝鱼、
火鸡配直布罗陀肠和果干碎肉派，外加烤牛肉、葡萄干布丁、芦 240
笋、巧克力长条泡芙等。一成不变的元素是那张旁桌。19 世纪 60 年代，当维多利亚忆起她和阿尔伯特共度的圣诞节时，她就曾描述过那张旁桌："晚餐时，各种圣诞佳肴一应俱全。一般而言，我们什么都得吃一点。首先吃旁桌上的冷盘牛鞍肉[①]。旁桌很大，装饰得很漂亮。接下来吃猪肉冻、来自爱尔兰和其他地方的野味派、火鸡裹馅、野猪头（阿尔伯特很爱这道菜，搭配一种独特的、科堡的厨师……发明的德式酱料）、果干碎肉派等。轮到上餐后甜点时，各式各样的夹心巧克力、人偶和玩具被放上桌，很多送给了孩子们。以前的圣诞节我多开心啊！"[②] 旁桌上的菜肴没怎么改变。1897 年，玛丽·马利特指出："旁桌上摆着牛鞍肉、爱尔兰总督送

① 牛鞍肉（baron of beef）指牛脊骨连同两侧的后腰脊肉。——译者注

② RA VIC/MAIN/Y/203/78.

的丘鹬派和野猪头。”[①] 1888 年拍的一张照片呈现了整张旁桌，牛鞍肉上以花朵拼出日期，本质上是如同一整个牛屁股［通常重达 350 磅至 400 磅（158 千克至 181 千克）］的菜肴上摆着一根卷起来的牛尾巴，千层猪头从侧面看起来有点滑稽。在维多利亚时代，多数人会把野猪头装饰一番再端上桌，但女王的厨师靠的是真功夫，所以几乎没有任何装饰。在圣诞节期间厨房工作人员相当忙碌。1861 年以前，去温莎堡的大厨房参观烤牛肉是许多人在圣诞假期的必要活动。1851 年，阿飞和他的家庭教师一起去参观，他记录道：“我看到牛鞍肉和野猪头，在储藏室又看到野兔、雉鸡、
241 松鸡和一大堆肥肉。我们还去了糕饼室，看到一座用糖膏做成的温莎堡模型。晚上，伯蒂跟我和姐姐、妹妹在橡木厅（Oak Room）吃晚餐，拿一些礼物出来玩。玩完之后，我去参加晚宴，整个晚上都很愉快。”[②]

圣诞节是少数外人得以一窥宫廷菜肴的机会之一，因为即使到了维多利亚改成在奥斯本宫过节以后，报纸还是持续描写温莎堡厨房烹调牛肉和猪头的场景和气味。对一般人而言，维多利亚的日常饮食影响不大，毕竟大部分的小老百姓连猪肚、羊肚、牛肚和培根都吃不起，更别说吃在开放式火炉前烤得吱吱作响的大块肉。在多数人家的餐桌上，和王室菜肴最接近的美食就是那许多以她的名字命名的食物，包括至今依旧无所不在的海绵蛋糕[③]、各式各样的饼
242 干、汤品、酱料、糖果以及琳琅满目的蔬果品种。

---

① Victor Mallet, ed., *Life with Queen Victoria: Marie Mallet's Letters from Court, 1887 - 1901*, London: John Murray, 1968, 126.

② John Van der Kiste, *Childhood at Court, 1819 - 1914*, Stroud: Sutton, 2003, 57.

③ 英国人称海绵蛋糕为维多利亚三明治（Victoria sandwich）或海绵三明治（sponge sandwich）。——译者注

第十章

更广阔的食物世界

1897 年 6 月 22 日，维多利亚起床之后迎来了一个“永生难忘的日子”[①]。长女薇姬从普鲁士回来做客，维多利亚和薇姬、海伦娜、比阿特丽斯一起吃早餐。在白金汉宫艳丽的中国风早餐室里，她们有煎蛋卷、酥炸龙利鱼、牛柳条和冷盘肉可以选择。早餐室里的陈设是从布莱顿行宫回收而来，在 19 世纪 50 年代被硬塞进她们的新家。接下来，维多利亚坐了两个半小时的马车，行经夹道欢呼的群众。回来之后，比阿特丽斯再带着她的孩子和维多利亚共进午餐。他们吃了一些维多利亚最爱的菜肴，包括羊排、芦笋、冷盘肉、肉桂米布丁以及一道（德式）糖煮水果。她休息一下，到花园喝下午茶，接着出席一场大型晚宴，108 人围坐在 8 张圆桌。女王坐在奥地利的斐迪南大公（Archduke Ferdinand）和那不勒斯亲王（Prince of Naples）之间，薇姬坐在近处。晚宴采用俄式用餐风格，菜单既展现了厨师的好手艺，也向女王致敬，除了不可或缺的烤牛肉之外，汤品中有一道名称威风凛凛的“女皇汤”（bernoise à l'imperatrice），这是一道法式鸡肉清汤，汤名则是向她的印度女皇头衔致敬。晚宴之后，已经很累但意志坚定的她坐到宴会厅的王座上，

① QVJ 22 June 1897.

想和所有包围她的达官显贵说几句心里话。她 78 岁了，一席银黑相间的礼服衬得她光彩照人，这天是她的钻禧纪念日。

蟾蜍在洞（Toad in the Hole）[①]

为了做出一道物美价廉的蟾蜍在洞，你要买价值 6 便士或 1 先令的肉，什么肉都可以，夜里趁老板要收摊时去买最便宜。先仔细检查买来的肉，看看有没有需要去掉的瑕疵或苍蝇卵，因为任何一块肉上要是有苍蝇卵，往往会为整块肉带来坏味道，从而毁了这道菜。接下来在整块肉上抹一点面粉、胡椒粉和盐，下锅以少许奶油或动物油煎至焦黄，煎好之后，连同用来煎它的油一起倒进装有约克夏布丁面糊或板油布丁[②]面糊的烤盘中……烤约一个半小时，或送去请烘焙坊
244 代烤。[③]

维多利亚女王的禧年纪念[④]直接影响了大批子民。1897 年，为了一睹女王风采，全国各地的人蜂拥而至，在大街上或阳台上待一整天——有幸在游行路线上拥有一栋房子的人，无不趁此机会哄抬价格出租自家阳台。摊贩也看准商机向楼下的人群兜售水果和其他零食（“1 便士冰激凌、葡萄干面包和 1 便士小海螺，这些东西似

---

① 详见附录。

② 板油布丁（suet pudding）详见本书附录。——译者注

③ Charles Elmé Francatelli, *A Plain Cookery Book for the Working Classes*, London, 1861, 36.

④ 禧年纪念（jubilees）的概念源自圣经的赦罪年，如今在英国主要与君王的登基纪念有关，登基 50 周年为金禧（Golden Jubilee），登基 60 周年为钻禧（Diamond Jubilee）。英国现任女王伊丽莎白二世为目前在位最久的英国君主，于 2017 年庆祝登基 65 周年的蓝宝石禧（Sapphire Jubilee）。——译者注

乎一年到头都有，就像死亡一样不分季节"），而楼上比较有钱的观众对号入座之后，也发现阳台雅座"理所当然供应了吃的和喝的，茶、咖啡、红酒、香槟、冷盘肉、沙拉、蛋糕和三明治，不一而足"。人们早上8点半就到场守候，等待上午10点半才开始的游行。游行队伍没有尽头，游行时间长达数小时。根据一位美国游客的表述，整个过程中"四面八方都有人以最惊人的速度在吃吃喝喝，就仿佛全伦敦的人冥冥中受到莫名的驱使，集体办起一场户外早餐会。街头巷尾、门口、窗口、屋顶上都坐满了人。人们成群结 245
队地又吃又喝，杯子、盘子空了就又递过来续杯、续盘。吃喝之间，气氛一片祥和，众人心情愉快，举止一贯斯文有礼"[①]。禧年纪念也是乡村和城镇举办大型派对的好借口，从加冕、子嗣出生到禧年纪念，只要王室有什么大事，全国各地就会以园游会的形式庆祝一番是由来已久的传统。有些是让中产阶级家庭参与的户外活动，例如1897年8月在怀特岛举办的园游会，女王亲临现场参观各种趣味竞赛，当中包括爬竿比赛——参赛者要爬上"涂得油腻腻的长竿，竿顶挂着一只诱人的羊腿"，即使下雨，比赛也照常进行，最后皇家游艇上的一名船员获胜。[②] 有些是慈善性质的宴会，靠捐款或从市议会预算拨款支付，旨在设宴招待穷人，尤其是老人或学童。维多利亚亲眼看到在温莎堡进行的一场慈善宴会："5点25分驾车……进入城堡下方靠近西南消防站（S. W. station）的第一块地，来自附近不同学校的6000名孩童在这里集合，为庆祝我的禧年纪念而受到款待。"[③] 这些宴会由委员会主办，事前几个月就开始筹备，过程中免不了争端，因为地方权贵各个想争自己的地

---

① Mary Krout, *A Looker on in London*, 1898, republished by Dodo Press, 2009.

② RA PPTO/PP/OSB/OS/910.

③ QVJ 25 June 1897.

位，碰到了富有主见的店家，也会为了不用规定的颜色做装饰之类的琐事争得面红耳赤。慈善宴会往往是大型盛会，从烘焙坊、酿酒厂（或酒馆）、外烩业者、肉贩到厨师无不受惠，牛肉、葡萄干布
246 丁、啤酒和茶等供应给有资格的穷人享用（资格不够的人不会受邀）。在外国人和讽刺漫画家眼里，牛肉和葡萄干布丁是象征英国的食物，“约翰牛”坐下来准备享用布丁的画面由来已久。弗里达·阿诺德曾说英国人有“铁胃”，吃得下“大量”牛肉和葡萄干布丁。阿尔弗雷德·苏珊娜（Alfred Suzanne）写过一本指南，专供想到英国和美国找工作的法国厨师参考之用，该书简单陈述道：“在他们所有的国菜当中，英国人最引以为豪的无疑是烤牛肉。从怎么制作、怎么上菜到怎么吃，他们夸口英国人比世上其他国家的人更懂得烤牛肉。”[①] 至于布丁则“尤其是英国独具特色的……国菜”[②]。然而，此一理想化的形象掩盖了一个残酷的现实。贫富差距不是什么新鲜事，城乡差距也不是什么新鲜事，但有史以来第一次，官方做的调查报告揭示了问题的严重性。以维多利亚统治期间留下的数据资料来看，全国有3/4的人口属于劳动阶层，大约2/3的英国人生活水平接近贫困线或在贫困线以下。贫穷的后果很直接，营养不良影响发育、体能和健康，也导致新生儿死亡率、患病率和传染率居高不下。[③] 针对1899年的波尔战争（Boer War），令人颜面无光的军方体检报告显示，曼彻斯特（Manchester）约有1/3符合从军资格的男性营养不良，或因营养不良患病，无法为国

---

① Benita Stoney and Heinrich Weltzien, eds., *My Mistress the Queen: The Letters of Frieda Arnold, Dresser to Queen Victoria*, London: Weidenfeld & Nicolson, 1994, 55; Alfred Suzanne, *La Cuisine et Pâtisserie Anglaise et Américaine*, Paris, 1904, 84.

② Alexis Soyer, *A Shilling Cookery Book for the People*, London: Routledge, 1860, 97.

③ John Burnett, *Plenty and Want: A Social History of Food in England from 1815 to the Present Day*, London: Routledge, 1989.

家效力。统治阶层吓得开始想办法解决问题，免得未来没人给他们当炮灰。

维多利亚统治期间，虽然女王本人的食物及相关制作技术没有多大的改变，但就整体而言，烹饪行业发展很快。19 世纪 30 年代 247
至 20 世纪初期，许多人的饮食习惯变化很大。1837 年，英国约有八成人口以农耕为主，形成以乡村和小镇为中心的网络，吃的是地里自产的食物，一般在家中烹饪美食。不同地区的人饮食不同，英格兰南部已经显示出从外面买面包和啤酒等主食的倾向，偏北一点的地区则还是在家做饭。很显然有大量的日常必需品是进口而来，例如茶、香料和糖。非当季的农产品则能以高价从蔬果农场购得，这些蔬果农场运用和温莎堡御菜园相同的技术，只不过规模较小。上流阶层有自己的菜园，就连中产阶级通常也有地方种一两棵果树，尤其是在郊区。随着城镇日益扩张，餐厅、酒馆和兜售现成冷热食品的摊贩越来越多。然而，对许多人而言，他们的日常饮食与父母辈（甚至祖父母辈）的差异不大。

上流阶层吃的是分成 3 轮上菜的法式大餐，但他们只占全英人口的一小部分，尽管当时的美食写作不成比例地以他们为代表。排在他们下面的中产阶级收入水平不一，他们也想雇用人手，但绝大部分只请得起一两名女佣，常常是在女主人的积极协助下，合力完成所有事情。在 1871 年的人口普查中，做家务服务约占女性就业比例的 13%。今日我们多半将帮佣和庄园豪宅联想在一起，但当 248
时绝大多数家务佣人受雇于中产阶级家庭。[①] 他们或许渴望按照法式用餐风格的标准，但现实情况比较有可能上一轮或两轮分量较小

① Pamela Horn, *The Rise and Fall of the Victorian Servant*, Dublin: Gill & Macmillan, 1975, 24. P. Sambrook, *Keeping Their Place: Domestic Service in the Country House*, Stroud: Sutton, 2005.

的菜肴。像这样的菜肴只能供应给较少的人，但就用餐的常态而言，还是比王宫里的大餐更具代表性。玛丽亚·伦德尔（Maria Rundell）的《新式家常料理》（*New System of Domestic Cookery*）于1806年出版，至少直到19世纪70年代还在发行，该书为一般家庭提供了理想的家常菜单。其中一个例子是小牛颈焖洋葱，以水果派为替换菜，连同马铃薯泥配小片培根、豌豆汤、炖兔肉（炖兔肉应先烤过再炖）和绿花椰菜一起放在桌上。另一个例子是猪肉冻（用猪脚和猪耳）裹上面糊油炸，以约克夏布丁为替换菜，搭配马铃薯、豌豆汤、沙拉和烤小牛肉。① 绝大多数人晚餐只吃一轮菜肴，这一轮就包含许多菜肴，前菜、主菜、甜点全部一次上桌。他们没有使用法文菜名的习惯，而且，以中产阶级为目标人群的书籍和菜单上，虽然经常出现蔬菜炖肉、油焖肉丁、咖喱和法式酱料，但中产阶级吃的食物多是18世纪末期发展起来的经典英国菜，例如派类、布丁类、烤肉配卤汁，以及简单的水煮蔬菜（而且往往煮过头）配奶油酱。中产阶级的早餐是吐司和餐包。如果他们吃午餐，也只是吃剩菜和粗茶淡饭。多数中产阶级男性要外出工
249 作，他们在俱乐部、牛排馆或小酒馆吃午餐。而在中产阶级眼里，吃午餐是有点女性化的事情。

用餐时间经常变动。宫廷里，早餐—午餐—晚餐的用餐时间是固定的。但在较低的社会阶层，很多人还是在中午吃晚餐，这是从17世纪延续下来的习惯。劳动阶层的用餐模式是早餐—晚餐—消夜，但对所有人而言，晚餐是一天当中主要的一餐。这种混乱的情形延续了整个19世纪。在伊丽莎白·盖斯凯尔（Elizabeth Gaskell）

① *Maria Rundell*, *A New System of Domestic Cookery*, London: John Murray, 1806, reissued edition, London: Persephone Books, 2009, 312 - 313. 同样的菜单在1861年的版本中再次出现。

1855 年出版的小说《北与南》（*North and South*）当中，开篇就将城乡和阶级的差距刻画得相当生动。女主角玛格丽特·希尔（Margaret Hale）和她的家人在汉普郡（Hampshire）的家中，而即将追求她的亨利·莱诺克斯（Henry Lennox）从伦敦而来，上门做客。玛格丽特的母亲慌了手脚："太不巧了！为了让佣人继续去熨衣服，我们今天提早吃饭，除了冷盘肉之外就没有别的食物。不过，当然了，我们一定要邀他共进晚餐。"玛格丽特回应道："别管晚餐了，亲爱的妈妈。对城里人来说，冷盘肉足以充当午餐。莱诺克斯先生很可能会把它当成下午 2 点的晚餐吧。"① 到了 19 世纪 70 年代，劳动阶层的消夜往往被称为茶（tea），因为上流阶层的下午茶符合下层人民的饮食习惯。在某些地区，尤其是英格兰北部、苏格兰和一些乡村，茶演变为高茶（high tea），所谓的高茶本质上就是人们坐在高度较高的座椅上吃的消夜。②

楼下的厨房往往和 17 世纪一样，没什么变化。烤肉叉技术是 17 世纪的一大科技发展，到了 18 世纪被普遍采用。依地位而定， 250
厨房里可能有自动旋转烤肉器，如同每一座王宫的厨房，但可能也有靠发条或重物旋转的烤肉叉。用狗驱动烤肉叉的实验仅限于英格兰西南部，而且，尽管培育出一种转烤肉叉专用的特别狗种，这种做法还是渐渐销声匿迹（烤肉叉对狗而言犹如一座巨大的宠物鼠跑跑轮，何况还得一连跑上几个小时。面对这种苦差事，狗往往会落荒而逃，再不然就是趁厨师不注意把肉吃掉）。最简单的权宜之

---

① Elizabeth Gaskell, *North and South*, 1854.

② Laura Mason, "Everything Stops for Tea", in *Luncheon, Nuncheon and Other Meals: Eating with the Victorians*, C. A. Wilson, ed., Stroud: Sutton, 1994. ＊贵族阶层往往是坐在沙发之类的舒适座椅上享用下午茶，这类座椅较为低矮。劳动阶层的"高茶"是坐在一般座椅上用餐，纯粹因为用餐时的座椅高度较高，而称为"高茶"。——译者注

计是把一条长长的绳子或铁丝挂在钩子上，将绳子转几个圈，肉就会随着绳子松开而旋转，如此反复扭转绳子，直到烤肉大功告成。这种做法只能用来烤小块肉。除了上流阶层以外，多数厨师在烤肉用的同一座开放式火炉煮饭烧菜，锅吊在铁架上，需要时再垂放到火炉上。有些火炉会内建一个热水锅炉，少数火炉还有一个内建的侧炉。铸铁炉在 18 世纪末引进，类似当今博物馆所保存的那种封闭式铸铁炉慢慢普及，但比起旧有的开放式火炉，新式铸铁炉要用更多燃料，而且安装新式铸铁炉所费不赀。此时大城小镇纷纷突破原有的界线，扩张到本来是乡下的地方，多数新式铸铁炉随着城市发展进驻新盖的房子里。这些新式铸铁炉集各种功能于一身，尽管许多厨师抱怨操作铸铁炉是工作上最困难的部分，而且只要有什么东西烧焦了，厨师往往沦为替罪羊。烤炉是新式铸铁炉的一部分，但也有独立的烤炉。独立的烤炉是蜂窝状的砖造窑烤炉，以木柴为燃料，有时也用煤炭。砖造窑烤炉在富贵人家的乡下庄园和老旧的
251 市区住宅中很常见，但在穷人家则相当罕见。穷人要么靠火炉烤食物，要么把他们的食物拿到烘焙坊去，用烘焙坊的窑烤炉烤食物。至少直到 20 世纪 60 年代，英国的某些地区依旧采取这种做法，尤其是在圣诞节，家用小烤炉应付不了圣诞大餐。社会底层的穷人则采取一种一锅到底的烹饪方式，把一餐饭的所有食材用袋子分装好，吊挂在一口沸腾的大锅里，放在火炉上煮。接下来把面包粉或燕麦片加进煮出来的汤当成基础的浓汤，以增加一餐的分量。这种做法一直持续到 20 世纪中期。

在 1832 年第一次御游途中，维多利亚经过西米德兰（West Midlands）。她在那里看到了蓬头垢面的人，他们“浑身脏兮兮”。1837 年，克莱尔蒙特庄园来了一家子流动桶匠，向来不知民间疾苦的她一时间对他们充满了浪漫的幻想。她读了一些相关资料，研

究了一下流动工人的问题，并定期拜访他们。她确保他们有汤可喝、有毯子可盖，还挂心要做点什么来“充实他们的精神生活”。她送他们新年礼物，说他们是“一家子上等的吉普赛人，对彼此非常好”[①]。终其一生，她和穷人的直接接触大抵依循类似的模式。她通过马车的窗户窥见他们，通过阅读得知他们的困境。当他们刚好就在王宫或她停歇的地方附近，她偶尔也会见见他们，有时尝尝他们的食物。她时而完全忽视他们的问题，时而又对他们的问题感同身受，或至少同情他们的遭遇。1866 年，她写信给在普鲁士的薇姬说：“下层阶级渐渐变得有知识、有想法，而且自食其力，赚 252
取自己应得的财富，他们的发展不能也不应受阻——不该被傲慢无知、含着金汤匙出生、活着只为打发时间的人糟蹋。”[②]

饮食完全由收入决定。穷人的主食自 18 世纪以来一直都一样：面包、茶、马铃薯，此外穷人勉强补充一点奶酪、牛奶、奶油、糖蜜。如果买得起，穷人偶尔也会吃一点培根。有些人自己养猪或种菜，但就连乡下人都很难有时间照顾菜园，因为他们的工时很长，而且很多人没有地。随着收入的增加，三餐可能增加鱼、香肠、动物便宜部位的肉、鲜奶油、啤酒、更多奶酪、糖、肥肉、面粉和水果等，但绝大多数饮食内容一成不变，即使是对收入相对较高的人来说也一样。肉类是很大的奖励，尤其是鲜肉（直接从屠夫那里买来的肉）。在难得吃到肉的家庭里，一旦有肉可吃，肉就会优先给身为一家之主的男性，接下来是小孩。从工业革命初期起，畜牧业就是一个令人关切的行业。育种技术的成果大获赞扬，有无数画作呈现身形肥硕但四肢纤细的肉牛，还有无数酒馆以它们为名，尤

---

① QVJ 3 August 1832；QVJ 1 January 1837；QVJ 29 December 1836.

② Elizabeth Longford, *Victoria*, London：Abacus, 2011, 383.

其是赫赫有名的德伦神牛[1]。谷物与蔬菜也是大量被研究的主题，这些研究旨在提高质量与产量。阿尔伯特亲王最没有争议的成就之一就是他身体力行、尽力支持英国农业。他按照最新的标准，重建了许多在王宫腹地的农场。这可是相当了不起的成就，因为
253 这些农场就跟当时王宫的其他地方一样管理不善。他改良过的牛得了奖，他本人还被皇家农业协会（Royal Agricultural Society）捧为“不列颠耕耘者”（British Farmer）[2]。他以18世纪末的优秀地主自居，表示发展农业虽然所费不赀，却不可或缺，因为“农业在这个国家的地位很高，最近的选举也显示农业牵涉庞大的利益，这个产业需要来自一国之君的鼓励，维多利亚自然是做不到的”[3]。他引进化学肥料和蒸汽驱动的机械设备，包括耕耘机在内。他设计并建造工人的房舍，在屋里建了欧洲大陆风格的铸铁炉，类似孩子们在瑞士屋学做菜所用的炉具。结果他被选为皇家农业协会的会长，还被《笨拙》漫画揶揄了一番（漫画中，他骄傲地站在农场中央，女王在一旁挤牛奶，一个孩子在捡鸡蛋，另一个孩子在啃芜菁）。另外，他帮助设计的浮若阁摩尔宫乳品坊犹如童话里的宫殿，雕梁画栋，里面既有大理石，又有明顿瓷砖，贵到无法仿造，但它通风良好和注重卫生的大原则还是很有影响力的。

---

① 德伦神牛（Durham Ox）是一种被阉割的公牛，在19世纪初期因其体型、尺寸和重量而名声大振，是牛育种先驱查尔斯·柯林（Charles Colling）培育出来的品种。如作者所述，德伦神牛壮硕的身躯和纤细的四肢不成比例。当时有许多艺术品（如画作和瓷器）以德伦神牛为主题。英国至今有许多酒馆仍以德伦神牛为名。——译者注

② “Tamworth Agricultural Dinner”, report in *The Examiner*, 28 October 1865, 680.

③ Jane Roberts, *Royal Landscape: The Gardens and Parks of Windsor*, New Haven: Yale University Press, 1997, 93.

阿尔伯特的改革虽然促进了英国农业的发展，并有助于人们把焦点放在提高生产力上，但对纾解穷乡僻壤人们的困境帮助不大。19 世纪 40 年代，情况变得格外严峻，后来这 10 年甚至被称为"饥饿的 40 年代"（hungry forties）。马铃薯疫病（potato blight）也在这 10 年间首度爆发。1845 年，这场疫病摧毁了穷人赖以维生的农作物，导致爱尔兰马铃薯大饥荒（Irish Potato Famine），死了约 100 万人，另有 100 万人因此移民。维多利亚读了许多相关报告，对于百姓蒙受的苦难震惊不已。她将部分问题归咎于贪婪的地主， 254
但她对爱尔兰的处境并不十分同情，认为"是可怜的爱尔兰人漫不经心、缺乏远见的生活方式"导致了他们当前的灾难。[①] 城市里的穷人也很苦。面临英国将市场对全球开放的竞争，斯皮塔弗德（Spitalfields）的丝绸工人命运不济，而他们的问题被归咎于拒绝或没有能力机械化。维多利亚对这些危机的回应就是举办一连串的募款舞会和其他活动，一方面募得了几千英镑，另一方面宣扬了她所支持的理念。1842 年，维多利亚在意大利歌剧院[②]办了一场帮助斯皮塔弗德的慈善舞会，王室成员提早吃过晚餐再出席舞会。舞会现场则准备了饭泥汤、火腿、牛舌、龙虾沙拉、冷盘鸡肉、三明治和鸻鸟蛋等轻食，外加惯有的糕点、果冻和奶酪。[③] 女王捐钱给救助穷人的慈善机构，包括捐了 2000 英镑给在爱尔兰帮忙的主要募

---

① Walter Arnstein, "Queen Victoria's Other Island", in *More Adventures with Britannia: Politics, Personalities and Culture in Britain*, William Roger Louis, ed., Austin & London: University of Texas & Tauris, 1998; https://mikedashhistory.com/2014/12/29/queen-victorias-5-the-strange-tale-of-turkish-aid-to-ireland-during-the-great-famine/.

② 意大利歌剧院（Italian Opera House）为现今的伦敦皇家歌剧院（Royal Opera House）。——译者注

③ RA MRH/MRHF/MENUS/MAIN/BP/1842, 26 May.

款团体，捐了500英镑给淑女服装基金（Ladies' Clothing Fund），并称职地扮演了慈善事业的表率。为了更全面地帮毛料、丝绸与蕾丝制造业冲业绩，宫廷里的侍女被规定只能穿英国制造的衣服。1847年5月，女王甚至短暂限制宫里的面包配给量，规定每人一天只能分得1磅面包，并坚持宫中人员的食物“不用一级细面粉，只用二级细面粉”[1]。（此时面粉是以滤网去除麦糠，滤网的孔越细，面粉就越细。二级面粉是多数人食用的面粉，比起一级细面粉，二级细面粉麦糠含量较高。）

1847年，在马铃薯大饥荒的高峰，维多利亚通过了一个国定
255 斋戒日的决议，尽管她自己不太认可。斋戒日被视为一个庄严而神圣的日子，但很少涉及实际上的斋戒，反倒变成商店和公司歇业的日子，理论上所有人在这一天应虔诚祷告。[2] 尽管那天王室和内廷的晚餐都以鱼鲜为主，还有一张摆着一些牛肉和鸡肉的旁桌，但是女王还是没有放弃她的三餐。虽然忽视了有关鸡蛋和鲜奶油的限制，但是这种做法大致符合宗教改革前天主教斋戒日的饮食规定。维多利亚的问题主要不在于饮食上，而在于概念上。她不认同教堂利用这场危机散播爱尔兰马铃薯大饥荒是一种惩罚的想法，认为教堂为唤醒人们的赎罪意识而危言耸听。她写道：“说当前的困境是对我们的罪恶之审判，我认为这种说法不对，甚至很放肆。我们都知道自己有罪，但我看不出来现在人们的罪孽比60年前人们的罪孽更深重！”[3] 整体而言，她对举国斋戒的感受很矛盾。斋戒是固

---

[1] Peter Gray, "National Humiliation and the Great Hunger: Fast and Famine in 1847", *Irish Historical Studies* 32, no. 126, 2000, 200.

[2] Peter Gray, "National Humiliation and the Great Hunger: Fast and Famine in 1847", *Irish Historical Studies* 32, no. 126, 2000, 26.

[3] QVJ 24 March 1847.

有的传统，但她觉得这种传统很过时："我和约翰·罗勋爵（Lord John Russell）在花园聊了一会儿，主要是关于宣布斋戒日的事。群众迫不及待，希望借此遏止霍乱！当今普遍还存在这种迷信的想法，真是匪夷所思，我认为这对群众是一种误导。我们时时都该祈求上帝防止及减缓此类疾病发展，并用他赐予我们的知识和能力采取必要的预防措施，像是清洁街道和居家环境，并关注可疑的症状。"[1] 这个问题一直延续下去，女王对于违背自己心意的做法越 256
来越不耐烦。她觉得这种做法散发着中世纪天主教的迂腐气息，没有实际作用，只是剥夺劳动人民一天的收入，并妨碍公司开门做生意："这个'悔罪祷告日'既非真正的斋戒日，也非感恩日。它不是法定假日，又会对银行和所有金钱交易造成非常严重的影响。由于国会休会，不可能通过法案让'悔罪祷告日'同样成为一个假日，因此势必要为另一份声明召开枢密院会议。撇开那一天要怎么称呼不谈，另一份声明也是一样的，只是加'斋戒'两个字支持这份声明而已。这岂不是很荒唐吗？"[2] 维多利亚虽然很虔诚，但她从来不崇尚斋戒这件事，尤其是要强加在人民身上。而且，她对19世纪50年代掀起的安息日运动（Sabbatarian movement）大为恼火。安息日运动力求把星期日变成什么都不能做的一天。对她而言，星期日是放松享受的日子。她把安息日运动视为一种攻击，不仅是对她个人生活方式的攻击，而且是对劳动阶层假日休闲活动的攻击——劳动阶层趁这一天找找乐子，以及照顾攸关他们温饱的菜园，但照顾菜园也算是做事，所以是禁止的。女王写道："他们应该放过那些穷人，立法规范自己就好。穷人工作了一星期，星期天

---

① QVJ 1 September 1849.

② QVJ 22 April 1854.

需要一点无害的休闲活动！”① 到了 19 世纪 60 年代，她已经成功让官方宣布的斋戒日成为历史，而星期天则被确立为休闲娱乐的日子。

到了 1851 年，有稍微过半的人口住在城镇，英国正迅速成为世界上第一个城镇化国家。19 世纪 70 年代第二阶段的工业化又更进一步促进了城镇化的发展。英国人比之前更依赖商店提供日常所
257 需。此时的运输系统也越来越发达，铁路不只连接港口，也连接种植农作物和饲养动物以供应城市人所需的偏远地区。为了应对某些农产品的高需求量，铁路部门甚至提供了专车服务，包括晚间行驶的大黄快线（Rhubarb Express），从 19 世纪 70 年代一直营运到 20 世纪 60 年代，将约克郡温室栽培的大黄从韦克菲尔德（Wakefield）运至伦敦。维多利亚能够靠搭火车去奥斯本宫、巴尔莫勒尔堡和各个乡间庄园，同样的铁路网也把流动工人从乡下带到城市找工作。虽然一般的刻板印象是社会底层的佣人都是可怜的爱尔兰女性，但维多利亚时代乡间庄园的雇佣记录显示厨师、女佣、男侍和私仆来自全英各地（还有来自法国的厨师和女佣）。然而，这种刻板印象也反映了爱尔兰人不计代价找工作的窘迫处境。住家佣人往往是经由非正式的渠道介绍而来，但也可以通过人力中介招募，而且许多雇主偏好雇用在当地没有人脉的佣人，免得邻近的某一户人家会教唆他们偷鸡摸狗或浑水摸鱼。在玛丽·伊丽莎白·布莱登时代②的戏剧《听天由命》（*Hostages to Fortune*）中，女主角和厨师之间的问题占了很大的篇幅——她的一个厨师一无是处，另一个厨师则把所有剩菜都偷去给亲戚吃（也偷了很多不是剩菜的

---

① QVJ 7 July 1855.

② 玛丽·伊丽莎白·布莱登（Mary Elizabeth Braddon，1835—1915）为维多利亚时代英国著名的演员及言情小说家。——译者注

食物）。而女主角和厨师之间的问题几乎把她老公推向剧中反派的怀抱。[1] 这是一个矛盾激烈的时期。

铁路也让食物能以更大的分量、更快的速度被送到城市。说铁路一夕之间改变了城市人的饮食习惯并不准确，毕竟铁路的发展也需要时间，而且火车带来的食物往往很贵。铁路是工业化过程的一部分，这个改变的过程最终几乎影响了每一个人。铁路的发展对生 258
产者和为某些食物寻找销路有好处，例如通过铁路，生产者为苏格兰的熏鳕鱼和格拉斯米尔[2]的姜饼找到了新市场。而曾经要及时在圣诞节前成群离开诺福克（Norfolk）赶到伦敦养肥的火鸡（穿上鞋子或把脚涂上沥青，好让它们耐得住长途跋涉），以及曾经穿过大街小巷并蹒跚走到市场的牛，如今都成为难得一见的景象了。

火车也造福了有足够的钱用于休闲娱乐的人。19 世纪中期，最大的一场盛会莫过于万国博览会。这场盛会为许多参与者带来了深远的影响。但在会前，面对大多数严厉的冷嘲热讽，阿尔伯特亲王力排众议，极力促成这件美事。为了拉拢支持者，他展开了一趟全国巡回之旅。1850 年，他在约克郡紧邻市长官邸的市政厅做客。如同常有的情况，官邸的厨师被认为不够好，于是市长请来当时首屈一指的主厨亚历克西斯·索耶（Alexis Soyer），负责操办一流的奢华飨宴。众所周知，索耶是那个时代最伟大的人物之一。他是表演家、企业家、厨艺大师，最终还被奉为军事英雄——他发明了索耶炉（Soyer stove），在克里米亚战争（Crimean War）期间改善了军队的伙食。他是法国人，但在 19 世纪 30 年代另一场革命的动乱中来到英

---

① Mary Elizabeth Braddon, *Hostages to Fortune*, London, 1875.

② 格拉斯米尔（Grasmere）为英格兰湖区的一座小村落，19 世纪初期由当地人莎拉·尼尔森（Sarah Nelson, 1815—1904）发明的姜饼如今已成为举世闻名的格拉斯米尔特产。——译者注

格兰，短暂地为维多利亚的叔父剑桥公爵（Duke of Cambridge）工作过，接着在餐饮界一路荣升，成为改革俱乐部（Reform Club）的首席主厨，也成为伦敦餐饮界最闪亮的明星。1847 年，政府聘请他
259 在爱尔兰举办大规模的慈善宴会，作为缓解饥荒的义举。他也在斯皮塔弗德设立了许多汤厨[1]，并出版了一本保证食物营养美味且原料不贵的食谱。从这本书到其他著作，以及整个烹饪事业，索耶和弗兰卡坦利都是竞争对手，后者的《劳动阶级粗茶淡饭之书》（*Plain Cookery Book for the Working Classes*）于 1852 年问世。索耶所著同一主题但更权威的著作则在 1854 年出版，这本书有一整个单元专门探讨“穷人在烹饪方面普遍欠缺的知识”[2]。1850 年的约克宴，他交出一份很典型的浮夸菜单（不含酒要价 600 英镑）。包括两个从查茨沃斯庄园送来的菠萝在内，甜点水果在餐桌上引人注目，菜肴按照法式用餐风格摆放，菜名也体现典型的索耶式浮夸风格——有一道名为“维多利亚”（à la Victoria）的汤品（尽管她人不在场）、一道名为“约克大教堂”（à la York Minster）的鸡柳条、一道名为“市长夫人”（à la Lady Mayoress）的果篮，并有两份只在王室餐桌上才有的“布列塔尼”（de la Grand Bretagne）奶酪，其中一道取名“维多利亚”，另一道取名“阿尔伯特”。最诡异的菜肴是“100 基尼大餐”（the Hundred Guinea dish），一个个乌龟头从口中吐出一串串小牛胸肉、松露和鸡冠，看起来很吓人。之所以取名“100 基尼大餐”，索耶解释说“如果有哪位饕客想点这道菜，他必须能提供上述所有食材”，而这些食材加起来要价 100 基尼。制作这道菜是个大工程，材

---

① 汤厨（soup kitchen）为一种免费供应食物的救济机构，许多只供应汤品，故俗称汤厨。——译者注

② 关于索耶的资料详见 Ruth Cowen, *Relish: The Extraordinary Life of Alexis Soyer, Victorian Celebrity Chef*, London: Weidenfeld & Nicholson, 2006。

料取自各种生肉最上等的部位，包括100只沙锥鸟、40只丘鹬和45只鹧鸪的牡蛎肉[①]，5只乌龟的头、部分龟鳍和脂肪层，以及多只鸟，包括比利时圃鹀、12只百灵鸟和6只鸻。装饰菜则有蘑菇、小龙虾、美国芦笋、酥皮挞、鱼肉丸和杧果。在这一堆食材中，还夹带了一样恐怕没什么人注意到的“新款酱料”[②]。阿尔伯特亲王吃了 260
自然是觉得肠胃不舒服。

索耶也在万国博览会上找到了商机，他筹办了（造成亏损的）万国美食屋（Symposium of All Nations）。美食屋足以容纳1500人，他希望通过这间餐厅展示世界各国（主要是法国）的美食，有兴趣的团体也可以参加厨房导览的活动。然而，博览会的600万名参观者大多自己带食物或者选择会场内的餐食，因为有很多东西要看，而且主办方不允许参观者重复入场。[③] 针对场内的食物摊位，筹备委员会对外公开招标，强调食物必须物超所值，服务要是最高水平。全英各地的参观者搭乘火车、长途客车或步行前来，一先令的单日门票让劳动阶层也能一饱眼福，许多人就利用单日门票看尽全世界的工业奇迹。赢得外卖合约的舒味思食品公司（Schweppes）以茶馆的形式在场内营运，供应了超过200万个巴斯圆面包（Bath bun）、110万瓶气泡水，以及1000加仑的酸黄瓜。除了主要的茶馆之外，另有两间店铺供应面包、奶酪和姜汁汽水（不供应酒）。不过，尽管他们尽了最大努力，顾客还是怨声载道，《纪事早报》（*Morning Chronicle*）刊出的投诉信提到“我这辈子吃过最难吃又最

---

① 牡蛎肉又有“鸡中生蚝”之称，包裹在背脊骨与上腿之间的骨盆中，肉质软嫩，约拇指大小，每只禽鸟仅有两块。——译者注

② *ILN* 2 November 1850.

③ 索耶在万国博览会会场对街买下一栋名为高尔屋（Gore House）的豪宅，将其打造成餐厅，取名万国美食屋，该餐厅不在会场之内。——译者注

小的三明治”，以及“又小又干、要价6便士的猪肉派”[1]。大客流量供餐显然没有与时俱进。

万国博览会展出的科技变革产品也涉及烹饪领域。索耶是采用煤气炉的先驱之一。1841年，他在改革俱乐部安装了煤气炉。19
261 世纪50年代，他开始实验用蒸汽烤箱烤面包。虽然万国博览会展出了各式各样的煤气设备，但包括王宫在内的居家厨房很久之后才用上煤气。一直到19世纪80年代才有大量中产阶级家庭安装煤气炉，温莎堡绝非唯一到了20世纪还完全以煤炭为燃料的宅第。尝试使用煤气的乡间庄园少之又少，就算有此尝试，多数庄园还是同时保留附有烤肉叉装置的烧炭铸铁炉，用来烹制重要的烤肉。烹饪设备又大又贵，而且大家很习惯用煤炭煮东西。人们一方面怕煤气会污染食物，另一方面也怕煤气泄漏。操作烧炭的铸铁炉涉及专业技术，使用煤气就像贬低专业价值，对做菜而言则无异于贬低了厨师的手艺，因此这种改变令人抗拒。到了19世纪60年代，有一些新产品对辛苦的厨师似乎大有好处，但厨师很难跟上科技发展的脚步，至少就业界而言是这样的。

19世纪中期商业化的食物不胜枚举，其中包含许多现今在制作菜品方面不可或缺的东西：泡打粉、卡士达粉、现成的吉利丁、香草精、加工酵母（现在被当成“新鲜”酵母在卖的东西，当时叫作德国酵母，取代了先前使用的啤酒酵母）、玉米粉、炼乳、李比希精华肉（Liebig's extract，在马麦酱出现之前）、保卫尔（Bovril）牛肉精，以及弗兰卡坦利在他煮的晚餐上尽情添加的一堆提鲜剂。罐头食品也有进展，尤其是罐头沙丁鱼和罐头肉，前者

① Michael Leapman, *The World for a Shilling: How the Great Exhibition of 1851 Shaped a Nation*, London: Headline, 2001, 143.

从19世纪30年代开始贩卖，后者则在19世纪60年代末期开始流行。这些食物有很多是质量令人怀疑的廉价填饱肚子的东西，再不 262
然就被视为无须厨艺的劣等菜品。伊莎贝拉·比顿有点七拼八凑的《家务管理之书》（*The Book of Household Management*）无疑是维多利亚时代最有名的食谱书，这本书呈现出19世纪中期中产阶级菜品扑朔迷离的状态。书中内容完全不是出于她自己之手，不管是食谱，还是对饮食的看法，比顿都大肆剽窃其他作者的作品。但它畅销，因为她的写法赋予读者自信，而且直白得令人耳目一新。最重要的是，它实现了它的承诺：从社会规范的雷区中突围，成功控制整体预算，做出甚至更成功的晚餐。比顿从过去半世纪的书籍中撷取食谱，把新旧食物制作方式结合起来：海绵蛋糕单靠鸡蛋的力量膨起来，所有食材的分量都按照鸡蛋的重量调整比例，下一份食谱的另一道海绵蛋糕则用了泡打粉，并且论磅、论盎司抓分量。她提供了理想的菜单，主要是采用法式用餐风格的修改版，上四轮菜外加甜点（她称这四轮菜为第一轮、首副菜、第二轮、第三轮）。但她也意识到俄式用餐风格的流行，指出俄式用餐风格“不太适合小门小户，因为需要庞大的佣人阵容来侍肉及协助宾客就餐”，但如果处理得当，“没有一种用餐风格比俄式用餐风格更让人享受了”[①]。她的主要读者是中下阶层的女性，这些女性的父母可能是劳动阶级，但到了她们这一代，需要雇用或解雇佣人、布置家、规划派对、让邻居 263
刮目相看，同时自己也要做一堆家事，包括煮饭烧菜在内。她们主要是城市人（或者像比顿一样住在市郊），要取得比顿推荐的烹饪模具不是问题，因为那些花哨的果冻模、奶油模、派模、挞模和布

① Isabella Beeton, *The Book of Household Management*, London: S. O. Beeton, 1861, 956.

丁模现在是大规模量产的，而且有陶瓷、铜或便宜的锡等材质制成的模具。她们不会妄想自制蘑菇酱（尽管有食谱供她们参考，如果她们有兴趣的话），而且可能偏好比顿食谱更现代的版本中所用的哈维酱[1]或伍斯特酱[2]。除了宴会以外，她们的晚餐很简单，星期天往往以一道烤肉为主，周间重复食用[3]：不只在比顿的书中，冷盘肉料理（cold meat cookery）是许多食谱书中的重要部分，那时“剩菜”这种带有一点贬义的概念尚未形成。根据比顿所述，典型的小型家庭晚餐有炖野兔（来自前一天剩下的烤野兔肉）、白饭配水煮小牛肘、水煮猪颊肉和苹果布丁——和半世纪前玛丽亚·伦德尔的菜单没有太大差别。就连她为宴会热心提供的豪华菜单也考虑到小厨房人手有限，而以一般家庭应付得来为目标：仿龟汤[4]、酥炸鳕鱼配菱鲆龙虾酱；禽肉配贝夏梅酱、牡蛎饼；烤乳猪、炖牛肉配什锦配菜以及一道蔬菜；最后是夏荷露特苹果挞、咖啡奶酪、奶酪蛋糕、杏桃挞和冰激凌布丁；用完餐后，接着上当作餐后甜点的水果和冰品。[5]

对于有一点钱且离商店近的人来说，工业化带来了制作食物的
264 新方式。在科技发展的协助下，之前因为耗时费工而遥不可及的食

---

① 哈维酱（Harvey's sauce）的主要成分是鳀鱼，因发明者彼得·哈维（Peter Harvey，1749—1812）而得名。——译者注

② 伍斯特酱（Worcester sauce）又称英国黑醋，主要成分为麦芽醋，发明者为伍斯特郡（Worcestershire）的两位酱料师。——译者注

③ 传统英式果干碎肉派（mince pie）也常利用所谓的星期天烤肉（Sunday roast）制作。——译者注

④ 仿龟汤（mock - turtle soup）为便宜仿造版的龟肉汤，厨师不用真的龟肉，而是用牛肉仿造出龟肉的口感，相关食谱可参阅《厨神的盛宴》一书。——译者注

⑤ Isabella Beeton, *The Book of Household Management*, London: S. O. Beeton, 1861, 944 - 945.

物，后来极易获得，人们的整体生活水平也慢慢提高。城里有的商店贩卖各种冷热食品，到了 19 世纪 70 年代，英格兰玛芬小蛋糕、刚出炉的蛋糕、鳗鱼、派类、汤品、焗烤马铃薯（也可以包在毛皮暖手筒里暖手）、油炸馅饼、烤栗子、三明治、牡蛎、猪蹄膀等，以及对劳动阶层饮食来说越来越重要的炸鱼薯条，在市面上都买得到。[①] 不过，偏远乡下的人们还是过得很苦，维多利亚在 1861 年访问爱尔兰时提到“有很多衣衫褴褛的人”[②]。当时缺乏食品工业的相关法规，厂商处于盈利压力之下，消费者又不愿意或付不起更多钱，导致许多基本必需的食物造假，进而加剧了劳动阶层营养不良。有些食品添加剂成了固定的成分，举例而言，明矾就被当成“改良剂”加进面包里，因为它让次等面粉显得较白，而消费者要的是白面包。大众普遍认为白面包较易消化、更为精良，对人体也比较好。不加明矾，消费者就会抱怨。同样的因素也使烘焙师把大量的水掺到面包里，水不用花钱，增加利润。消费者得到了他们要的白面包，但面包里的营养成分较少。在某些情况下，刺激性很强的明矾含量高到足以导致消化不良。烘焙师加的量不至于造成（太严重的）问题，但他们是向面粉厂商购买面粉，而面粉厂商也添加了不至于造成（严重）问题的明矾，两者相加，不太大的问题就可能变成很大的问题，尤其是对幼童而言。幼童的饮食不可避免地以面包和牛奶为主，牛奶通常也掺水，而且可能一开始就被脱 265
脂过。面包造假危害甚大，因为各阶层的人都把面包作为每日食粮，还会自己做面包的城市人没几个。

① Henry Mayhew, *London Labour and the London Poor*, London: Dover, 1861. 在 http://www.victorianlondon.org/index-2012.htm 有全文皆可检索的版本及其他许多实用资料。

② QVJ 29 August 1861.

在此背景之下，阿瑟·希尔·哈塞尔（Arthur Hill Hassell）的发现如同投下一枚炸弹。哈塞尔分析发现，19 世纪 50 年代的伦敦没有一块面包不造假，包括号称纯天然的产品在内。确实，因为王宫定期在外面订购面包，内廷人员极有可能和老百姓一样，早餐吃的餐包里尽是明矾和熟石膏。假茶叶也很常见，厨师普遍有一个外快来源就是卖泡过的茶叶。专门的茶叶“工厂”将用过的茶叶“升级改造”，加进一点真正的茶叶、一些干燥的叶子，以及手边能用的任何材料，做成卖给穷人的假茶叶。[①] 哈塞尔的研究广泛涵盖各种食品，显示出要取得纯粹的食物有多困难：咖啡含有菊苣和橡实，并用红砖粉增色；糖果用铅和铜染色；砂糖则加了石灰粉。然而，后来证明大量曝光的 19 世纪 50 年代食品调查是一个转折点。自发的改革与公众的压力还不够，最后再加上政府制定的法规，事情终于有了改变。到了 19 世纪 80 年代，最恶劣的滥用情形已被成功遏制，主打纯净与健康的优良品牌取而代之。

266 另一个改善饮食的因素是海外进口的商品，肉类尤其重要。进口肉品让穷人可以从饮食中获取他们相当欠缺的蛋白质。从 19 世纪 70 年代起，针对社会下层市场的食谱书更是积极探讨罐头肉的问题。1874 年，《巴克梅斯特的料理书》（*Buckmaster's Cookery*）关于澳洲肉（Australian meats）的内容承认这种肉煮过头，而且价格虚高，但否认最初的原料质量低劣，或混有“袋鼠肉、大象肉和马肉”[②]。这本书提到有关冷冻肉的实验，但它也承认截至当时相

① Burnett, *Plenty and Want: A Social History of Food in England from 1815 to the Present Day*, 216 - 239; Arthur Hill Hassell, *Food and Its Adulterations*, London: Longmans, 1855. 这部分借鉴了 2016 年英国广播公司（BBC）播放的电视剧《维多利亚的面包师》（*Victorian Bakers*）中的内容。

② Anon., *Buckmaster's Cookery*, London: Routledge, 1874, 105.

关实验都不成功。书出版之后过了一年，第一批成功从阿根廷运抵的肉品以零下 1 摄氏度冷藏，几乎是冷冻的状态，历经 90 天的航程，于 1875 年送达伦敦。船运公司伊士曼斯（Eastmans）的企业主很精明，从这批货品中挑了牛鞍肉，送到温莎堡献给女王，女王说牛肉“非常好吃”。完全冷冻的肉品则在 1877 年引进。1880 年，维多利亚从来自澳大利亚的一批货品中收到一个羊羔屠体[1]，伊士曼斯公司也送了一个给威尔士王子。国外进口的谷物也造福了英国。美国西部在 19 世纪 70 年代及 80 年代开发了大规模农场，优质的白面粉随之涌入英国各个港口，后续再以新式磨面机研磨，制作出有史以来最白、最精细的面粉。这种加工技术也首度将麦芽分离出来，防止面粉在 6 个月后变质（但连带去除了大部分营养价值）。史上第一次，面包的食用量随着人们生活水平的逐渐提高而降低，穷人的情况也一样。此时穷人的饮食品种扩展至人造奶油、 267
炼乳（常用来抹在面包上）、便宜的果酱以及市面上的一些罐头食品。他们吃得还是不健康或不营养，食物也还是很单调，但是他们的食物比维多利亚刚即位时好一些了。

工业化、进口货以及可靠的保存法都促进了 19 世纪最后 25 年大规模量产食品的发展。到了 19 世纪 80 年代，就连王室的进货明细也出现了品牌商品。1888 年，香料房购入了伍斯特酱、哈维酱、现成的印度酸辣酱（chutney）、腌鱼酱（腌鱼指腌渍鲱鱼）、咖喱酱和波伦塔玉米粉（polenta）。1891 年 2 月，泡打粉终于悄悄“潜入”宫廷厨房。[2] 以宫廷厨房来说，购买泡打粉实属惊人之举。从 19 世纪 50 年代起，宫廷也购入了大量糖果，想来这些糖果并未受

---

① 屠体（carcass）指家畜屠宰放血后不含内脏的整体。——译者注

② RA MRH/MRHF/GOODREC/SPICES/WC/1888.

到铅或砷的污染。1858 年，布拉福德（Bradford）的一家糖果工厂有 20 人砷中毒丧命，工厂主辩称他是要用熟石膏来做喉糖，但拿错了瓶子。[①] 1889 年，宫廷厨房的供应商 C&B（Cross & Blackwell）食品公司出了一本“罐装肉类、水果类、调味料、蔬菜及其他”的商品目录，显示出此时市面上买得到多少现成食品，不只有糖渍水果和大量的沙丁鱼罐头，还有几乎完整的一道菜，像蔬菜炖肉配松露酱（financière ragout）：“这一罐美味的罐头里有鸡冠、鸡心、蘑菇、松露、小牛胸肉等食材。”目录建议搭配肉精享用这道菜，
268 或用这道菜来装饰其他菜肴。此外也有婴儿食品、派类、香料和水果香精、蛋黄酱、汤、鱼、肉酱或完整的肉，以及异国风味的食材，像罗望子、百灵鸟和驯鹿舌。果冻和奶油以瓶装出售。特调酱料的种类多得令人眼花缭乱，许多被冠上皇家的名号，包括沛恩氏皇家奥斯本酱（Payne's Royal Osborne Sauce），顾名思义是由“女王陛下的酱料师在奥斯本宫”制作而成，搭配威尔士奶酪吐司（Welsh rarebit）格外对味。[②]

19 世纪 80 年代中期，修订版的《比顿家务管理之书》（*Beeton's Book of Household Management*）虽然大致和 1861 年的版本一样，但书中多了画风欢乐的插图，勾勒出常见的瓶装和罐装食品，显示出一般中产阶级消费者变得多么依赖工厂食品。修订版也纳入素食主义及异国菜品的篇章，前者有炸香蕉、扁豆饼和听起来很诡异的蔬菜仿鹅肉（用面包粉、洋葱和一些香草植物制

---

① RA MRH/MRHF/GOODREC/SPICES/WC/1853；Bee Wilson, *Swindled: From Poison Sweets to Counterfeit Coffee – the Dark History of the Food Cheats*, London: John Murray, 2008, 138.

② Anon.（Arthur G. Payne）, *The Housekeeper's Guide to Preserved Meats, Fruits, Condiments, Vegetables Etc.*, London: Crosse & Blackwell, 1889, 51, 116.

作），还有美国、德国、法国、澳大利亚、印度和意大利等多国菜品。这本书已经变成一本家家户户必备的厨艺圣经，考虑到万一有读者移民，放几份异国食谱应该很实用（如此一来，亲戚就可以看看他们在别国吃些什么）。但其呈现的结果有一点奇怪，例如在该书关于澳大利亚菜品部分，标准的英式鸽肉派被重新改造成插有鲜艳羽毛的鹦鹉派，烤野兔则成了烤小袋鼠，有头、有尾，还有竖起来的耳朵。延续前作的剽窃风格，这本书中的某些食谱在东拼西凑之下显得面目全非。于勒·古夫有一款结合了饼干和舒芙蕾的水果混合蛋糕（Punch Cake），它的图片被乾坤大挪移，变成网球场蛋糕（Tennis Cake）的插图。比起水果混合蛋糕，网球场蛋糕的做法简易得多。维多利亚时代晚期什么都要规范化，甚至包括甜点在内，网球场蛋糕就是一个典型的例子。移民到新西兰和澳大利亚的人恐怕不觉得比顿的烹饪书有多实用。这两个国家的英国人固守传统，面临再多的障碍也要保有英式料 269
理风格，尤其是在圣诞节。即使12月正值炎炎夏日，人们的餐桌上还是少不了烤牛肉和烤火鸡。①

移民是当时的全球现象，欧洲人纷纷到其他欧洲国家以及美国和澳大利亚等地寻求更好的生活。移民的过程不一定顺利。1851年在奥斯本宫，王室就和一整船的德国移民正面接触。这一批意外访客的船沉了，于是他们登上了怀特岛。他们多数是农业劳动者，维多利亚派了一组仆役去查看情况，并临时设立了救济站供应汤和咖啡。她带孩子们去看这些难民并记录了当时的情况。

---

① 大热天吃烤肉的优良传统至少持续到20世纪50年代，但现在某些澳大利亚人采取折中的办法，改成过“7月圣诞”（Christmas in July），在7月25日这一天张灯结彩吃烤火鸡，这个时节比较有可能下雪，或至少下点雨，一如英国圣诞节惯常的景象。

> 再次去新巴恩（New Barn），在那里等了一会儿之后，我们见到了那些可怜人。他们或者在救济站外面等候，或者从救济站里出来，每个人手里拿着一个锡罐或其他容器，看起来愁容满面，但没有衣衫褴褛或一贫如洗的样子。有个年轻人穿着体面，显然出身较好。我们和他交谈，他表达了他们的感激之情。他们共有219人，我听说有90个是男性，女性中38个已婚，33个单身，48个小孩，还有10个小婴儿！……他们急需肥皂，我们便送去了肥皂。①

维多利亚的孩子们被鼓励捐出他们的旧玩具。除了玩具，他们也送了衣服。难民在岛上被困数周之久。1854年历史重演，有两
270 艘船本来是要开往美国的，结果很多德国人在英国留了下来。1887年，《圣詹姆斯晚报》（*St. James's Gazette*）抱怨1871～1881年外国人在英国的人数从11.3万人攀升到13.5人，而且其中有1/3是德国人（主要为面包师）。同一时间，英国人却持续出走，尤其是爱尔兰人和苏格兰人，尽管灾祸连连——维多利亚的日记详述了她对这些灾难的恐惧，包括其中一艘移民船上暴发天花，另一艘船失火，1873年还有一艘船停泊在港内，被一艘邮轮撞上，300多名准备去澳大利亚的移民不幸丧命。②

到了19世纪末，社会底层的穷人还是跟1837年一样，主要以面包、奶酪、马铃薯和茶为食，但现在他们的饮食可能还包括一些罐头肉或罐头鱼、炼乳、糖或果酱。整体而言，劳动阶层的饮食改善了，但饮食随收入而定的状况依旧不变，一个家庭收入越高，就

---

① QVJ 1 December 1851.

② QVJ 30 March 1853; 24 January 1873; 28 December 1874.

越有可能买得起新鲜的肉类、蔬菜和全脂鲜奶。对许多人而言，营养不良依旧是个问题。然而，上层劳动阶级的饮食明显比 70 年前更好，也更多样化。很大部分是因为在 19 世纪末的数十年间，工业化的新浪潮提供了新的工作机会。就菜品而言，从维多利亚时代科技发展受惠最多的无疑是中产阶级。而且这个阶级已经扩展到各种收入水平和生活方式的人，范围之广非“中产阶级”一词所能轻易概括。他们是食谱书的购买者，也是煤气炉的使用者。他们雇用从新式烹饪学校训练出来的帮佣（制作食物被重新定义为家政科学，并且越来越注重称斤论两，不再只凭感觉）。他们吃菠萝罐 271
头和新鲜香蕉。他们爱用工厂制造的商品，从食品到食品包装都是工厂量产的。他们很在意别人的眼光。上层中产阶级是第一批真正接受俄式用餐风格的先驱。俄式用餐风格很好实现又易于理解，但在实际操作中也可以复杂化，深谙此道的人乐于把它变得很复杂。针对水果叉的“正确”使用方式，各个家庭或团体都能变出巧妙的戏法，让人借以判断一个人的身份地位，维多利亚时代的杂志和文学作品充斥着对相关情景的刻画。中产阶级也越来越爱仿照贵族以法文为菜肴取名的习惯，食谱书作者为他们推波助澜，不管什么菜都适时加进“à la”二字。在中产阶级之上，坐拥金山银山的贵族倒是不那么在乎这一切。他们还是保留旧有的用餐风格和美食制作方式，因为他们愿意，而且他们请得起人手，家里又有充足的空间。当然，凡事都有例外。像克拉格塞德庄园（Cragside）和廷斯菲尔德庄园（Tyntesfield），这一时期有些新的乡间庄园引领居家科技的发展，例如带头安装电力设备。这些庄园的主人通常是企业家，而不是拥有世袭头衔的贵族，他们欣然接受新技术。19 世纪 90 年代，王宫渐渐开始安装电灯，虽然一如往常施工拙劣，至少在巴尔莫勒尔堡，利顿夫人抱怨过“天花板上挂着一盏巨灯，强光照得人睁不开眼”①。

然而，撇开这些改变不谈，食物还是有很多不变之处。甜腻的
水果蛋糕靠酵母膨胀的做法一直沿用到19世纪70年代，海绵蛋糕
272 靠鸡蛋膨胀的做法延续了更久。上流社会人们食用的果冻还是以牛
蹄来提炼定型剂。是否只有用烤肉叉在火炉前烤的肉才能叫烤肉的
争议则一直延续到19世纪末。直到维多利亚死后，在英国人的认
知里，巧克力依旧是一种饮品，尽管吃的是可可粉，而不是可可块
（吃巧克力到19世纪80年代已经很普遍了）②。象征英国的食物依
旧是茶、布丁和烤牛肉，1837年、1887年和1897年的英国人吃这
273 些食物，1902年的英国人也吃这些食物。

---

① Mary Lutyens, ed., *Lady Lytton's Court Diary, 1895 - 1899*, London: Rupert Hart - Davis, 1961, 142.

② 工业革命之前，巧克力在人类历史上一直是饮品。工业革命时期，荷兰化学家豪尔顿（Coenraad van Houten）研发出可可脂（cocoa butter）分离技术。可可豆经烘烤、碾碎、研磨后成为可可块（cocoa mass），将可可块中的可可脂榨出，剩余部分为可可饼（cocoa cake），可可饼研碎之后为可可粉（cocoa powder）。1847年，英国巧克力商约瑟夫·弗莱（Joseph Fry）研发出我们现今熟知的固态巧克力。——译者注

第十一章

女王的熟龄风华

到了 1897 年，在维多利亚的子民中，已经很少有人想得起统治者不是她的时期了。她的孙女玛丽（Marie）回忆童年时，简洁有力地总结道："维多利亚女王！她在当时就称得上是传奇人物了，如今回头再看，只觉得更具传奇色彩。她活了那么久，久到你很难想象这世界没有她还继续运转。"[1] 到了晚年，她成为偶像般的伟人，关于她的故事满天飞，不管是真是假，这些故事成为围绕她的神话。在她死后，和宫廷稍微沾边的人纷纷写下他们的回忆录，不管他们的回忆有多混乱，结果导致她人生的最后 20 年和最初 20 年形成强烈对比，关于最初 20 274
年的资料相对缺乏且鲜为人知。即使在她生前，有关她的传闻也是真假难辨。许多饮食方面的讹传来自 19 世纪末，主要是由于爱德华［维多利亚的一个曾孙，即后来的爱德华八世（Edward Ⅷ）］也承认的一种现象："维多利亚女王的存在凌驾于她的家人之上，关于她的一切，我很难确切区分有哪些是我亲眼所见，有哪些是后来从我父母或服侍过她的朝臣口那里听到的，又有哪些是我从书上读来的。"[2] 她

---

① Queen Marie of Roumania, *The Story of My Life*, vol. 1, London: Cassell, 1934, 74.

② Duke of Windsor, *A King's Story*, London: Prion, 1998, 11 – 12. 20 世纪中期有一波出版回忆录的热潮，来自维多利亚的曾孙及她的朝臣的子女。这些回忆录中的上乘之作引用了当时所写的书信或日记，但除此之外，有很多回忆录只是依靠当事人遥远童年的模糊记忆，转述类似的传闻，字里行间夹杂着"我听说……"之类嚼舌根式的用语。

是一位令人心生敬畏的女性。谁也想不到，在群众涌上街头庆祝她的钻禧纪念日过后不到4年，就有新的君王登上王位，而维多利亚已入土为安。

女王很少生病。除了1835年在坦布里奇韦尔斯那次，她顶多着凉，偶尔感冒，她大抵无病无痛安度一生，包括9次怀孕，身体都没出什么严重的问题（她在1865年前后进入更年期，后来受到潮红的困扰）。[①] 她的心理比较脆弱。一方面，她坚决忽视生理上的不适或疲惫，体力之好常让她的侍女自惭形秽。另一方面，1861年以后，她又乐得把情绪困扰当作借口，回避公开露面的场合或在不恰当的时机跑去度假。她变得有点疑神疑鬼，带了许多位医生随她旅行，这些医生密切注意她的健康状况，她因为轻微的症状指责他们，并对自己进行各式各样的诊断。她的医生中的最后一位是詹
275 姆斯·瑞德（James Reid），他成为她最亲近的朋友之一。在约翰·布朗死后，他也成为她生活中重要的男性。他不只是医生，也是内廷和女王之间的主要传声筒，因为他一天见她多达5次，而且她对他推心置腹、深信不疑。他从1881年开始为她工作。在他眼中，女王不只接受她的身份与生俱来的矛盾，而且把这种矛盾当成她的优势善加利用。大约在同一时期，温莎主教（Dean of Windsor）兰德尔·戴维森（Randall Davidson）写道，她有一种“不可抗拒的魅力”，来自“简单直接的真性情，结合了堂堂女王浑然天成、不言自威的王者之风”。不只他一人感觉她既是一个“害羞谦逊”的女人，也是一个“断然表达立场”的君王。1887年的禧年纪念，她不顾内阁反对，坚持戴她要戴的遮阳帽，不戴他

---

① Michaela Reid, *Ask Sir James: The Life of Sir James Reid, Personal Physician to Queen Victoria*, London: Eland, 1987, 107.

们希望她戴的王冠。她抬头挺胸地走在身为元首、母亲和寡妇的“钢索”上，到了62岁，时间似乎在她身上停滞了。在现代人心目中，维多利亚很早就被认为年事已高，这种观点很不公平。即使在当时，虽然幼童的夭折率很高，但只要活过了童年期，人类的平均寿命高达70岁，而排在她前面的两位统治者也分别活到68岁和72岁。

蛋奶酒（Lait de Poule）[1] ＞＞＞

取两个新鲜的鸡蛋，将蛋黄打到搅拌盆里，加一盎司糖粉和一茶匙橙花水打散，拌入半品脱煮滚的水或牛奶。

蛋奶酒应趁热饮用，用来减轻咳嗽和感冒的症状。[2] 276

女王确实患过几次拖了很久没治好的疾病。1871年，她罹患严重的痛风，几乎累及全身上下所有关节，整日疼痛难忍。这是她唯一一次因为生病而丧失行动能力，而且是紧接在严重的手臂发炎之后。1871年8月，她在奥斯本宫不知被什么蜇了，发炎的状况 277
很严重，最后她不得不开刀。她一直从8月痛到9月、10月、11月，一度抱怨自己1835年在坦布里奇韦尔斯都没这么难受，不悦地指出自己“没胃口，吞咽困难，感觉像噎着似的。今天剩下的时间都待在房里，没下楼去吃午餐或晚餐”[3]。10月女王在巴尔莫勒尔堡痛风发作，影响到维多利亚双手和足踝。尽管如此，她一如

① 详见附录。

② Jules Gouffé, Alphonse Gouffé (trans.), *The Book of Preserves* (*Le Livre De Conserves*), London: Sampson, Low, Son and Marston, 1871, 299.

③ QVJ 19 August 1871.

往常地打起精神坚持下去：“勉强去了宴会厅，我要为众人跳一支舞。9 点 30 分被带过去，我很紧张，但还是很高兴能让大家尽兴。舞会气氛热烈，但我的手从头痛到尾，没办法久留。”[1] 到了 10 月中旬，她的行动越来越不便，她的情绪也越来越沮丧和烦躁。行动不便意味着她得私下用餐：“在我一个人的孤单晚餐上，比阿特丽斯在一旁帮我切肉。”[2] 病情持续恶化，她很快就面临另一波低潮，必须像婴儿一样让人用汤匙喂食：“手脚都包扎起来，无助地忍受不能自己吃饭的苦刑!”[3] 她继续自怜自艾下去，尤其是对拿不了刀叉的“可憎”处境哀怨不已。等到“手指终于又能动了，甚至能自己吃饭了”，她自是欣喜若狂。10 月 22 日，她如释重负地写道自己“能用左手吃饭——很大的进步”。次日，她的胃口渐渐好起来了。到了 27 日，她很高兴又能和其他人一起用餐，并在 29 日畅快地写道：“我下楼用餐了！自从来到这里，我还是第一次下楼用餐。”她的体重掉了两英石[4]。她非常厌恶这次经历。不久后，伯蒂感冒
278 了，比女王那次病情更严重，他差点命丧桑德林汉姆宫。那年 12 月，在回顾一整年后，她感触良多地写道这一年是“最折磨人的一年”[5]。

另一个反复出现的问题是她膝盖上的毛病。早在 1838 年，帮她画全身像的托马斯·沙利（Thomas Sully）便曾提到她膝盖不好，她一爬楼梯膝盖就痛。1883 年，她在温莎堡的楼梯上跌倒扭伤膝盖，伤重到不能走路的地步。[6] 这次扭伤之后，她就很容易犯风湿病，

① QVJ 16 October 1871.

② QVJ 2 September 1871.

③ QVJ 18 October 1871.

④ 约 12.7 千克。——译者注

⑤ QVJ 31 December 1871.

⑥ Carrie Barratt, *Queen Victoria and Thomas Sully*, New York: Princeton University Press/The Metropolitan Museum of Art, 2000, 45.

导致她得靠拐杖走路。1892 年，她又在松动的地毯上跌倒，膝盖毛病恶化，此后一直未能完全复原到可以好好使用膝盖，拄着拐杖或坐在驴车上的老太太形象多半得归咎于她的脚伤。膝盖的毛病很烦人，而她的脾气很倔，她能忽视它就忽视它。1883 年约翰·布朗死后，因为第一次膝盖受伤，她的两只脚都暂时不能动（就跟 1861 年阿尔伯特亲王去世后一样）。约翰·布朗的死虽然让她心痛，但脚伤导致的失能也很让她困扰。她恼怒地抱怨脚伤有损她的仪态："我怎么能在今晚的宴会上见人？我总不能整晚扶着椅背走来走去吧。"[①]

"黑衣温莎寡妇"的既定形象给人一种一夕苍老的错觉，但事实上，女王老化的过程很慢，除了膝盖受伤之外，她没有显露出一丝年老体衰的迹象。当她下定决心时，偶尔的不便也构不成障碍。她的私人秘书亨利·庞森比（Henry Ponsonby）对巴尔莫勒尔堡的 279
年度奇伶鞋[②]舞会深恶痛绝，他怀着深深的敬佩与淡淡的失望看她每年出席舞会，没有一年缺席过。1891 年，他指出她"轻盈地踩着典雅的舞步，没有跛脚，不靠拐杖，动作一丝不苟，舞姿优美曼妙"[③]。一直到 1900 年，在去世前几个月，她都还走路参加温莎堡阅兵。对她健康唯一的影响是视力，她的白内障最终几乎导致双目失明，尽管她坚决把看不清楚归因于光线不佳或字迹潦草。而她本来就很潦草的字迹越发凌乱，歪七扭八的字像脾气暴躁的蜘蛛般在黑边信纸上乱爬——阿尔伯特死后，她每一封信都用黑边信纸书写，从信纸到字迹都和她少女时期大不相同。在备受监控的少女时

① Michaela Reid, *Ask Sir James: The Life of Sir James Reid, Personal Physician to Queen Victoria*, London: Eland, 1987, 57.

② 奇伶鞋（ghillies）为爱尔兰踢踏舞、苏格兰乡村舞及苏格兰高地舞专用的绑带软皮鞋。——译者注

③ Arthur Ponsonby, *Henry Ponsonby, Queen Victoria's Private Secretary: His Life from His Letters*, London: Macmillan, 1942, 120.

期，她写给同母异父的姐姐的信件上，字迹娟秀，用的是蕾丝绲边的粉红色信纸。信纸是她御游时参观纸厂获赠的礼物，费奥多拉赞赏赏心悦目的信纸，并请维多利亚寄一些给她，几周后也用同样的信纸写信谢谢她。[①] 她的侍女被迫试用新笔，写出来的线条越来越粗，颜色也越来越黑，直到 19 世纪 90 年代，女王不得不放弃阅读或写字，只好依赖她的小女儿比阿特丽斯念公文给她听。她还是勤于政务，听完公文就口头发表意见，或在必要时签个名。“听政”的做法引人非议，一方面是保密措施堪忧，另一方面是女王掌握情况的能力令人担忧。其中一位秘书弗雷德里克·庞森比（Frederick Ponsonby，痛恨舞会的亨利之子）毫不留情地指出问题：“我们长篇大论一番，但没被念给女王陛下听，因为比阿特丽斯急着去洗一
280 张照片或画一朵花。”他继续说道：“她的记忆力还是很好，头脑还是很清楚，判断力还是跟以前一样强，光是她对欧洲政治长久以来的经验就让她的意见很可贵，但她只能完全依靠比阿特丽斯阅读公文和简报，这令人绝望。”[②]

撇开脚伤与视力问题不谈，维多利亚还是继续随心所欲地过日子。虽然她在阿尔伯特刚去世时曾经承认自己不想活了，但到了 19 世纪 70 年代，她已大致恢复了热情与活力。现在她又重新出现在人们面前，尽管多半要视她的情况而定，而且不能有人干扰她的欧洲大陆假期和怀特岛及苏格兰之旅。她的侍女常对年届七旬的维多利亚敬佩不已，玛丽·马利特的书信中就充满诸如此类的赞叹。1889 年，历经一段漫长又寒冷的车程之后，马利特写道：“女王精神很好，一点也不累，整晚活泼得像蜜蜂一样，但愿我到了 70 岁还能像

① RA VIC/MAIN/Y/34/9 Feodora to Victoria, 2 October 1834.

② Greg King, *Twilight of Splendor: The Court of Queen Victoria During Her Diamond Jubilee Year*, Hoboken: John Wiley, 2007, 74 – 75.

她一样。”马利特比维多利亚自己更清楚地意识到她的年纪：“为了坐上马背，女王爬上一架巨大的梯子，那匹26岁的马一直活蹦乱跳，看得我心惊胆战，很难想象71岁的人能有这样的活力！”维多利亚对享受人生的决心似乎只随着年龄的增长而越发坚定。[①] 她开始把一些重要的责任转交给伯蒂，而除了好色、贪吃和偶尔犯傻之外，伯蒂也渐渐有了好主人和储君的样子。他和妻子亚历山德拉（Alexandra）一起主持名流宴、午后接见会（宫廷里男女分开的正式引荐会），以及一些国事访问。其他活动还是由维多利亚亲自主持，包括那些重要的温莎堡午餐会。温莎堡午餐会是许多来访者心目中的重头戏，玛丽·马利特对比利时国王利奥波德二世（Leopold Ⅱ of 281
Belgium）的评语显示来访者的动机不见得单纯：“虚情假意的老狐狸，我看他心怀不轨。他打着见过女王就能帮自己脱罪的如意算盘，否则他何必千里迢迢跑来，只为吃一顿午餐！”[②] 阿迦汗三世（Aga Khan Ⅲ）在1898年获维多利亚接见，他表示：“她亲切地以礼相待……女王身着一袭宽松的黑衣，围着黑色的披肩，坐在一张大沙发上。她是高是矮，是胖是瘦，我看不出来。她的姿势和衣着让人分辨不出她的身形。她把手伸过来，我亲吻她的手背。”到了这个阶段，她已经放弃穿全套束身内衣，[③] 改穿一种材质较软的塑身衣，

---

① Victor Mallet, ed., *Life with Queen Victoria: Marie Mallet's Letters from Court, 1887 - 1901*, London: John Murray, 1968, 34, 37.

② Victor Mallet, ed., *Life with Queen Victoria: Marie Mallet's Letters from Court, 1887 - 1901*, London: John Murray, 1968, 106.

③ 但她并没有不穿马甲，诺里奇城堡博物馆（Norwich Castle Museum）有一件女王送给她的内侍的礼服，来自1895年。礼服内有骨架，形状也是设计穿在马甲外面的。这件礼服的腰围45英寸（约114厘米），显示她从19世纪60年代以来增加了多少体重。这件礼服和其腰围不能与她早年的礼服相提并论：比起晚年，她在早年会把腰围缩得更小，而且腰线也随着19世纪的潮流有了改变。然而，即使允许一定程度的误差，她无疑还是非常肥胖。

尽管这种塑身衣在她层层叠叠的外衣之下若隐若现。他对她的活力印象深刻，尤其是在吃饭这件事情上："晚餐我们吃了很久，菜色相当讲究。上了一轮又一轮的菜，有三四种肉类可供选择，有一道热腾腾的布丁和一道冰激凌布丁，有一道咸点和各种温室水果，上菜上得很慢、很隆重。我们在晚上 9 点 30 分坐下来用餐，整顿饭吃完至少都晚上 10 点 45 分了。女王虽然年事已高，吃喝却很尽兴，每一种酒、每一道菜都尝了，包括冷热两种布丁在内。"①

也有一些直接由女王接待的国事访问，尽管在她眼里这些国事访问比较像家人团聚。最主要的一次是 1896 年俄国沙皇造访巴尔莫勒尔堡。女王的另一位侍女伊迪丝·利顿（Edith Lytton）受邀
282 到他们的游艇上，她在游艇上吃了午餐，指出"男士们在旁桌按照俄国的做法配盐喝烈酒，我很想什么都尝尝，但在船上太晕了，不敢冒险……有几道俄国菜，异国风格的午餐大胜我们油腻的英式午餐"②。巴尔莫勒尔堡本来就已太挤，洗衣妇都得 4 个人睡一张床，自然容纳不下阵容庞大的俄国参访团，《泰晤士报》提到为了接待他们采取的应变措施："堡内仆佣的宫室腾出来以满足部分需求，城堡后方盖了两排临时屋供他们住宿。这些临时屋是从温莎堡带过去的，以木材和铁条打造，做得便于搬动。他们也占据了阿勃盖尔迪城堡（Abergeldie Castle）。巴尔莫勒尔堡的宴会厅布置成充满俄国风情的餐厅，供内廷之用。"③ 维多利亚把握机会和沙皇针对麻烦的外交事务"聊了几句"，沙皇的妻子（维多利亚的另一个孙女）则

---

① Sir Sultan Muhammed Shah, *The Memoirs of the Aga Khan*, London: Cassell & Co., 1954, 45, 47.

② Mary Lutyens, ed., *Lady Lytton's Court Diary, 1895 - 1899*, London: Rupert Hart - Davis, 1961, 71.

③ Mary Lutyens, ed., *Lady Lytton's Court Diary, 1895 - 1899*, London: Rupert Hart-Davis, 1961, 77; *The Times*, 24 September 1896.

把握机会在附近街道四处溜达，买纪念品，重访小时候常去的地方，包括一位西蒙兹夫人（Mrs. Symonds）昔日教他们烤司康的店铺。[①]

食物对女王来说就跟以往一样重要，甚至可能更重要。没有贵宾要接待时，她吃得很快。那是她的餐桌，规矩由她来定。固定和她一起用餐的玛丽·马利特埋怨过“女王的晚餐时间很短，总共半小时。上菜上得飞快，像我这样吃饭慢条斯理的人……就连分量中等的一份菜肴都来不及吃完。像只鸟儿般啄食的我通常只能够充 283
饥，但没办法好好享用”。这和利顿夫人觉得很漫长的内廷晚餐形成强烈对比。[②] 侍臣和女王用餐的经验各有不同，要依她的心情以及有谁在场而定。比起有男有女的场合，她在只有女性的用餐场合更放得开（巴尔莫勒尔堡的用餐情况常是如此），席间充满欢声笑语。但她也可能闷闷不乐或含蓄寡言，尤其是有政界人士在场时，其中一位就曾尖锐地评论道：“晚餐席间，我从没听她说过一句到了第二天我还记得的话。她的态度并不亲切，用餐时很少说话，吃饭吃得很快，难得露出笑容。碰到不吃的菜肴，她就皱起眉头不发一语，以不悦的神情表达拒绝之意。”用餐速度不协调有可能造成用餐者的问题，因为只要女王吃完一道菜，大家的盘子就都会被收走。一位政治人物里布尔斯戴尔勋爵（Lord Ribblesdale）详述过关于烤羊排的一起戏剧化事件。维多利亚没选羊排，只选了豌豆来吃，她“三两下就吃完了，吃完就和哈廷顿大人（Lord Hartington）聊了起来，导致哈廷顿大人自己的吃饭进度落后……

---

① QVJ 24 September 1896; Sophie Baroness Buxeoveden, *The Life and Tragedy of Alexandra Feodorovna, Empress of Russia*, London: Longmans, 1928, 7.

② Victor Mallet, ed., *Life with Queen Victoria: Marie Mallet's Letters from Court, 1887 - 1901*, London: John Murray, 1968, 5; Mary Lutyens, ed., *Lady Lytton's Court Diary, 1895 - 1899*, London: Rupert Hart - Davis, 128.

总之他们聊得正在兴头上，羊肉硬生生从他面前被收走了，那可是4岁大的羊做成的烤羊排呢！他话说到一半，连忙叫住那个穿红衣的掠夺者：‘给我拿回来！’我们这些在场的侍臣纷纷屏住呼吸——我们通常是斯文有礼的一群人。”幸好女王一笑置之：“她露出难得的笑容，和平常呈现在客人面前那副倦怠、漠不关心或心
284 不在焉的模样截然不同。”①

用餐常常没什么乐趣，所以当瑞德医生开始在他的房间举办小型的晚餐派对时，他的聚餐活动变得非常受欢迎。瑞德医生既不是内廷正式的一员，也不完全是个佣人，地位比较接近高级仆役。他有资格和内廷人员共进早餐和午餐，但不能和他们共进晚餐，所以每个人都认识他，而且他人缘很好。维多利亚得知瑞德医生举办的欢乐聚餐的消息，惊呼道：“我听说瑞德医生私下举办晚餐派对！”不管是有意提拔他或惩罚他，从此之后他就受邀与内廷人员共进晚餐，最终也得以偶尔参与王室晚餐，席间他乐于小失礼节，只为缓和沉闷的气氛。② 宫里的生活从来就不精彩和刺激，到了19世纪80年代和90年代，日子似乎更加一成不变。玛丽·马利特因为结婚出宫了，但5年后又回到宫里。1895年回到宫廷时，她指出：“一切都和我5年前离开时一模一样……同样的葡萄干布丁，就连盘子上的饼干数量和种类都别无二致，大家说的是一样的话，做的是一样的事，只不过有些老面孔不见了，换了一批新人跟在女王后面。”③ 维多利亚习惯在宫中放置故人（以及已故动物）的纪念品，

---

① Thomas Lister (Lord Ribblesdale), *Impressions and Memories*, London: Cassell, 1927, 119 – 120.

② Michaela Reid, *Ask Sir James: The Life of Sir James Reid, Personal Physician to Queen Victoria*, London: Eland, 1987, 37, 44.

③ Victor Mallet, ed., *Life with Queen Victoria: Marie Mallet's Letters from Court, 1887 – 1901*, London: John Murray, 1968, 71 – 72.

这种习惯更显得宫里一如往昔，有时也让王宫弥漫着一股陵墓般的气氛。在温莎堡，阿尔伯特去世时的房间陈设仍和他呼出最后一口气的那天一样。维多利亚时代的人习惯收集死者的头发，于是女王迅速积累了一堆头发胸针和头发链坠。她在阿尔伯特的遗物包围之下入睡，包括他的衣服和他一只手的雕像。① 她的一个孙子记得有 285
"神秘的死人照片，甚至有死掉的小孩的照片，虽然让人毛骨悚然，但我们总是偷偷摸摸地看了又看"。她的一个曾孙则说几乎在每一座宫殿，维多利亚都"用无数的纪念品包围自己，以缅怀她的故交……在宫里走动，随便转过一个转角，都会突然面对一尊或站或躺的雕像、一座题了字的花岗岩饮水池，或一尊花岗岩座椅，献给某位亲戚、某个忠仆，甚至某只宠物狗"②。

宫里的菜单向来很少改变，某些食物日复一日地出现：19 世纪 40 年代到 19 世纪 60 年代是羊排或羊羔排，19 世纪 70 年代和 19 世纪 80 年代是烤牛肉，从 19 世纪 90 年代起则永远有一张旁桌，放满冷热禽肉、烤牛肉和牛舌。玛丽·马利特写下了巴尔莫勒尔堡一贯的例行公事：

> 9 点 45 分吃早餐，接着一般谈话到 11 点，各自回房写写东西……女王约 12 点出来，天气允许的话，我们全都到屋外散步一小时……到了 1 点，一样是看看书、写写信……2 点聚在一起吃一餐，吃完就到撞球间喝咖啡、聊天，等候驾车外出的命令。3 点 30 分到 3 点 45 分，我们或者一起驾车外出，

① Helen Rappaport, *Magnificent Obsession: Victoria, Albert, and the Death That Changed the Monarchy*, London: Windmill, 2012, 142, 150.

② Queen Marie of Roumania, *The Story of My Life*, vol. 1, London: Cassell, 1934, 20; Duke of Windsor, *A King's Story*, London: Prion, 1998, 14.

或者独自驾车外出；5 点 30 分喝下午茶、聊聊天，接着再回各自的房间，或到彼此房间聊天。最后在晚上 9 点（和女王）或 8 点 45 分（和内廷人员）吃晚餐。11 点，女王离开会客
286 厅。我待在我的卧房，等女王在晚上 11 点 45 分或 12 点召我去她的起居室，我跟她说会话、读点东西，听她交代事情，直到夜里约 12 点 30 分，我飞奔到自己的床上抱着热水袋。我不会要我的女仆留下来待命。每天一样的作息分秒不差，按照不变的规律反复循环，如果在早上驾车外出、午餐之后散步、星期四吃水煮牛肉或星期五吃“mehlspeise mit ananas”①，那可就要“闹革命”了。②

这一时期的御膳记录没有一定的规则，但无疑印证了马利特的说法，尤其是奥斯本宫的情况，想来巴尔莫勒尔堡也差不多（后者除了几份菜单之外就没留下记录）。话虽如此，菜肴品种倒不像她描述的那般毫无新意。有些菜肴确实反复出现，像白酱烩芹菜和让人吃到怕的 mehlspeise（德文，泛指“甜点”），但每天和各周的菜单之间还是有明显的变化，餐桌上也有很丰富的菜肴可供选择。无论如何，有些人觉得随机出现的德式布丁好吃极了。女王的儿子阿尔弗雷德的女儿玛丽谈到关于味觉的回忆总是喜形于色，她在回忆录中写到她最爱的 mehlbrei：“每个星期天，奶奶的菜单大致相同，烤牛肉是整顿饭的主菜，甜品则是‘mehlbrei’。”她有点言过其实了：1897 年 1 月，连续四个星期天的第二轮替换菜确实都是烤牛肉和约克夏布丁，但烤肉吃的是烤丘鹬和烤金斑鸻，两种各出现两次。至

① 德文，“菠萝甜点”之意。——译者注

② Victor Mallet, ed., *Life with Queen Victoria: Marie Mallet's Letters from Court, 1887–1901*, London: John Murray, 1968, 66. Mehlspiese 是德语布丁的通称。

于甜食类的次副菜，其中一个星期天是芦笋、手指饼干布丁和冰镇舒芙蕾，另一个星期天是白酱烩菊苣、柳橙芭菲和（实际上一样的）冰镇舒芙蕾，第三个星期天是白酱烩芹菜、红布丁[①]、葡萄干布丁 287
和柳橙果冻，最后一个星期天是四季豆、柳橙蛋奶酥水果挞，以及轻盈解腻的姜饼。玛丽接着描述了她记忆中的 mehlbrei：

> 这道菜几乎是婴儿食品，必须给它取个高雅的法文名称时，厨师就会叫它 bouille de farine à la vanille[②]，但奶奶对一切德国的东西都充满多愁善感的情怀，并不排斥使用德文菜名，所以菜单上可以直截了当地只写“mehlbrei”就好。mehlbrei 表面漂浮着的方块脆皮增添了它的美味。这些脆皮小方块纯粹只是表层微焦的面糊，但它们为我的味觉带来莫名的享受。我会含一小口 mehlbrei 在嘴里，闭上眼睛细细品味。可惜每一道 mehlbrei 表面的脆皮都只有那么一点点，而我年纪还小，当然是最后才轮到为我上菜。在轮到我的时候，脆皮常常已经被比我幸运又比我优先的人吃掉了。事实上，严格来说，我想我只尝过这个人间美味一次吧，但我永生难忘，所以它一定是非比寻常的。[③]

弗兰卡坦利提供了一道 mehlbrei 的食谱，但纯粹就是膨得很高
的面糊。玛丽记忆中的“脆皮”实乃精心制作而成，做法是在烤 288

① 红布丁（cardinal pudding）指用樱桃、草莓、红醋栗等红色莓果类食材制作的布丁。——译者注

② 法文，香草泥或香草糊之意，犹如婴儿副食品般呈泥状或糊状。——译者注

③ Queen Marie of Roumania, *The Story of My Life*, vol. 1, London: Cassell, 1934, 25－26. 这份食谱出自弗兰卡坦利的食谱书《现代厨师》。

盘上铺一层又一层薄薄的面糊，凝固之后再用饼干模切出形状。食物的质量始终保持最高水平。另一个孙女（维多利亚总共有42个孙子和孙女）莫蕾塔（Moretta，教名维多利亚，和她的母亲、女王的长女一样）一再在她的家书中提到“好吃的食物”：“昨天晚餐深得我心，我们吃了银鱼，太好吃了，只不过分量太少了！”[①]

玛丽同时也对一样规律的早餐食物有美好的回忆。只要天气允许，早餐食物就会移到维多利亚口中的“帐篷”中，而维多利亚对“天气允许”的定义向来比她的内廷宽松。根据玛丽的描述，所谓的帐篷是“一把固定在地上的太阳伞，草绿色条纹的伞面镶着绿色的流苏”。女王会坐在伞下，被杯子、盘子、咖啡壶、茶壶和早餐要吃的食物包围。食物有面包、饼干，御膳记录上有时也会列出肉，玛丽还记得“奶奶的早餐，特色是一壶香喷喷的咖啡，或某种装在圆形锡盒里的咖啡色德国饼干。我们贪婪的小鼻子渴望地闻着、嗅着，但奶奶不一定会让我们尝一口”。现存的照片和印刷品呈现了维多利亚在她的帐篷里吃早餐、喝茶或签署文件的景象，一旁有“穿灰色苏格兰裙的高地人或缠白色头巾的印度人”以及“高大威武的男侍”[②] 伺候她。海外假期的喝茶仪式现在也是家常饮食例行的一部分。而在蔚蓝海岸路边即兴喝茶的画面同样在
289 巴尔莫勒尔堡和奥斯本宫出现。在这两个地方，女王常在外出时跑到瑞士屋或巴尔莫勒尔堡腹地的某一栋建筑里坐下来喝茶。温莎堡内，受到汉普顿宫启发建造的巨大烟囱、建筑风格混乱的都铎哥特

① James Pope-Hennessy, *Queen Victoria at Windsor and Balmoral: Letters from Her Granddaughter Princess Victoria of Prussia, June 1889*, London: George Allen & Unwin, 1959, 34, 48.

② Queen Marie of Roumania, *The Story of My Life*, vol. 1, London: Cassell, 1934, 21 - 22.

式夏宫在1870年被改造成茶屋，茶屋的一侧盖了一间独立的厨房。这间茶屋和仿乡村小屋的阿德莱德屋（Adelaide Lodge）成了方便好用的休息站，可以让人喝茶、上厕所。就连白金汉宫也有个装饰华丽的花园宫殿（Garden Pavilion），一样带一间厨房。多数乡间庄园在腹地上有四处分散的建筑物，它们一方面是悠闲散步时的有趣景点，另一方面是可以遮风避雨和供人喝茶的地方。就许多方面而言，像这样的花园相当于私人茶园（tea garden）。茶园一度蔚为流行，在18世纪成为贵族社交的场所，但到了19世纪则成了热闹的中产阶级的娱乐场所，包括20世纪20年代每晚上演滑铁卢之役历史剧的沃克斯霍花园（Vauxhall Gardens）。然而，茶水可不是自己跑过去的，热水要么得用19世纪样式的热水瓶送过去，要么得就地生火加热。同理，桌子、椅子、茶具和一篮篮的食物都得送到喝茶地点。维多利亚常在日记中提到她和随从“发现”有茶可喝，或者只说他们在某个地方“喝了茶”，表面上看似简单，但背后往往涉及复杂的准备工作。茶点势必伴随着茶水一起出现，她无疑喝茶喝得很享受，也吃茶点吃得很享受。1897年，在一口气吃了两块司康、两片吐司和数片饼干之后，她懊恼地对利顿夫人说：“我恐怕不能再吃下去了。”① 290

到了19世纪70年代，下午茶已经成为维多利亚时代上流社会和中产阶级生活的一部分，烹饪书也提供相关建议，不过，直到1888年，修订版的《比顿家务管理之书》都还未出现“下午茶”（afternoon tea）的说法，而是称之为“居家茶”（at home tea）。确实，虽然下午喝茶、吃点心的习俗从18世纪晚期就已形成，而且

① Mary Lutyens, ed., *Lady Lytton's Court Diary, 1895 - 1899*, London: Rupert Hart - Davis, 124.

几乎在17世纪中期刚出现时，这种习俗就一直与女性密不可分，但高度女性化、以蛋糕为重、有一堆专门器具的下午茶概念是在维多利亚时代晚期才发展起来的［贝德福德公爵夫人（Duchess of Bedford）在1842年“发明”了下午茶的传说广为流传，但这种传说毫无根据］。而且，对中产阶级而言，下午茶才是一种讲究规矩与礼节的仪式。[①] 上流社会才不管中产阶级担心的那些繁文缛节呢！他们高兴怎么样就怎么样，而热爱在户外即兴煮茶的女王更是随心所欲。根据她的另一位孙女所述，她甚至把蛋糕泡软了再吃：“在生活的许多方面女王都按照德国人的习惯行事，举例而言，她喜欢把蛋糕之类的东西泡到她的咖啡里，这在英格兰是绝对禁止的行为。”[②] 下午茶和女性特质有着难分难解的关系，它被形容为“最优雅、最娴静的休闲活动”[③]，这种休闲活动有私人生活和居家生活的色彩，反映出维多利亚卸下女王威仪后，私下人性化的一面。国事访问的贵宾是不会喝下午茶的，相对而言，她倒是会从温莎堡驾车到克莱弗顿宫（Cliveden House）找那里的管家喝茶，头
291 上戴着她那被人刻薄地说“用不了5先令就能买到”[④] 的遮阳帽。

维多利亚在19世纪80年代和90年代爱喝的饮品不只是茶。自从1848年参观贝格的酿酒厂，她就爱上了威士忌，每天必喝威士忌。威士忌不只是饮料，多多少少也是一帖处方，她的一个孙子

---

① 关于下午茶，特别是其女性化过程以及它在19世纪晚期的发展，可参考A. Gray, “‘The Proud Air of an Unwilling Slave’: Tea, Women and Domesticity, c. 1700 - 1900”, *Historical and Archaeological Perspectives on Gender Transformations: From Private to Public*, Suzanne Spencer-Wood, ed., New York: Springer, 2013。

② Marie Zu Erbach - Schönberg (Princess of Battenberg), *Reminiscences*, London: George Allen & Unwin, 1925, 236.

③ Mary Elizabeth Braddon, *Lady Audley's Secret*, 1862, 222.

④ Elizabeth Longford, *Victoria*, London: Abacus, 2011, 88.

就证实道："遵照医嘱，她的餐酒是气泡水兑一点威士忌。"但它很好喝，莫蕾塔在给她母亲的信中写道："今天早上，我喝得很开心——因为我口渴，弗朗西斯·克拉克（Francis Clark）就给我喝柠檬汁加威士忌，好喝极了。下次你在 11 点口渴的时候务必试试看。"① 莫蕾塔遗传了他们家族的食物情结，她在 1889 年和女王同住时，她母亲写了一封介绍信：

> 在吃这方面，如果你能开导莫蕾塔，让她不要这么傻，那就真的帮了我一个大忙，我再高兴不过！她热衷于瘦身，什么也不吃——牛奶、糖、面包、甜食、汤、奶油都不碰，就只吃几口肉和苹果，根本就不够！她会毁掉自己的健康！她的体质强健、体格很好。她太晚睡又做太多运动。我恳求、命令，甚至威胁，全都没有用。她对这件事就是那么狂热！由于太瘦，她姣好的身形都被毁了！②

英国宫廷里的食物再加上女王的鼓励显然起了作用。尽管莫蕾塔无疑意识到她母亲凌厉的目光，所以在家书中可能夸大了自己的 292
状况，但无论如何，她的体重增加了。她哀叹道："我的胃口大开，我的皮带开始变得很紧，哎呀！这该如何是好，所有食物都那么好吃。"如同年轻时的维多利亚，莫蕾塔最终量了体重，而她的

---

① Marie Zu Erbach - Schönberg（Princess of Battenberg），*Reminiscences*，London：George Allen & Unwin，1925，237；James Pope - Hennessy，*Queen Victoria at Windsor and Balmoral：Letters from Her Granddaughter Princess Victoria of Prussia，June 1889*，London：George Allen & Unwin，1959，44.

② James Pope - Hennessy，*Queen Victoria at Windsor and Balmoral：Letters from Her Granddaughter Princess Victoria of Prussia，June 1889*，London：George Allen & Unwin，1959，26.

体重“很重，重达 10 英石 10.5 磅[①]。太惨了，我不知道怎么办，都是可恶的美食害的”。她也把食物寄回德国当作礼物，种类广泛，涵盖用来煮粥的燕麦片、苏格兰特产奶油酥饼，以及茶和瓜果。孙女跟外祖母一样爱吃水果，她对草莓的评语是：“尺寸、颜色和口味俱佳。”[②]

女王自己对水果的喜爱亦是有增无减。玛丽·马利特为她献上自家栽种的水果，包括葡萄在内：“昨天安然送抵，适时趁午餐时献给女王，这些水果质量一流，在黄金餐盘上摆得漂漂亮亮。女王陛下在开动前命人秤了重量，总重 51 磅（约 23 千克），相当惊人。我和女王共进晚餐时，葡萄又被呈上，它们大获赞赏……事实上，没有任何礼物更能受到女王青睐了，而没人不爱受到女王褒奖。”[③] 依马利特之见，来自温莎堡御菜园的葡萄就差了一截，因为它们虽多但味道不佳。她也为女王献上苹果，并在写给她继父的信中提到：“我昨晚和女王共进晚餐，看她津津有味地削果皮，大吃一个来自萨德伯里（Ledbury）的苹果，不断称赞它有多美、多饱满、多好吃。女王陛下要我告诉你她很满意，我还回答了一堆有
293 关苹果种植的问题。紧接着女王就说：‘我从没尝过梨子酒，这辈子也只喝过一两次苹果酒，你认为令堂会送一些给我吗？’”这两种酒自然是双双即刻上路，几天之后：“苹果酒和梨子酒昨天送到

① 约 68 千克。——译者注

② James Pope - Hennessy, *Queen Victoria at Windsor and Balmoral: Letters from Her Granddaughter Princess Victoria of Prussia, June 1889*, London: George Allen & Unwin, 1959, 37, 64, 90.

③ Victor Mallet, ed., *Life with Queen Victoria: Marie Mallet's Letters from Court, 1887 - 1901*, London: John Murray, 1968, 33.

了，午餐时，女王两种都尝了，她觉得很好喝，不过她更喜欢梨子酒。”① 维多利亚保持积极尝鲜的一贯作风，水果和酒类常出现在她的餐桌上，她也勇于涉足更具挑战性的陌生领域。1884 年，伦敦举行国际健康博览会（International Health Exhibition），她在日记中写道：“午宴上，我们吃了一些非比寻常的菜肴，是国际健康博览会的中国厨师做的。我觉得燕窝汤非常好喝，有一道鲑鱼也相当出色，但其他菜肴就一般了。两个容貌俊秀的男人进来上菜，他们拖着两条长辫子、穿着他们国家的衣服，上菜时分别跪了下来。到午宴快要结束时，他们用一个非常漂亮的托盘端上茶，茶杯有杯盖，每一杯茶分开泡，很香、很好喝，不加鲜奶或奶精，只加一点糖或完全不加糖，是用新鲜茶叶泡的。”②

1877 年，维多利亚成为印度女皇，她对这个新身份非常自豪（女皇的地位犹在女王之上，如此一来她就和世上其他女皇平起平坐了）。到了 1887 年的金禧纪念，随时供她差遣的不只有穿苏格兰裙的高地人，还多了两位印度人——穆罕默德·巴克什（Mohammed Buksh）和阿卜杜勒·卡里姆（Abdul Karim）。他俩被专门雇来当女王的内侍，也为后来一连串的印度人打了头阵。他们的工作是“服侍女王在室内外吃早餐、午餐、下午茶和晚餐，以及完成女王 294
要求的其他一应事务”③。1888 年另有四名印度人加入他们的行列。他们有专属的制服，不只伺候女王用餐，也伺候女王写信和接待来访的贵宾。阿卜杜勒·卡里姆最终被选中，成为与维多利亚关系最

① Victor Mallet, ed., *Life with Queen Victoria: Marie Mallet's Letters from Court, 1887–1901*, London: John Murray, 1968, 23, 25.

② QVJ 18 July 1884.

③ PPTO/PP/INDHH/CSP/22：艾哈迈德·侯赛因（后来的印度仆人之一）的职责书。

密切的私人内侍之一。他被称为穆希[1]，负责教她印度斯坦语（Hindustani），并且在内廷中的地位越来越高。女王觉得他对她很有启发，只当佣人太委屈他了。内廷人员视他为眼中钉，种族歧视、势利行为与个人好恶纠结在一起，加上他自己待人处事强势高压（就连其他印度佣人也对他满腹怨言），都让他惹人反感。1901 年，他的薪俸高达 992 英镑，包括各式各样的津贴在内。因此，他会招人嫉恨也不是没有道理的。他不尽然是内廷人员眼中的无赖，但他也称不上一个忠仆。对穆希的妒火在内廷持续了一整年之后，1897 年底，卡里姆染上淋病，事情终于一发不可收拾。女王和瑞德医生、威尔士王子及穆希爆发了激烈的口角，直到最后卡里姆远离这块是非之地，回印度度长假，风波才平息下来。时任首相索尔兹伯里勋爵（Lord Salisbury）表达了他的看法："她真的很喜欢情绪上的刺激，因为那是她唯一能有的娱乐了。"[2]他可能是对的。

295 印度内侍的食宿和其他宫中人员分开，而且他们有自己的厨工。1901 年的普查表上，穆尼·卡汉（Muni Kahan）被列为"印度厨工"，此前至少还有另外五人担任过这个职位。那是一个比较低级的职位，和其他印度佣人略有不同，被描述为"杂役兼厨工"，但"在印度内侍人手不足时，他同意协助侍餐，接受临时任务……负责额外的劳务"[3]。后来至少有两名厨工晋升为内侍，而

---

① 穆希（Munshi）原为波斯文，这个词在英属印度意指"语言老师"。——译者注

② Michaela Reid, *Ask Sir James: The Life of Sir James Reid, Personal Physician to Queen Victoria*, London: Eland, 1987, 154.

③ PPTO/PP/INDHH/CSP/INDEX; PPTO/PP/INDHH/CSP/27. 直到 1891 年，厨师的薪俸都是从女王的私人用度中拨款支付。1891 年以后，他们直属于阿卜杜勒·卡里姆，他的 992 英镑薪俸中有 60 英镑的津贴是用来付给他们的。

且还有替补。印度佣人的流动率很高，新的内侍从煮饭到吃饭一般都和内廷其余成员分开（在尼斯度假时，卡里姆应该加入他们一起用餐的提议，在内廷掀起轩然大波）。加布里埃尔·屈米回忆道："基于宗教理由，他们不能吃以一般方式送到厨房的肉，所以他们自己杀鸡、杀羊来做他们要吃的咖喱。他们也不用厨房库存的咖喱粉，尽管那是最高级的进口货。所以一部分地方得让给他们，他们就在那里按照印度习俗，用两块大石头磨他们自己的咖喱粉。""印度佣人专用肉"[①]（不见得是活的动物肉）在御膳记录上出现过几次，部分证实了屈米的说法。他们自己做饭吃，而且和宫廷厨房分开做饭。女王对咖喱并不陌生，她吃了一辈子咖喱，但她吃惯了的是 18 世纪以来流行的英式印度咖喱——好吃是好吃，但和她的印度子民吃的咖喱大不相同。[②] 然而，她岂会放过尝鲜的机会。1887 年 8 月，她在日记中写道："我们吃了一些印度佣人煮的 296
咖喱，好吃极了。"[③] 从那之后，御膳记录显示她相对常吃印度厨工做的菜肴——菜单上就写"印度菜"（Indian dish）。到了 1897 年，印度菜成为每周一次的例行菜品。多数的周日午餐有一道"印度菜：咖喱鸡"或它的改良版。除了之前的两种鱼肉菜肴之外，周二的许多晚餐还多了一道"印度鱼肉菜肴"可供选择。内廷的菜单上没有这些印度菜，这个模式也并非无限期延续下去。[④]

---

① Gabriel Tschumi and Joan Powe, *Royal Chef: Forty Years with Royal Households*, London: William Kimber, 1954, 69. 其中一个例子出现在 1889 年 7 月 26 日的御膳记录里。相关的记录不多，显示肉品是以活体动物送来（如屈米所言）的，但也很有可能是没有被记录（因为 19 世纪 80 年代王宫缺乏屠宰设备），毕竟御膳记录主要记录的是菜肴，而不是食材。进货明细并未进一步说明这个问题。

② 举例而言，1847 年 12 月 29 日温莎堡的晚餐菜单上就出现了咖喱鸡。

③ QVJ 20 August 1887. 关于各式各样的咖喱，以下图书有精彩的论述：Linda Collingham, *Curry: A Tale of Cooks and Conquerers*, London: Vintage, 2006。

④ 1897 年奥斯本宫的用餐记录；RA MRH/MRHF/MENUS/MAIN/BP/1888。

就许多方面而言，也难怪维多利亚想寻求新奇的体验，或在她和内廷之间制造不必要（但很刺激）的争端，因为到了19世纪90年代中期，她的身体机能开始衰退，这主要归咎于她的视力和第二次的脚伤。从1894年起，她戴上了假牙，而且那时，她与医生陷入关于她的饮食习惯的没完没了的苦战。长久以来，她有消化不良、头痛和咳嗽的问题。她对她的医生相当坦白。与她年轻时的肠胃不适和大黄药丸处方遥相呼应，瑞德医生在1885年写道："女王前两天犯头痛和胀气，但现在又好些了。昨天和今天，她都服用了泻盐，她的排便状况良好，她认为鬼臼树脂（一种泻药）让她不舒服。"[①] 女王备受胀气的困扰，1885年底她认定自己得了心脏病，瑞德医生无力地写道："我认为女王是胀气又发作了，她有点反应
297 过度了。"这是他写给她的另一位医生詹纳看的，詹纳回复道："她确实只是消化不良引起胀气。我记得有一次女王因为鲜奶油蔓越莓挞消化不良，詹姆斯·克拉克医生（James Clark）只跟她说了一句'别再吃了'，女王陛下听了很不高兴。"[②] 她没学乖。1889年，瑞德医生记录说他熬夜到清晨5点30分，因为她腹痛如绞，觉得身体很不舒服。他说："我认为是她晚餐吃了很难消化的甜点和一堆东西所致，我相信她未来会更加小心。"[③] 她也容易失眠，晚睡（通常过了夜里1点30分才上床）、早起、后悔自己晚睡、担心睡不着、吃安眠药的恶性循环只让她的睡眠问题雪上加霜。如果夜里睡到一半醒来，她就把女佣叫起来陪她一起担心。1897年，

① Michaela Reid, *Ask Sir James: The Life of Sir James Reid, Personal Physician to Queen Victoria*, London: Eland, 1987, 74.

② Michaela Reid, *Ask Sir James: The Life of Sir James Reid, Personal Physician to Queen Victoria*, London: Eland, 1987, 77-78.

③ Michaela Reid, *Ask Sir James: The Life of Sir James Reid, Personal Physician to Queen Victoria*, London: Eland, 1987, 81.

她开始吃一种叫作赛图斯（Cytos）的健康面包，这种面包以抗胀气著称。[①]

尽管有这些问题，她还是克尽厥职，各方面都给人不屈不挠的印象。1899年，玛丽·马利特写道："昨晚我们吃了一顿再愉快不过的晚餐，席间只有女性，女王兴致高昂，拿自己的年纪开玩笑，说她感觉还很年轻，要不是出了个不幸的意外，她现在还能跑来跑去呢！"[②] 女王继续尝鲜，包括1899年在法国吃了用鸵鸟蛋做的煎蛋卷，她说它很好吃，并问周围人在温莎堡为什么没得吃，毕竟"我们养了一只鸵鸟"，比阿特丽斯回答道："我们那只是公鸵鸟。"[③] 她依旧吃水果吃得津津有味，马利特指出"她最爱的水果是橙子、梨以及很难消化的大苹果。面对那么大个的苹果，只有她一半年纪的人都会望而生畏，但她爱吃极了，有时和比阿特丽斯公主分食，但更常自己独享。她用非常省事的方式对付橙子：在上面 298
切一个洞，然后用汤匙把汁挖出来"[④]。她一如往常我行我素，她的吃法与当时一本礼仪书上教的吃法形成强烈对比。这本礼仪书写得很啰唆，但也很精彩：

橙子。首先，除非你是高手，否则我建议还是能免则免。处理橙子需要老到的经验、过人的胆识、冷静的态度和高超的技巧，才不会害人害己。因为再怎么小心都不能避免汁液溅到

---

① 关于1889年的记录参见RA MRH/MRHF/GODDSREC/BREAD/WC。

② Victor Mallet, ed., *Life with Queen Victoria: Marie Mallet's Letters from Court, 1887-1901*, London: John Murray, 1968, 148.

③ Victor Mallet, ed., *Life with Queen Victoria: Marie Mallet's Letters from Court, 1887-1901*, London: John Murray, 1968, 161-162.

④ Victor Mallet, ed., *Life with Queen Victoria: Marie Mallet's Letters from Court, 1887-1901*, London: John Murray, 1968, 5.

> 你的衬衫或旁人的礼服上，不管旁人是在你对面或你旁边。事实上，在它的喷溅范围内，没有一件洁白无瑕的礼服或衬衫能够幸免，就仿佛冥冥中有什么看不见的磁力，这种水果的汁液就是会被吸过去。橘子比较好处理。但在成功处理橘子之后，如果你觉得心痒难耐，或被激起了不服输的精神，非得拿橙子试试运气，以下是最安全也最正确的处理方式。把橙子对切再对切，切成四瓣之后，把果肉从果皮上切下来，然后用叉子把果肉送进嘴里。听起来很简单吧！①

1900 年 7 月，动荡不安的外交局势阻碍了她惯常的法国欢乐假期，她决定改到爱尔兰度假，并宣告：“我要玩个尽兴。”玛丽·马利特写道：“以 81 岁的高龄，她真的是破纪录了。有如此
299 的活力和兴致，身心都不可能有严重的衰退。我对她充满敬佩之心与忠诚之情。”②

然而，到了 1900 年，年龄终于要她付出代价。她在 2 月就已更显老迈，尽管在 4 月成功到爱尔兰度假，但到了 7 月，她的挣扎已有目共睹，不只咳嗽恶化，消化不良的问题也很严重。7 月，服侍她的马利特恼怒地写信给她的丈夫说：“毋庸置疑，劳碌了这么多年以后，女王的活力大不如前，消化功能也越发衰退。如果她肯节制饮食，并且乖乖吃班格食（Benger's Food，一种治疗消化不良的保健食品）和鸡肉，那就什么问题都没有了，偏偏她硬要吃烤牛肉和冰激凌！后果不是可想而知吗？她最后终于听詹姆斯医生的话吃了班格

---

① G. R. M. Devereux, *Etiquette for Men*. London: C. Arthur Pearson, Ltd, 1904, 61 - 62.

② Victor Mallet, ed., *Life with Queen Victoria: Marie Mallet's Letters from Court, 1887 - 1901*, London: John Murray, 1968, 192.

食，吃了一次就爱上了。这下詹姆斯医生更头疼，因为她不是用班格食来替代其他的食物，而是不仅吃本来就已经很丰盛的食物，而且不吃班格食，就好像可怜的玛丽公主（Princess Mary）觉得吃饼干和面包是莫大的满足。她到了晚上就昏昏欲睡，所以提早上床睡觉，尽管还是不够早。”[1] 女王依然故我：“不可否认天气很热，她显然热得受不了。昨晚吃了一堆巧克力冰激凌和两个杏桃又狂灌冰水之后，她自己也应该料到消化不良这个捣蛋鬼又要发威了。”[2] 1900年7月11日，白金汉宫举行了一场花园派对，她坐在马车上迎接宾客，并在她的帐篷底下喝茶。这是她最后一次出席大型公开活动，她的家人开始担心她的状况了。伯蒂对她吃的够不够、喝的葡萄酒够不够忧虑不已，但当瑞德医生和她讨论她的饮食问题时，她只是断然驳斥他。[3] 同年11月，她去阅兵，日记中记录她见了“澳大利亚的一位老牧师，他少了一条腿，是被一匹疯马给咬掉的”，她也写到她和市长及温莎市政委员会（Corporation of Windsor）的人 300
共进午餐[4]。她强打精神面对外人，因为从日记中可以清楚看到她每天备受病痛折磨。18岁时，她首度穿着崭新的军装，坐在马背上阅兵，宣称自己“第一次觉得像个男人，好像可以亲自领军作战似的”[5]。从18岁以来，她已经走了很长一段路了。

到了1900年11月，明眼人都看得出来情况不妙。瑞德医生记

---

① Victor Mallet, ed., *Life with Queen Victoria: Marie Mallet's Letters from Court, 1887–1901*, London: John Murray, 1968, 195.

② Victor Mallet, ed., *Life with Queen Victoria: Marie Mallet's Letters from Court, 1887–1901*, London: John Murray, 1968, 197.

③ Michaela Reid, *Ask Sir James: The Life of Sir James Reid, Personal Physician to Queen Victoria*, London: Eland, 1987, 195–196.

④ QVJ 16 November 1900.

⑤ Gillian Gill, *We Two: Victoria and Albert: Rulers, Partners, Rivals*, New York: Ballantine Books, 2010, 78.

录她“舌头红肿、没有食欲、消化不良、相当虚弱、夜不安枕等”[1]。在她的日记中，她从月初就开始烦躁地叙述食欲不振的情形：“又没睡好，起得很晚，前所未有的食欲不振，非常难熬。”对她来讲，当她只能和比阿特丽斯私下用餐时格外难受[2]。她的情况时好时坏，只要能和别人共进晚餐或“吃得下一点早餐”，她就觉得心花怒放。[3] 11 月 14 日，海伦娜和她女儿索拉（Thora）来看她，索拉“好意调了一种叫‘蛋奶酒’的饮品，我喝了，而且很喜欢”[4]。她既沮丧又疲惫地写道：“最大的折磨就是从头到尾坐在那里，看着别人吃，自己什么都不能吃。”[5] 女王也很清楚罕见的食欲不振和种种伴随而来的症状可能意味着什么。她私下对玛丽·马利特说：“亲王去世后，我一心随他而去。但现在我想好好活着，为我的国家和我所爱的人尽一份力。”[6] 虽然没人知道，但她也有疝气和子宫脱垂的问题。她一反常态对她的医生保密，可能是
301 因为害怕动手术。但疝气可能只带来间歇性的疼痛，子宫脱垂的症状则包括便秘、咳嗽时轻微的尿失禁以及背痛。

蛋奶酒是非常适合病人喝，专门用来缓解喉咙问题，包括咳嗽和吞咽困难。养病餐是烹饪领域中的一大支系，在多数烹饪书中都占据了相当的篇幅。养病食谱从合理到怪诞不一而足，前者如无所不在的牛肉茶，后者如松焦油水加红葡萄酒——根据于勒·古夫的

---

① Michaela Reid, *Ask Sir James: The Life of Sir James Reid, Personal Physician to Queen Victoria*, London: Eland, 1987, 197.

② QVJ 12 November 1900.

③ QVJ 13 November 1900.

④ QVJ 14 November 1900.

⑤ QVJ 19 November 1900.

⑥ Victor Mallet, ed., *Life with Queen Victoria: Marie Mallet's Letters from Court, 1887–1901*, London: John Murray, 1968, 213.

说法，这是一种血液净化剂。[①] 一般的建议是为病人准备易于消化的食物，并以精巧的摆盘勾起病人的食欲，病人一用完餐就把食物撤掉，免得食物的味道和画面惹得病人反胃。值此危急关头，宫廷厨师首度表现出令人惊讶的无能，玛丽·马利特怒不可遏地记录道："我恨不能杀了那些不用心的厨师，就连一点开胃小菜都不做，简直是厨房之耻。我多想立刻改革厨房人事，我们现在得到的服务糟糕透顶。男侍浑身酒味，我摇了半天铃他们也不应。虽然不至于出言不逊，但他们看你的眼神就很傲慢。女王的晚餐与其说是晚餐，还不如说是安排得很差劲的野餐。"这不是偶发事件，两天过后："这里的佣人太可恶了。女王昨晚只点了一道面条当晚餐，他们居然忘得一干二净，结果她什么也没吃。厨师应该被拖出去五马分尸，厨房的文书官应该被斩首示众。他们的满不在乎搞得我一肚子火。"[②] 女王的病情还是时好时坏。1900 年 11 月 13 日的早餐，她享用了咖啡和煎蛋卷。11 月 14 日，她出席了午餐，而且显然在 302
席间对威尔士王子大呼小叫，事后又懊悔不已。马利特写道："她不高兴被当成病人。只要觉得稍微好一点，就又会搞得自己太累。现在她没那么温顺了，这倒是一个好兆头。"[③] 马利特的丈夫伯纳德（Bernard）是她许多书信的收件人，他感伤地指出："女王的日子恐怕不多了。"[④]

---

① Jules Gouffé and Alphonse Gouffé (trans.), *The Book of Preserves* (*Le Livre De Conserves*), London: Sampson, Low, Son and Marston, 1871, 291.

② Victor Mallet, ed., *Life with Queen Victoria: Marie Mallet's Letters from Court, 1887 – 1901*, London: John Murray, 1968, 214 – 215.

③ Victor Mallet, ed., *Life with Queen Victoria: Marie Mallet's Letters from Court, 1887 – 1901*, London: John Murray, 1968, 218.

④ Victor Mallet, ed., *Life with Queen Victoria: Marie Mallet's Letters from Court, 1887 – 1901*, London: John Murray, 1968, 219.

1900 年 12 月，内廷人员依往例到奥斯本宫过圣诞，女王依然状况不佳，尽管她在 29 日记录自己“吃了一点冷盘牛肉，好几个星期以来第一次，我吃得津津有味”[①]。新年伊始，她写道：“我觉得很虚弱、很不舒服，难过地开始新的一年。”[②] 她不会好转的事实越来越清楚，尽管她的孩子们否认了很长一段时间。威尔士王子充满希望地写到她的“活力与勇气”。她自己倒是更实际、更有自知之明地对孙女索拉吐露道：“你知道吗？有时候，我有那么一点怕到九泉之下见你外公，因为我做了好多他不会赞成的事情。”[③] 她最后的一则日记写于 1901 年 1 月 13 日，提到出门兜风、做了点事、喝了杯牛奶。1 月 15 日，瑞德医生震惊地指出“她什么都逆来顺受”。1 月 16 日，她中风了。除了穿着睡衣在轮椅上坐了一会儿之外，她从此卧床不起。现在她只能吃流质食物，官方在 1 月
303 19 日对外发布她“器官严重衰竭”的消息。那天晚上，她对瑞德医生说：“我如果能活久一点就好了，因为我还有一些事情要处理。多数事情我已安排好了，但还剩下一些没做，我想再活久一点。”她固执地坚持下去，尽管她已经动不了了。1 月 20 日的“白天她顺利进食，只是反应相当慢”，但到了晚上“女王已经几乎失去意识，食难下咽”[④]。到了此时，她的家人以及大众终于意识到事态严重。《泰晤士报》以惊恐的语气刊登出她病重的新闻，并将用词偏于委婉的官方公告悉数刊出。全球媒体弥漫着不祥的气氛，在《泰晤士报》的报道中，这种气氛跃然纸上：“女王病重的消息

---

① QVJ 29 December 1900.

② QVJ 1 January 1901.

③ Kate Hubbard, *Serving Victoria: Life in the Royal Household*, London: Chatto & Windus, 2012, 354.

④ Michaela Reid, *Ask Sir James: The Life of Sir James Reid, Personal Physician to Queen Victoria*, London: Eland, 1987, 200 - 207.

在欧洲和英国本土无不引人忧心。报社焦灼等待每一份电报，一收到电报即刻发出新闻。第一波消息来得如此出人意料，各界直到昨晚才完全明白女王病况之危急。”[①] 1月22日的报道比较乐观：“笼罩全国的乌云昨天露出一线曙光，来自奥斯本宫的最新消息指出，女王不只脱离了周日那天官方公告所说的险境，而且病情持续改善，即使只有微乎其微的进步。昨晚的消息是女王顺利进食，也睡得相当安稳。由于事关其他因素，吃得好、睡得好不代表病就好了，但总是一个好迹象。”[②] 那天早上9点半，全家人都被召集做临终准备，但她挺过来了。另一名照顾她的医生指出“她的生命力非常顽强”。她吃了一点东西，瑞德医生匆匆写了张字条给他太太苏珊（Susan）说：“她现在暂时还没有要断气的样子。”[③] 然而，
下午3点，全家人又被召集起来。官方公告在4点发布“女王处于 304
弥留之际”的消息。她后来又醒过来了，这次人在现场的温彻斯特主教（Bishop of Winchester）被要求暂停诵念祷词，等到她真的要断气了再说，因为他这样做对气氛没有帮助。她最终在晚上6点
半与世长辞，官方则在半小时后发出公告。 305

① *The Times*, 21 January 1901.

② *The Times*, 22 January 1901.

③ Michaela Reid, *Ask Sir James: The Life of Sir James Reid, Personal Physician to Queen Victoria*, London: Eland, 1987, 211.

结语

如何结束一个时代

说来或许正好适得其所，接下来 10 天，女王的遗体都在奥斯本宫的餐厅供人瞻仰。餐厅被仓促布置成礼拜堂，墙上挂的家人肖像被遮了起来，其中一面墙挂上英国国旗。按照维多利亚的遗愿，2 月 2 日的葬礼以白色为主色调：棺木盖上白色与金色相间的棺罩，白马拉着马车，伦敦的街道上并未挂黑色布幔，而是采用白色绲边的紫色布幔。就连天气都很帮忙，当冷入骨髓的一天快结束时，天上降下的冻雨纷纷化为白雪。她葬在浮若阁摩尔宫的陵墓里，和阿尔伯特葬在一起，棺木中满是过去 81 年来女王的小饰物与纪念品。她在 1861 年命人做过她的大理石雕像，用来搭配阿尔伯特的雕像。在匆匆询问过她的意见之后，雕像从暂放的地方被翻出来放好。

新任国王是维多利亚的长子阿尔伯特·爱德华，他拒绝接受母亲所选的名字，说他绝对不当阿尔伯特国王——这世上只能有一位阿尔伯特，而他已在 1861 年离世。新任国王违逆他母亲的心意，刻意宣告自己将以爱德华七世之名治理国家。对他而言，登基这件事晚了 20 年，健康已对现年 59 岁的他发出警告。瑞德医生说："他实在吃得太多也喝得太凶！"① 除了暴饮暴食，他也是个老烟

① Michaela Reid, *Ask Sir James: The Life of Sir James Reid, Personal Physician to Queen Victoria*, London: Eland, 1987, 225.

鬼，嘴里难得不叼雪茄。然而，与维多利亚不同，他不太会受到谴责，至少大家不会当着他的面谴责他。他母亲不被认可的事，换作伯蒂来做却无人反对，比如伯蒂大可尽情地吃吃喝喝。

伯蒂是个饭桶。维多利亚很早就对他绝望了。她和阿尔伯特对这个长子的期望向来很高，凡夫俗子难以企及。当幼时的他用行动表明自己是个扶不起的阿斗，对玩游戏和恶作剧的兴趣大过学习和自制时，他的学业和饮食马上就受到严格的管束。维多利亚对他的教养方式与她自己的很相似。管教无效，长大之后，伯蒂成为一个纯粹的吃货、猎艳高手和“派对动物”。换言之，他颇有其母之风。在维多利亚短暂的前阿尔伯特时期，若不受性别约束的话，八成就是伯蒂这副模样。伯蒂在别人眼中是个开心果，只不过有点呆，拥有“小腹翁”等绰号，登上王位之后得来“花心王爱德华”（Edward the Caresser）的封号[1]。1901 年时，没人对他寄予厚望——他很会穿衣服，但身材臃肿；他是个讨人喜欢的人，但有过一段不光彩的经历；他过得很讲究，对美好生活的热爱使他显得很有个性。他对治理英国没有什么经验与概念，因为维多利亚认为他愚蠢又窝囊，拒绝让他帮她的忙，就连他自己都说过宁可去当园艺家。[2] 307

爱德华七世出人意表。虽然他大半辈子在搂搂抱抱、吃吃喝喝、打猎和赌博中度过，但他也曾代表母亲出访海外，而那些狂欢与玩乐皆出自他爱热闹的天性，这意味着交际应酬对他来说如鱼得水。身为国王，他在国内外都是老练的外交家。他推动英法协定签定，努力平息欧洲越来越躁动的气氛，与他整顿内政的作为交相辉映。就某方面而言，维多利亚让君主制变得平民化。她

---

① Jane Ridley, *Bertie: A Life of Edward VII*, London: Chatto & Windus, 2012.

② HRH the Duchess of York and Benita Stoney, *Victoria and Albert: Life at Osborne House*, London: Weidenfeld & Nicholson, 1991, 111.

公开家庭生活照，出版亲切的日记选集，并竭力让世人淡忘乔治时代那些混账祖先。她的禧年纪念盛况空前。伯蒂则以壮观的排场和禧年纪念（以及维多利亚的葬礼）激起的爱国情怀为基础，让庆祝禧年的习俗在20世纪成为一件别具意义的大事。他也将君主制重整为一种保留传统、彰显英国价值的体制，结果就是君主制延续至20世纪。

在内政上，伯蒂大刀阔斧汰旧换新，将维多利亚时代晚期衰颓的宫廷改头换面，打造属于他自己的爱德华时代。这是一个与旧时代截然不同的新时代，他留下了好的部分，摒弃他认为不好的部分。在19世纪40年代和50年代的辉煌岁月，维多利亚和阿尔伯特也曾把钱花在硬件设备上，但从那之后，这方面的投资就少之又少。从19世纪50年代起，温莎堡的御菜园根本是自生自灭，一份
308 报告总结道：“御菜园的设备与栽培方法不可思议地落后了……有失御菜园负责人的颜面。”60年前领先的科技在爱德华时代落伍了，温室“没有现代园艺的设备”，加温系统“就燃料和劳动力而言都是最浪费的一套系统”，育苗棚“能满足19世纪初期农业生产的温和需求，但不符合现代的标准”[①]。王宫也一样。除了安装电灯，以及在19世纪90年代掀起自行车热潮时增设了自行车棚之外，王宫从1861年起就没有实现现代化。伯蒂立刻采取行动：奥斯本宫成了疗养院，桑德林汉姆宫取代奥斯本宫，成为坐落于乡间但往来方便的家庭住宅；巴尔莫勒尔堡被保留下来，因为它具有政治上的重要性，但威士忌的配额大减，酗酒受到禁止；白金汉宫整个翻新，成为爱德华时代最主要的王宫；在白金汉宫和温莎堡，从

① RA VIC/ADDQ/1448：Professor Isaac Bayley Balfour to Viscount Esher，15 November 1901.

阿尔伯特临终以来就不曾改变的阴森房间被拆除了，里面的装饰物和纪念品统统被丢出去，蒙尘的古书也被打包好收拾掉。

厨房也没丢着不管，尽管厨房没那么需要现代化，毕竟在贵族阶层，烹饪领域科技发展得很慢。然而，到了1907年，温莎堡终于有了煤气炉，供应商是威廉·萨格煤气公司（William Sugg & Co.）。至少在糕饼室，这些煤气炉一直沿用至今。人事变动相当剧烈。只当了4年主厨的路易斯·奇沃特被换掉了。离开以后，他 309
在伦敦经营一家小旅馆（并在那里雇用自己的厨师）。王室用退休金遣散大批厨房人员，包括3位大厨（乔治·马尔施被遣散时已为王室服务45年，所以他确实是该退休了）、甜点主厨和他的助手，以及糕饼室的助手[①]。学徒制彻底废除，新任主厨加斯特·阿尔方索·曼纳吉（Juste Alphonse Menager）认为请学徒只是浪费钱，一旦这些学徒可以胜任厨师工作，他们就会离开王宫，去其他条件更优渥的地方工作。曼纳吉从1888年起任职于伯蒂的私家厨房，他是从马尔堡宫（Marlborough House）调任过来的人员（马尔堡宫是威尔士王子在伦敦的王宫）之一。整个人事组织改组，女佣和厨师加入各种不同的职位，只要一有空缺就迅速获得升迁，整个人事改革花了几年才完成。伯蒂习惯的是不同的饮食类型，他酷爱相当高档的法式经典料理（cuisine classique）。当时，伦敦卡尔登饭店（Carlton Hotel）的主厨奥古斯特·埃斯科菲尔将此菜系精致化并规范化。宫里的餐桌上不再出现德式布丁，也不再有放满英式烤肉的旁桌，王室完全采用俄式用餐风格，极尽精致与炫耀之能事，总共要上七轮菜，由一组精挑细选的工作团队备置，并借此向

① Samuel Ponder and Lucy Pell, and Jane Macdonald. RA PPTO /PP/CL/MAIN/EVII - List of pensions, 1901, accessed via findmypast. com.

全世界宣告爱德华七世的时代来临了。

人事组织的其他部分也有变动。醉醺醺的男侍被赶了出去，新
310 的管理方式可圈可点，成效展现在各个方面，就连御膳记录都在1901年之后变得更有条理，字迹也清晰得多。印度佣人被留用了几个月，并继续在王室餐桌旁侍餐。但到了1901年7月，他们也领了抚恤金回阿格拉（Agra）去了。宫里不再雇用印度人，倒是从德国汉堡请来埃及人阿敏·亚伯拉罕（Amin Ibrahim）。他卓越的泡咖啡技艺大获赞赏，“女士们很爱喝那浓郁、甘甜的饮品”[1]。他穿着一身东方风格的服装，全套服装都从国王私人用度中拨款购买，包括绣了金色和银色刺绣的蓝红相间的丝绸长袍、白色的鞋子和鞋套以及一顶“东方菲斯帽”（eastern fez）[2]。

伯蒂既是个有品位的美食家，也是个暴饮暴食的贪吃鬼。像他母亲一样，他的身材忽胖忽瘦，他和食物之间的关系也很令人伤脑筋。[3] 即位之后，他甚至吃得更多。面对他迫切想做（而且做得很好）的一堆事情，他把食物当成前进的支柱。他喝很多酒，吃饭狼吞虎咽，用食物来逃避现实。[4] 他和维多利亚有着她（或他）可能不愿意承认的共同点。从大吃水果的青春岁月，到体重不稳定的即位初期，再到备受桎梏的婚姻生活，食物都是维多利亚宣示控制权的基本方式。从深陷丧夫之痛，到后来重拾对生命的热情，食物始终可以慰藉她。当她活得比她的朋友和侍从更久，最终甚至活得比她的一些孩子还久时，享受美食是她仅有的少数乐趣之一。食物

---

① Gabriel Tschumi and Joan Powe, *Royal Chef: Forty Years with Royal Households*, London: William Kimber, 1954, 122.

② RA PPTO/PP/EVII/MAIN/A/4335.

③ Suzanne Groom, *At the King's Table: Royal Dining through the Ages*, London: Merrell/Historic Royal Palaces, 2013, 181.

④ Jane Ridley, *Bertie: A Life of Edward VII*, London: Chatto & Windus, 2012, 364.

是她人生中唯一至死不渝的伴侣。食物不会论断她的功过。食物不会对她发牢骚。食物很少让她失望。而且，在下个转角，总有什么还没尝过的食物有待她发现。

人的一生以吃为标记：每天例行的早餐、午餐和晚餐（和/或
下午茶）、一年一度的生日大餐、复活节大餐和圣诞大餐，以及受 311
洗宴、婚宴和丧葬宴等。任何人的人生都可以用食物来定义，但维多利亚的人生似乎尤其如此。身为女王，她无视别人的指教，无视女人不该是大胃王的社会观念。在孩子或侍女不受她控制时，在一国之君和英国国会之间的权力平衡脱离她的掌握时，她还保有对享受美食的控制。虽然她历经烹饪技术剧烈变化的时期，但她自己的菜单就像她所居住的王宫般一成不变，不受外界影响。她吃的东西并不落伍，但确实老派。伯蒂即位后开始改革，新的英式料理是在传统英式料理的基础上发展而来。贪吃女王下台一鞠躬，贪吃国王取而代之，但维多利亚时代美食的流风遗俗将存续下去。如同维多利亚的菜单，英式料理是将各种不同文化与风格融合无间的综合体。如同维多利亚女王，英式料理可能很复杂、很费时、很不可思议，当今世上的一流主厨亦不乏英国人，但英式料理也可以像维多利亚这个人一样，实在、真诚、讨喜。她吃大鸨和乌龟，也吃羊排和硕大的苹果。她喝茶和牛奶，也喝香槟和威士忌。她享受一切美食。她终其一生欣然接受这世界为她奉上的美食，就这点而言，她就值得尊敬。她毕竟是人，也有很多缺点。但她很贪吃，这反映出她对生活的“好胃口”，也反映出她对突破限制、拥有不同经历的
渴望。所以，她是很爱吃没错，但有时候，爱吃也是一件好事啊！ 312

附录

古代食谱的现代韵味

第二章
布鲁塞尔面包脆片

需要的材料有：1 磅面粉、10 盎司奶油、半盎司德国酵母、4 盎司糖、4 个全蛋、4 个蛋黄、1 茶匙盐、1 基尔鲜奶油。混合面糊（按照康比涅蛋糕[1]所述做法，只不过这份食谱中的面团需要揉打），揉打面团使其富有弹性，此时应加入老面，再次揉打整个面团后，将其置于狭长的锡盒中（深约 5 厘米，宽度约与深度相等，在放入面团之前事先在盒内抹上奶油，并撒上面粉，以避免面团粘在一起，接着将面团展开至厚度约为 3.8 厘米，再丢进锡盒内），放在温暖的地方等待发酵……面团充分发酵之后，把它轻轻倒出来（倒在抹过奶油的烤盘上），接着涂上蛋液（用软毛刷涂满整个烤盘表面），烘烤面团（烤到面团呈现鲜艳的深黄色），烤好之后切片（约 1/4 英寸厚），平放于烤盘上，放入烤箱接着烤，直到两面皆烤出淡黄色泽。

---

① 康比涅蛋糕（Compiègne cake）是甜点教父安东尼·卡雷姆为拿破仑一世和玛丽·路易莎的婚礼制作的蛋糕，因婚礼在法国城市康比涅举行，故名康比涅蛋糕。——译者注

这种面包脆片是少女时期的维多利亚在1835年生重病时爱吃的美食。这份食谱来自查尔斯·耶米·弗兰卡坦利的著作，弗兰卡坦利是她在1840年的主厨。他写过几本书，这份食谱出现在他以中产阶级为目标读者的一本书中。耐人寻味的是，这份食谱并未收录在他撰写的高级料理的食谱书里。整体而言，他的高级料理的食谱书更能反映他在温莎堡和白金汉宫所做的菜品。

我把食材减半，做出来的饼干还是很多，所以无论如何请把食材再减一半，从许多超市的烘焙材料区都能买到新鲜酵母，时下所谓新鲜酵母即相当于这份食谱中提到的加工德国酵母。

（现代版食谱）

中筋面粉8盎司，约227克

无盐奶油5盎司，约142克

新鲜酵母1/2盎司（约14克）或酵母粉1/2茶匙

细砂糖2盎司，约57克

全蛋1个

盐1/2茶匙

低脂鲜奶油5液量盎司，约142毫升 314

将酵母捏碎，加入约2大匙的温水中，搅拌溶解。倒2盎司面粉到碗里，从中拨开1个洞，倒入酵母液，从周围抓一点面粉撒入。静置约10分钟后，酵母应该会起泡。混合面糊，必要时多加一点水，将面糊揉成1个松散的面团，面团会有点黏。盖上湿布或保鲜膜，把它置于温暖处，使它膨胀到2～3倍大。这是你接下来要用来做饼干的发酵面团。

趁面团发酵时，混合其他食材，并揉成一个面团。发酵面团膨胀之后，将揉好的面团加进去，均匀混合，再次揉成一团。黏面团不好对付，弗兰卡坦利此时利用狭长的模具来使面团定型。如果你没有他说的那种模具，也可以用塑胶保鲜盒、迷你吐司模或半个厨房纸巾的卷筒，在卷筒内铺上烘焙纸或保鲜膜。看你方便用什么来当模具就用什么，只不过要注意模具会决定最后成品的大小。不管你用什么当模具，抹上奶油并撒上面粉，放入面团，面团的高度约是模具的2/3。盖上保鲜膜或湿布，静置2小时，直到面团膨胀，膨胀的面团很有可能溢出来。烤箱预热至180摄氏度（旋风烤箱预热至170摄氏度）。迅速将面团倒到抹过油的烤盘上，入烤箱烤15～20分钟。面团还挺容易破的，如果你有柔软的刷子，不至于把面团刷破，那么你也可以先将整个面团刷上蛋液，以更符合原版食谱的做法。

面包烤好之后稍微放凉，再把它切成薄片，如果不嫌麻烦就再刷一层蛋液，并把它平放到抹过油的烤盘上。再烤10～15分钟，烤到表面焦
315 黄。以密封容器保存，吃法任君发挥（搭配柳橙果冻和牛肉茶尤佳）。

第三章
烤西冷牛排

约15磅（约7千克）的西冷牛腰肉需烤约4小时：插上烤肉叉，注意烤肉叉穿过的位置必须在肉中间，以免两侧重量不等；放少许干净的牛脂到滴油盘内（以烘焙纸包裹牛肉，用绳子绑好，以锁住油脂），一开始烤就立刻用牛脂滋润烤肉，整个火烤过程中，每15分钟润油一次；取下烘焙纸，调制肉汁……撒少许盐、润以奶油、撒上面粉，烤到上色、起泡；续烤几分钟，直到泡泡膨胀，取下烤肉，装盘上菜。

写这份食谱的威廉·基奇纳（William Kitchener）是个摄政时代的人，涉猎广泛，也是一位伟大的美食家。他仔细考查、研究后撰写食谱。古时候，烤肉向来是用火烤，一开始是插在烤肉叉上靠人力转动，17世纪以来则有各种机械装置，包括重物驱动装置、发条驱动装置，以及风扇驱动的自动旋转烤肉器。温莎堡依然使用旧式的烤肉炉，其中一座也仍有原本用来转动烤肉叉的齿轮系统。当今用电烤箱的烤法（维多利亚时代的人会觉得这叫烘焙肉，不叫烤肉）不可能复制出用烤肉叉烤牛肉的味道。然而，如果你的烤肉架有烤肉叉，那就可以挑战一下。

大原则很简单——取一大块牛肉，包上一张烘焙纸，用绳子绑 316
好，避免有任何部分烤焦，将肉插到烤肉叉上，转动烤肉叉。用底下的滴油盘接到的汁液滋润烤肉，快要烤好时将包覆的纸拆掉，撒上盐和面粉，外加一点融化的奶油。如基奇纳所言，烤肉会起泡，接着续烤就会形成一层香酥、味美、微焦的脆皮。上菜时就这么一大块整个端上桌，不掺杂其他东西，霸气十足。烤牛肉是英国的国菜，通常搭配葡萄干布丁和马铃薯一起吃。

第四章
法式鸡肉清汤

取两只鸡，先将鸡柳切下备用，其余部位连同6磅（约3千克）小牛柳置于汤锅中，加入5夸脱（约6升）万用高汤和半盎司盐，开火煮沸，撇去浮沫。下入2个洋葱，洋葱中各塞入1朵丁香。下入4根韭葱和1棵芹菜。小火慢炖3小时。过滤汤汁，撇除油脂，以事先切下的鸡柳净化鸡汤……再次过滤，以滤布将汤汁滤到汤盆里。

注意：法式鸡肉清汤应该是透明无色的，按照本食谱所述制作可使这道汤变得纯净。

这份食谱可补充的不多。食谱中所用的肉量大得惊人，正合宫廷厨房所需，涉及的工作量一样大得惊人。然而，成品美味极
317 了。如果你想在家试试，把分量减少一些可能是必要的。煮好过滤汤汁之后静置放凉，待完全放凉再打两个蛋清进去，连同打碎的蛋壳和切碎或绞碎的鸡胸肉一起。一边搅拌汤汁，一边很慢、很慢地将汤汁煮至沸腾。沸腾之后关小火，慢滚 5 ~ 10 分钟。蛋清、蛋壳和绞肉会在表面形成触目惊心的蛋皮，画面很不美观。在炖煮过程中，整个蛋皮会熟透。锅离火，以滤筛过滤汤汁，最好用圆锥状的滤筛，滤筛中垫一层滤布，轻轻地将汤汁倒下去。过滤的步骤要花一点时间，只要一心急，汤汁就会变得混浊。

顺便说一下，赫斯顿·布鲁门索[1]的做法略有不同，按照他的做法，你只要把（已过滤但还没净化的）汤汁倒进制冰盒中冷冻，接着将冻好的汤块放在咖啡滤杯或垫了滤布的滤筛中，让它解冻并融化一整夜。如此一来，杂质就滤除了。

第五章
阿尔伯特酱

取 3 大根辣根刨丝，放进酱汁锅中，加 1 品脱高汤，文火慢炖半小时，下少许白酱及半品脱鲜奶油，快火浓缩。如同制作果泥的做

[1] 赫斯顿·布鲁门索（Heston Blumenthal）为英国当代名厨。——译者注

法，以滤布过滤酱汁，将酱汁倒进隔水炖煮锅中。要使用酱汁前再将其加热，混入少许法国醋、1 甜点匙综合芥末、1 撮盐、1 大匙汆烫过的香芹末，以及 2 个蛋黄。炖牛柳很适合配这种酱料吃，另将马铃薯切成橄榄状，用奶油煎，当作装饰菜。 318

这是我所尝过最辣的酱料之一，而且没有冒险犯难的精神不宜处理辣根，但它搭配红肉味道美妙至极。

（现代版食谱）

辣根 1 根，削皮，以刨丝器刨丝，或用食品料理机绞碎

牛高汤或鸡高汤 1/2 品脱，约 226 毫升

白酱 3～4 液量盎司（奶油炒面糊与热牛奶混合，打到细滑即成白酱），85～114 毫升

鲜奶油 5 液量盎司（哪一种鲜奶油都可以），约 142 毫升

芥末酱 1 平茶匙（辣度依个人喜好）

白酒醋 1 大匙

盐 1 大撮

香芹末 1/2 大匙

小个蛋黄 1 个（或大个蛋黄 1/2 个）

把辣根放进高汤中煮到很软（约煮 30 分钟），趁着煮辣根时制作白酱。白酱、鲜奶油和辣根放进食品料理机打碎混合，稍微放凉再加进其余食材。一边搅拌一边以小火煮，煮至浓稠，不要煮到滚烫（否则蛋黄会结块）。把酱冷藏保存，冷着吃或热着吃都很好吃。

第六章
皇家哈吉斯

319 3 磅羊腿肉切碎、1 磅板油切碎、少许（或者该说有多少就用多少）牛骨髓、1 块 1 便士面包的碎屑（顺便说一句，坚果味的褐色燕麦片更佳）、4 个蛋黄、半品脱红酒、3 条鲜美的鳀鱼去骨、荷兰芹切末、柠檬皮刨丝、白胡椒粉……卡宴辣椒粉适量……以上食材均匀混合，利落地以牛网油包好，置于深烤盘中放入快速烤炉烤熟，趁热上菜，配以棕酱或鹿肉酱。

这份食谱来自玛格丽特·达兹（Margaret Dods）的《厨师与主妇宝典》（*The Cook and Housewife's Manual*），就许多方面而言，这是一本奇书。首先，作者是虚构的。苏格兰作家沃尔特·斯科特的小说《圣罗南温泉》（*St. Ronan's Well*）中有一位身兼旅馆老板的名厨，《厨师与主妇宝典》一书就以这位名厨的名字为作者名，但实际上是克里斯琴·伊泽贝尔·约翰斯通（Christian Isobel Johnstone）撰写的，约翰斯通是受欢迎的苏格兰作家、记者及杂志编辑。本书是率先特别收录苏格兰菜肴的烹饪书之一，反映了日益抬头的现代苏格兰民族认同意识。本书相当畅销，一方面因为它清新、诙谐的写作风格，另一方面也因为其中的食谱真的很好。这份皇家哈吉斯食谱是上好之作，尤其如果你不喜欢现今市售的哈吉斯。

（现代版食谱）

羊腿肉 1.5 磅，约 680 克，剁成肉末

板油1/2磅，约227克

骨髓1～2大匙（可略）

燕麦片约1杯

大个蛋黄1个或小个蛋黄2个

红酒2.5液量盎司，约70毫升

鳀鱼2条，绞碎 320

荷兰芹末，适量（多一点好）

柠檬一小个，刨丝

盐1茶匙

卡宴辣椒粉1茶匙

白胡椒粉1/2茶匙

网油（可略）

混合所有食材，加进足够的燕麦片以吸收液体，再装进均匀抹油的烤钵里，表面撒上燕麦片，或先用网油包起来再放进抹过油的烤钵里。以180摄氏度烤45分钟，趁热上菜，可配以红醋栗酱。

第七章

柑橘酱松饼卷

将1/4磅的面粉过筛，连同4个鸡蛋放入盆中搅拌均匀，加1品脱牛奶或鲜奶油，磨少许肉豆蔻。煎锅中下入1块奶油（只需少许），锅热后下入2大匙面糊，让面糊覆盖整个锅面，置于火上煎，煎到一面上色后翻面，两面煎好之后，将松饼倒在一块布上。反复持续到面糊煎完，接着抹上杏桃果酱或其他果酱，再将松饼利落卷起，置于烤盘上，均匀撒上糖粉，以烤板烧出焦糖表面，把松饼卷送上桌时下方垫好餐巾。上述松饼卷是普通的松饼卷，可不用果酱。

321 亚历克西斯·索耶是他那个年代首屈一指的主厨，也是伦敦烹饪界的大红人。和弗兰卡坦利一样，他也出版了以上、中、下阶层为目标读者的烹饪书。更有甚者，他将想法付诸行动，前往克里米亚，查看食物与斯库台（Scutari）战地医院高得惊人的死亡率是否有关系（结果确实有关系）。他继而发明了一种直到20世纪后半叶都还在使用的军用炉，因而被《泰晤士报》捧为英雄。这份食谱来自他为中产阶级写的烹饪指南，这本书是以一位女主人写信指导她的门生的方式呈现的，写法离奇得耐人寻味，但食谱相当出色。

（现代版食谱）

面粉4盎司，约113克

2个鸡蛋

低脂鲜奶油或全脂鲜奶10液量盎司，约283毫升

肉豆蔻

奶油

果酱

糖粉（装饰用）

均匀混合鸡蛋和面粉，直到没有结块为止，接着拌入鲜奶或鲜奶油，加入少许肉豆蔻粉。热锅融化奶油，倒入满满两勺面糊，均匀铺满锅面，煎至表面焦黄后翻面，另一面一样煎至焦黄。为了符合维多利亚时代的风格，在松饼表面抹上薄薄一层果酱，将松饼卷起，放到烤盘上。烤盘摆满松饼卷之后，撒上糖粉，送入烤箱，将糖粉烤

322 至焦黄。下方垫以垫布，把松饼卷堆成整齐的金字塔状端上桌。

第八章
印度风味鸡肉咖喱

以奶油炒鸡肉丁或禽肉丁，炒到表面焦黄后移至炖锅中。将3个大洋葱及2根芹菜切丝，连同1瓣大蒜、1把西芹、1片肉豆蔻衣和4颗丁香置于另一个炖锅中，慢火炒到整锅菜呈现淡褐色，下1大匙厨师制作的咖喱肉酱及比例相当的面粉，以上全部混合在一起，加1品脱高汤或卤汁调稀，边煮边搅，让酱汁滚约20分钟。用毛筛或滤布过滤煮好的酱汁，然后把酱汁倒进装有鸡肉丁的炖锅中。小火慢炖，直到肉丁软化，本道印度风味鸡肉咖喱即可依前例上菜（淋上酱汁，一旁放置白饭）。

（现代版食谱）

鸡丁约750克（或带骨鸡肉切块或切丁）

奶油50克

洋葱2～3个

西芹6～8片

大蒜1瓣

香料束1束

肉豆蔻衣1片

丁香4颗

咖喱酱满满1大匙①

---

① 如同许多维多利亚时代的食谱，制作这道咖喱鸡必须依靠市售的品牌咖喱酱。在维多利亚时代的英格兰，咖喱酱和咖喱粉的牌子多得令人眼花缭乱（从咖喱刚流行起来的乔治时代就是如此）。身为现代人，你可以买市面上的咖喱肉酱，也可以自己做维多利亚风格的咖喱粉。——译者注

米谷粉或中筋面粉满满1大匙

323 高汤1品脱，约568毫升

注意：融化一半的奶油，用来炒鸡丁。取出炒过的鸡丁，将剩下的奶油下锅，以小火炒切碎的洋葱和西芹，炒到洋葱变透明、西芹变软。下咖喱酱和面粉拌炒，下高汤炖煮约20分钟，直到浓稠，不用过滤，用食品料理机把上述混合物打成泥状即可。将鸡丁加进酱汁中慢炖，直到鸡丁熟透（慢炖的步骤也可以用烤箱或慢炖锅来完成）。

维多利亚风格的咖喱粉［食谱来自伊丽莎·阿克顿的《现代料理》（*Modern Cookery*）］：8盎司（约227克）姜黄粉、4盎司（约113克）芫荽籽、2盎司（约57克）孜然籽、2盎司葫芦巴籽、1/2盎司（约14克）卡宴辣椒粉（或依个人喜好加更多，阿克顿也建议姜黄粉的分量可随意）。将籽炒干或烤干，磨成粉后混合在一起。她也建议多数咖喱可加椰丝，椰丝跟咖喱是绝配。注意这份食谱做出的咖喱粉可能远超过你需要的量，所以不妨用1/4量的现有食材分量。

第九章
千层猪头配肉冻

324 从肩部切下培根猪的头部，从喉部下方开始仔细去骨，接着将猪头摊开，置于1个大型陶盘上，抹上下列食材：盐6磅（约2.7千克），硝酸钾[①] 4盎司（约113克），黑糖、丁香、肉豆蔻衣各6盎司

① 硝酸钾（saltpetre）自中世纪起应用于食物保存，尤其是腌制类肉品，在西非也应用于制作浓汤、粥品及加速豆类烹煮时间。——译者注

（约 170 克），杜松子半盎司（约 14 克），大蒜 4 瓣，月桂叶 6 片，百里香、墨角兰、罗勒各 1 把。抹好之后，倒上 1 夸脱波特酒酒糟，于阴凉处放置两周；腌渍期间密切观察，每日翻面，使其浸渍在释出的卤水中。

到了要着手制作之时，将猪头从卤水中取出，用冷水彻底洗净，再用干净的布吸去表面所有水分，擦干后摊开置于烹饪台上。接下来，将猪颊凹凸不平的部位削掉，把削下来的肉切成细长条状，连同猪舌、厚培根、松露（按肉冻做法处理）。接着在猪头内侧铺上一层五香碎肉（和制作肉冻用的材料相同），厚约 1 英寸，五香碎肉上再铺猪舌、培根、松露，并撒上开心果仁（需去皮），重复铺一层五香碎肉、一层猪舌等食材，直到猪头内侧被填满，撑出猪头的形状。以针和细麻绳缝合猪头，确保馅料不会掉出来。再以一块强韧的布包裹猪头，这块布事先均匀抹上奶油，猪头装进去之后将布缝好，以保持猪头原来的形状。将包好的猪头放进一个椭圆形大炖锅中，盖满任何一种禽鸟类之屠体（尤以松鸡的口味特别合适），或手边有的任何肉类去之不用的部分，外加 4 只大牛蹄或 6 只小牛蹄；接着倒入大量密 325
尔普瓦葡萄酒蔬菜高汤[①]，完全盖过猪头表面。炖锅置于火炉上；一沸腾就将浮沫撇掉，接着移到小火上（盖上锅盖，锅盖上放一些火红煤炭），继续慢炖或慢滚约 5 小时；炖得差不多了就将炖锅离火放置，待汤汁的热气稍微散去再取出猪头，将猪头放在大盘子上。包在布里的猪头如果明显缩水，就要小心把布包紧，以保持猪头的形状。接着再将之放回高汤中静置，直到整个猪头冷却定型。接着将猪头从高汤中取出，放到深烤盘上，放入烤炉烤几分钟，以融化粘在布上的胶；接着迅

---

① 密尔普瓦葡萄酒蔬菜高汤（wine mireoix）因法国公爵密尔普瓦（duc de Lévis－Mirepoix，1699—1757）爱喝而得名，传统上惯以 2 份洋葱、1 份红萝卜和 1 份西芹熬煮而成。——译者注

速从烤炉内取出猪头，小心将布拆掉，布拆掉之后为猪头刷上一些深色糖浆；再将猪头置于餐盘上，饰以肉冻上菜。

注意：在欧洲大陆惯以彩色翻糖膏装饰猪头，有时也以鲜花做装饰——若具备花艺设计美感，后者可创造出很美的视觉效果；前者则不可取，因糖膏容易化掉而沿着猪头流下，况且翻糖的视觉效果本就流于俗艳。

我想读者读到这里会迫不及待冲进厨房做做看，所以我没有把这份食谱改成现代版。然而，我确实试着做了这道菜，成品还真是一道美味佳肴。如果你真想完全依照这份食谱做这道菜，请留几小时给去骨的步骤，并确保你有各式各样不同形状的锐利刀具。猪鼻
326 是最难处理的部位，因为这里的皮很贴近骨头。务必向能够针对个人需求提供协助的肉贩购买猪头，一般市售的猪头是从耳后砍下来，但你需要的是从耳后两节椎骨处下刀的猪头，如此一来，你才有一些猪皮可以形成千层猪头的后脑（否则你就需要用网油来包裹里面的馅料，网油不是不可以用，只是处理起来有点麻烦）。腌渍的步骤至少需要 10 天，能腌两周更好，而且不要忘记每天翻面。

去骨、腌过，接下来就是填馅料了。请准备一根皮革针、一个顶针以及至少 5 小时（另外还要有 5 小时的烹煮时间）。猪嘴、猪眼、猪肉上的任何裂缝和螺栓孔都要缝起来——如果是在屠宰场宰杀的猪，额头正中央会有螺栓孔。你可以用任何肉类食材当馅料，我通常是用小牛肉和猪肉各半，加上大量的火腿、蘑菇、开心果，以及任何我爱吃的东西。维多利亚时代所用的五香碎肉往往会被捣得像肉泥一样，但我一般偏好用绞肉。你可以按照个人喜好铺上其他食材，例如弗兰卡坦利建议的牛舌。内馅填好之后，利用多余的猪头皮将猪后脑合上缝紧，再用布包紧，此时猪头看起来就像一只

脸颊很鼓的仓鼠。高汤、蔬菜丁、骨头、很多的兽蹄和两瓶红酒是理想的炖煮汤底，用红酒是为了增色，用兽蹄是为了取其胶，使用其余食材则是为了使口感更佳。炖猪头至少需要 5 小时，除了时间之外，也别低估你需要的锅的尺寸。炖好之后，你可能需要再将它包裹一番，重新调整一下形状，而且要完全放凉。 327

第二天把布拆开时，明智的做法是用剪刀拆剪。猪头此时看起来就像一颗巨型痔疮，你会纳闷自己为何要找这种麻烦。然而，事已至此，不如奋战到底。将炖煮的汤底过滤、净化，并浓缩至浓稠的红色汤冻。趁着汤底冷却变稠时，你可以将之置于托盘上定型切块，用来做装饰，并刷在猪头上，使猪头颜色均匀有光泽。剩下的装饰就全凭个人想象了——爱德华时代人们会这样装饰千层猪头：有时会用冬青和槲寄生在猪头顶装饰出一片树林，还会用酥皮、糖雕或杏仁膏做出圣诞节狩猎和嬉戏场景。你可以用水萝卜来做猪眼睛，用马铃薯雕出獠牙，并在每处可供利用的猪皮表面做穿油设计[①]。当你装饰完毕，后退一步欣赏自己的杰作，真是叹为观止。

以冷盘上菜！这道菜足以塞饱一堆人的肚子，外加塞满一整格冰箱抽屉。如果你只是想尝试一下，容我建议您用红酒煮一条上好的猪肉香肠就好了。

第十章
蟾蜍在洞

为了做出一道物美价廉的蟾蜍在洞，你要买价值 6 便士或 1 先令的肉，什么肉都可以，夜里趁老板要收摊时去买最便宜。先仔细检查

① 详见本书第八章。——译者注

328 买来的肉，看看有没有需要去掉的瑕疵或苍蝇卵，因为任何一块肉上要是有苍蝇卵，往往会为整块肉带来坏味道，从而毁了这道菜。接下来在整块肉上抹一点面粉、胡椒粉和盐，下锅以少许奶油或动物油煎至焦黄，煎好之后，连同用来煎它的油一起倒进装有约克夏布丁面糊或板油布丁面糊的烤盘中，面糊按照第 57 号及第 58 号食谱制作。烤约一个半小时，或送去请烘焙坊代烤。

约克夏布丁面糊：

1 磅（约 0.5 千克）面粉加 3 品脱脱脂牛奶、2 个鸡蛋、肉豆蔻和盐，均匀混合。

板油布丁面糊：

1 磅面粉加 6 盎司（约 170 毫升）切碎的板油、3 品脱脱脂牛奶、肉豆蔻和盐，均匀混合。

较之现代以香肠为食材的食谱，原版的蟾蜍在洞更为多样化，用什么肉都可以，而且生熟皆宜（用吃剩的烤牛肉来做特别合适），分量也随意，看你手边有什么就用什么，目的是在只有少量的肉时用便宜的食材补足分量。我往往会在锅里铺满肉，我不是 1861 年吃不起肉的苦命劳工，现在的肉价也便宜许多。两种面糊用起来都很合适（板油面糊是个令人意想不到的新发现），两者都是用来烤成布丁的面糊。面糊或者送进烤炉烤，或者放在烤肉底下随着烤肉一起烤。两者都是为了弥补肉量的不足。现在，我们大可用全脂鲜奶，但以前的劳工往往是买脱脂
329 牛奶。脱脂牛奶少了鲜奶油，所以价格比较便宜。遗憾的是脱脂牛奶较不营养，而且缺乏他们迫切需要的热量。顺便说一下，亚历克西斯·索耶列出了各种蟾蜍在洞的馅料，从培根包裹的

麻雀肉，到整份星期天烤肉大餐（包括蔬菜在内的一切）不等。

（现代版食谱）

某种肉类，分量相当于8~10根香肠，以胡椒粉调味

中筋面粉1/2磅或500克

牛板油3盎司（约85克）或一个小鸡蛋

牛奶1.5品脱

肉豆蔻粉一大撮或2颗肉豆蔻

盐1/2茶匙

以热油炒一下肉（除非是用已经煮过的剩肉）。取一个派盘，抹上炒肉的油，再加进炒过的肉。接着混合所有面糊食材，大力搅拌至起泡并混匀。将面糊倒在肉上，一般烤箱以180摄氏度（旋风烤箱以160摄氏度）烤45~60分钟，烤至表面焦脆、内馅蓬松，且完全熟透。

第十一章
蛋奶酒

取两个新鲜的鸡蛋，将蛋黄打到搅拌盆里，加1盎司糖粉和1茶匙橙花水打散，拌入半品脱煮滚的水或牛奶。

蛋奶酒应趁热饮用，用来减轻咳嗽和感冒的症状。 330

“Lait de Poule”的字面意思是“鸡奶”，听起来很倒胃口，但尝起来绝对没有那么糟（除非你用水来做，那就真的不妙了）。本质上，蛋奶酒无非是甜死人的稀释卡士达酱，但是很好喝，除非你

喉咙痛。蛋奶酒的舒缓效果真的很好。

（现代版食谱）

中型蛋黄 1 个

糖 1 盎司或 25 克

全脂鲜奶 1/2 品脱，约 236 毫升

橙花水 1 茶匙

蛋黄加糖打散，鲜奶加橙花水煮沸。为蛋黄淋上热乎乎的鲜奶，打散，放凉到可以入口为止。

还有一个用途更多元化的做法，是取 1 大匙冰鲜奶，加入 1 茶匙玉米粉或葛粉，调匀备用。前述热乎乎的鲜奶和蛋黄混合之后倒回锅内，加进调匀备用的玉米粉冰鲜奶，整锅以小火加热，直到蛋
331 黄和玉米粉神奇地形成卡士达酱，搭配水果就是一道很棒的甜点。

英文缩写词

ILN – *Illustrated London News*

QVJ – Queen Victoria's Journals (online), full reference RA VIC/MAIN/QVJ/(W) and accessible at http://www.queenvictoriasjournals.org/ from within the UK and some Commonwealth libraries.

RA – The Royal Archives, Windsor

RC – The Royal Collection, Windsor

TNA – The National Archives, Kew

参考文献

"A Lady" . *Anecdotes, Personal Traits and Characteristic Sketches of Victoria.* London, 1840.

Anon. *Buckmaster's Cookery.* London: Routledge, 1874.

Anon. *The Private Life of the Queen.* 1897.

Anon. (Arthur G. Payne) . *The Housekeepers Guide to Preserved Meats, Fruits, Condiments, Vegetables &c* London: Crosse & Blackwell, 1889.

Arengo-Jones, Peter. *Queen Victoria in Switzerland.* London: Robert Hale, 1995.

Arnstein, Walter. "Queen Victoria's Other Island", in *More Adventures with Britannia: Politics, Personalities and Culture in Britain*, edited by William Roger Louis. Austin & London: University of Texas & Tauris, 1998: 45 –66.

Barratt, Carrie. *Queen Victoria and Thomas Salley.* New York: Princeton University Press/The Metropolitan Museum of Art, 2000.

Bartley, Paula. *Queen Victoria.* Abingdon: Routledge, 2016.

Beeton, Isabella. *The Book of Household Management.* London: S. O. Beeton, 1861.

Benson, Arthur and Viscount Esher. *A Selection from Her Majesty's*

Correspondence between the Years of 1837 and 1861, vol 1: 1837 – 1843. London: John Murray, 1908.

Benson, Arthur, and Viscount Esher. *The Letters of Queen Victoria*, vol. 2. London: John Murray, 1908.

Braddon, Mary Elizabeth. *Lady Aadley's Secret*, 1862.

Braddon, Mary Elizabeth. *Hostages to Fortune.* London, 1875.

Broomfield, Andrea. *Food and Cooking in Victorian England.* Westport: Praeger, 2007.

Brown, Peter. *Pyramids of Pleasure: Eating and Dining in the Eighteenth Century.* York: York Civic Trust, 1990.

Burnett, John. *Plenty and Want: A Social History of Food in England from* 1815 *to the Present Day.* London: Routledge, 1989.

Buxeoveden, Sophie (Baroness). *The Life and Tragedy of Alexandra Feodorovna, Empress of Russia.* London: Longmans, 1928.

Campbell, Susan. The Genesis of Queen Victoria's Great New Kitchen Garden 5, in *Garden History* 12, no. 2: 1984: 100 – 119.

Charlot, Monica. *Victoria, the Young Queen.* London: Blackwell, 1991.

Clark, Ronald. *Balmoral: Queen Victorian's Highland Home.* London: Thames & Hudson, 1981.

Collingham, Linda. *Curry: A Tale of Cooks and Conquerers.* London: Vintage, 2006.

Cowen, Ruth. *Relish: The Extraordinary Life of Alexis Soyer, Victorian Celebrity Chef.* London: Weidenfeld & Nicholson, 2006.

Critchell, James, and Joseph Raymond. *A History of the Frozen Meat Trade.* London: Constable, 1912.

Davidson, Alan. *The Oxford Companion to Food.* 2nd edn. Oxford: OUP, 2006.

De La Noy, Michael. *Windsor Castle: Past and Present.* London: Headline, 1990.

Dennison, Matthew. *The Last Princess.* London: Weidenfeld & Nicholson, 2007.

Devereux, G. *Etiquette for Men.* London: C. Arthur Pearson, Ltd, 1904.

Dods, Margaret. (Christian Isobel Johnstone). *The Cook and Housewife's Manual.* Edinburgh: Oliver and Boyd, 1862.

Duff, David. *Victoria in the Highlands.* London: Frederick Muller, 1968.

Duff, David. *Victoria Travels.* London: Frederick Muller, 1970.

Duff, David. *Victoria and Albert.* New York: Taplinger, 1972.

Erskine, Beatrice (writing as Mrs. Steuart Erskine). *Twenty Years at Court, 1842 – 1862: From the Correspondence of the Hon. Eleanor Stanley, Maid-of-Honour to Her Late Majesty Queen Victoria.* London: Nisbet & Co., 1961.

Francatelli, Charles Elmé. *The Modern Cook.* 9th edn. London: Richard Bentley, 1855.

Francatelli, Charles Elmé (1861) *A Plain Cookery Book for the Working Classes.* London

Francatelli, Charles Elmé. *The Cooks Guide.* London: Richard Bentley, 1862.

Fulford, Roger. *Dearest Child: Letters between Queen Victoria and the Princess Royal*, 1858 – 1861. London: Evans Brothers, 1964.

Fulford, Roger. *Dearest Mama: Letters between Queen Victoria and the Crown Princess of Prussia*, 1861 – 1864. London: Evans Brothers, 1968.

Fulford, Roger. *Your Dear Letter: Private Correspondence of Queen Victoria and the Crown Princess of Prussia*, 1865 – 1871. London: Evans Brothers, 1971.

Garrett, Theodore (c. 1895). *The Encyclopedia of Practical Cookery*. 8 vols, vol. 7, London: L. Upcott Gill.

Gaskell, Elizabeth. *North and South*, 1854.

Gill, Gillian. *We Two: Victoria and Albert: Rulers, Partners, Rivals*. New York: Ballantine Books, 2010.

Gouffé, Jules. *Le Livre De Cuisine*. Paris: Hachette, 1893.

Gouffé, Jules, and Alphonse Gouffe (trans.). *The Book of Preserves* (*Le Livre De Conserves*). London: Sampson, Low, Son and Marston, 1871.

Gray, Annie. "'Man Is a Dining Animal': The Archaeology of the English at Table, c. 1750–1900." Unpublished PhD thesis, University of Liverpool, 2009.

Gray, Annie. "'The Proud Air of an Unwilling Slave': Tea, Women and Domesticity, c. 1700 – 1900s," in *Historical and Archaeological Perspectives on Gender Transformations: From* Private to Public, edited by Suzanne Spencer-Wood. New York: Springer, 2013.

Gray, Peter. "National Humiliation and the Great Hunger: Fast and Famine in 1847", in *Irish Historical Studies* 32, no. 126: 193 – 216, 2000.

Grey, Charles. *The Early Years of the Prince Consort*. London, 1867.

Groom, Suzanne. *At the King's Table: Royal Dining through the Ages.* London: Merrell/Historic Royal Palaces, 2013.

Hare, Augustus. *The Story of My Life*, vol. 4. London: George Allen, 1990.

Hassell, Arthur Hill. *Food and Its Adulterations.* London: Longmans, 1855.

Hibbert, Christopher. *Greville's England: Selections from the Diarizes of Charles Greville*, 1818 – 1860. London: The Folio Society, 1981.

Hibbert, Christopher. *The Court at Windsor: A Domestic History.* London: Penguin, 1982.

Hibbert, Christopher. *Queen Victoria, a Personal History.* London: HarperCollins, 2001.

Hone, William. *The Every Day Book.* London, William Hone, 1825.

Horn, Pamela. *The Rise and Fall of the Victorian Servant.* Dublin: Gill & Macmillan, 1975.

Horn, Pamela. *Ladies of the Manor: Wives and Daughters in Country House Society*, 1830 – 1918. Stroud: Sutton, 1991.

HRH the Duchess of York, and Benita Stoney. *Victoria and Alberts: Life at Osborne House.* London: Weidenfeld & Nicholson, 1991.

Hubbard, Kate. *Serving Victoria: Life in the Royal Household.* London: Chatto & Windus, 2012.

Huxley, Gervas. *Lady Elizabeth and the Grosvenors: Life in a Whig Family*, 1822 – 1839. London: OUP, 1965.

Jagow, Kurt (ed.), and E. T. S. Dugdale (trans.) . *Letters of the Prince Consort*, 1831 – 1861. London: John Murray, 1938.

Jones, Kathryn. *For the Royal Table: Dining at the Palace.* London: Royal Collection Enterprises, 2008.

Kerr, Robert. *The Gentleman's House; or, How to Plan English Residences, from the Parsonage to the Palace.* 3rd ed. London: John Murray, 1871.

King, Greg. *Twilight of Splendour: The Court of Queen Victoria During Her Diamond Jubilee Year.* Hoboken: John Wiley, 2007.

Kitchener, William. *The Cook's Oracle.* London, 1818.

Krout, Mary. *A Looker on in London*, 1898.

Leapman, Michael. *The World for a Shilling: How the Great Exhibition of* 1851 *Shaped a Nation.* London: Headline, 2001.

Lister, Thomas (Lord Ribblesdale). *Impressions and Memories.* London: Cassell, 1927.

Longford, Elizabeth. *Victoria.* London: Abacus, 2001.

Lutyens, Mary, ed. *Lady Lytton's Court Diary*, 1895 – 1899. London: Rupert Hart-Davis, 1961.

Mallet, Victor, ed. *Life with Queen Victoria: Marie Mallet s Letters from Court*, 1887 – 1901. London: John Murray, 1968.

Mars, Valerie. "A La Russe: The New Way of Dining", in*Luncheon, Nuncheon and Other Meals: Eating with the Victorians*, edited by C. Ann Wilson, 117 – 144. Stroud: Sutton, 1994.

Mason, Laura. "Everything Stops for Tea", in*Luncheon, Nuncheon and Other Meals: Eating with the Victorians*, edited by C. Ann Wilson, 71 – 90. Stroud: Sutton, 1994.

Mayhew, Henry. *London Labour and the London Poor.* London:

Dover, 1861.

Millar, Delia. *Queen Victorians Life in the Scottish Highlands.* London: Philip Wilson, 1985.

Mundy, Harriot. *The Journal of Mary Frampton, from the Year* 1779, *until the Year* 1846. London: Sampson Low, Marston, Searle, & Rivington, 1885.

Murray, Hugh. "Queen Victoria, York and the Royal Myths." *York Historian* 11, 1994: 56 – 68.

Murray, John. *A Handbook for Travellers to France.* 10th edn. London: John Murray, 1867.

Nelson, Michael. *Queen Victoria and the Discovery of the Riviera.* London: Tauris Parke, 2007.

Paoli, Xavier, and Alexander Teixeira de Mattos (trans.) (c. 1911) *My Royal Clients.* London: Hodder & Stoughton.

Ponsonby, Arthur. *Henry Ponsonby, Queen Victorian's Private Secretary: His Life from His Letters.* London: Macmillan, 1942.

Pope-Hennessy, James. *Queen Victoria at Windsor and Balmoral: Letters from Her Granddaughter Princess Victoria of Prussia, June* 1889. London: George Allen & Unwin, 1959.

Qajar, Nasar al-Din Shah, and J. W. Redhouse (trans.) *The Diary of H. M. The Shah of Persia During His Tour through Europe in* 1873. London: John Murray, 1874.

Rappaport, Helen. *Magnificent Obsession: Victoria, Albert, and the Death That Changed the Monarchy.* London: Windmill, 2012.

Reid, Michaela. *Ask Sir James: The Life of Sir James Reid, Personal Physician to Queen Victoria.* London: Eland, 1987.

Ridley, Jane. *Bertie: A Life of Edward VII.* London: Chatto & Windus, 2012.

Roberts, Jane. *Royal Landscape: The Gardens and Parks of Windsor.* New Haven: Yale University Press, 1997.

Roumania, Queen Marie of. *The Story of My Life*, vol. 1. London: Cassell, 1934.

Rundell, Maria. *A New System of Domestic Cookery.* London: John Murray; reissued edition (2009) London: Persephone Books, 1806.

Sambrook, Pamela. *Keeping Their Place: Domestic Service in the Country House* Stroud: Sutton, 2005.

Senn, Charles Herman. *The Century Cookbook: Practical Gastronomy and Recherche Cookery.* London: Ward, Lock & Co. , 1904.

Smythe, Colin. "Charles Elmé Francatelli, Crockford's and the Royal Connection", in*Petits Propos Culinaires* 101, 2014: 42 – 67.

Smythe, Colin. "Charles Elme Francatelli, additions and supplementations", in Petits Propos Culinaires 102, 2015: 100 – 118.

Soyer, Alexis. *The Modern Housewife.* London: 1849.

Soyer, Alexis. *A Shilling Cookery Book for the People.* London: Routledge, 1860.

Stocks, Christopher. *Forgotten Fruits.* London: Windmill Stoney, Benita, and Heinrich Weltzien, eds. (1994) *My Mistress the Queen: The Letters of Frieda Arnold, Dresser to Queen Victoria.* London: Weidenfeld & Nicolson, 2009.

Strange, William. *Sketches from Her Majesty's Household: A Guide to Situations in the Queen's Domestic Establishment.* London: William Strange, 1848.

Sultan Muhammed Shah, Sir. *The Memoirs of the Aga Khan.* London: Cassell & Co. , 1954.

Surtees, Virginia. *Charlotte Canning: Lady in Waiting to Queen Victoria and Wife of the First Viceroy of India*, 1816 – 1871. London: John Murray, 1875.

Suzanne, Alfred. *La Cuisine Et Pâtisserie Anglaise Et Américaine.* Paris, 1904.

The Dean of Windsor and Hector Bolitho. *Letters of Lady Augusta Stanley: A Young Lady at Court*, 1849 – 1863. London: Gerald Howe, 1927.

Tschumi, Gabriel, and Joan Powe. *Royal Chef: Forty Years with Royal Households.* London: William Kimber, 1954.

Uglow, Jenny. *A Little History of British Gardening.* London: Pimlico, 2005.

Vallone, Lynne. *Becoming Victoria.* New Haven: Yale, 2001.

Van der Kiste, John. *Childhood at Court*, 1819 – 1914. Stroud: Sutton, 2003.

Wake, Jehanne. *Princess Louise: Queen Victoria's Unconventional Daughter.* London: HarperCollins, 1998.

Watson, Vera. *A Queen at Home.* London: W. A. Allen, 1952.

Whittle, Tyler. *Victoria and Albert at Home.* London: Routledge & Kegan Paul, 1980.

Wickes, Ian. "A History of Infant Feeding, Part Ⅲ: Eighteenth and Nineteenth Century Writers", in Archives of*Diseases in Children* 28, 1953.

Wilson, Bee. *Swindled: From Poison Sweets to Counterfeit Coffee-*

the Dark History of the Food Cheats. London: John Murray, 2008.

Duke of Windsor. *A King's Story*. London: Prion, 1998.

Woodham-Smith, Cecil. *Queen Victoria: Her Life and Times: 1819 – 1861*. London: Hamilton, 1972.

Wright, Patricia. *The Strange History of Buckingham Palace*. Stroud: Sutton, 1996.

Wyndham, Maud. *The Correspondence of Sarah Spencer, Lady Lyttelton*, 1787 – 1870. London: John Murray, 1912.

Zu Erbach-Schönberg (Princess of Battenberg), Marie. *Reminiscences*. London: George Allen & Unwin, 1925.

索　引

（索引页码为原著页码，即本书边码）

图书在版编目(CIP)数据

贪吃女王：维多利亚的饮食与王室秘辛 / （英）安妮·格雷（Annie Gray）著；祁怡玮译. -- 北京：社会科学文献出版社，2021.3
（思想会）
书名原文：The Greedy Queen：Eating with Victoria
ISBN 978-7-5201-7173-1

Ⅰ.①贪… Ⅱ.①安… ②祁… Ⅲ.①维多利亚女王（1819-1901）-传记 Ⅳ.①K835.617=43

中国版本图书馆 CIP 数据核字（2020）第 159869 号

·思想会·
贪吃女王
——维多利亚的饮食与王室秘辛

著　　者 / ［英］安妮·格雷（Annie Gray）
译　　者 / 祁怡玮

出 版 人 / 王利民
责任编辑 / 吕　剑

出　　版 / 社会科学文献出版社·当代世界出版分社（010）59367004
地址：北京市北三环中路甲 29 号院华龙大厦　邮编：100029
网址：www.ssap.com.cn
发　　行 / 市场营销中心（010）59367081　59367083
印　　装 / 北京盛通印刷股份有限公司

规　　格 / 开　本：889mm × 1194mm　1/32
印　张：11　插　页：0.625　字　数：267 千字
版　　次 / 2021 年 3 月第 1 版　2021 年 3 月第 1 次印刷
书　　号 / ISBN 978-7-5201-7173-1
著作权合同登记号 / 图字 01-2020-4395 号
定　　价 / 78.00 元